家族财富管理

守护、管理和传承财富的关键

吴飞◎著

机械工业出版社
CHINA MACHINE PRESS

《家族财富管理：守护、管理和传承财富的关键》是立足家族财富保全、管理和传承的工具书。

全书根据市场需要和业务实践分上下两篇，共五大部分：上篇从家族财富管理的基本概念出发，展示了财富管理的逻辑框架；下篇为实践部分，立足家族财富管理的实际场景应用，从守护、管理、传承和机构四大维度，系统梳理和总结了家族财富管理的核心价值。本书旨在为中国企业家族财富管理提供科学、有效、系统的解决方案，实现家族财富的保值增值、科学规划和有效传承。

图书在版编目（CIP）数据

家族财富管理：守护、管理和传承财富的关键／吴飞著.—北京：机械工业出版社，2024.2

ISBN 978-7-111-74425-2

Ⅰ.①家…　Ⅱ.①吴…　Ⅲ.①家族-私营企业-企业管理-财务管理-研究　Ⅳ.①F276.5

中国国家版本馆 CIP 数据核字（2023）第 238395 号

机械工业出版社（北京市百万庄大街22号　邮政编码100037）
策划编辑：李　浩　　　　　　责任编辑：李　浩　廖　岩
责任校对：贾海霞　李　婷　　责任印制：张　博
北京联兴盛业印刷股份有限公司印刷
2024 年 3 月第 1 版第 1 次印刷
145mm×210mm·12.5 印张·3 插页·310 千字
标准书号：ISBN 978-7-111-74425-2
定价：88.00 元

电话服务　　　　　　　　　网络服务
客服电话：010-88361066　机　工　官　网：www.cmpbook.com
　　　　　010-88379833　机　工　官　博：weibo.com/cmp1952
　　　　　010-68326294　金　书　网：www.golden-book.com
封底无防伪标均为盗版　机工教育服务网：www.cmpedu.com

前 言

PREFACE

在我国改革开放的过程中，民营企业（大多数为家族企业）为经济发展注入了强劲的活力。随着经济增长方式的转变，企业和企业家的诉求也在发生变化。当下民营企业家具有旺盛的财富管理、传承需求，应运而生的财富管理机构也需要科学的理论基础与系统的方案设计思路来满足这些需求。

家族财富管理，正在成为一个重要实践领域。它涉及的知识横跨经济学、金融学、企业管理、法律、社会学、心理学等不同学科。目前，国内家族财富管理行业缺少统计数据，定量研究相对困难，而理论基础与研究分析也处于探索阶段，呈现出同质化、研究维度相对单一的特点，亟待有完整的理论体系来系统性地归纳家族财富管理的行为特征和价值。

有鉴于此，笔者在多年从事相关研究和实践的基础上，以相对综合的视角，将家族财富管理的主要逻辑框架和核心价值做了系统性梳理。本书特点有二。

第一，从相对完整的框架去了解中国家族面对的众多挑战、应对思路，阐释家族财富管理所提供的核心内容和价值、家族办公室等平台和工具的作用。

第二，注重实践应用价值。笔者总结了众多业界咨询、交流积累的经验，力求通过简单易懂的观点表述和实践案例分析，普及中

国家族财富管理的基础原理框架和实践方案。

本书从我国的企业家面临的主要挑战开始。这些挑战是复杂多样且不完全独立的，要求我们在考虑解决问题（挑战）的时候具备系统性思维，树立应对挑战的思维框架。中国企业家同时面临"权益的关系""人的关系"的管理。相应解决方案需要考虑到两种不同关系的处理。"权益的关系"的处理原则是资产的不同权利（所有权、控制权、经营权和收益权）的有效配置；而"人的关系"的管理基于一个透明、制衡的治理原则。两者的管理都应在一个整体框架的考虑范围之下，融合到一个家族财富顶层架构设计中。

那么，顶层架构设计需要涉及哪些工具的应用，工具使用中有些什么原理、逻辑需要遵循呢？一是所有的架构设计是以家族的目标作为指导；二是家族的保全、管理和传承目标对应不同工具的选择；三是工具不是独立存在的，而是架构设计的一部分。

好的架构或解决方案包括的内容应该有三个核心，即**核心价值之"保全"、"管理"和"传承"**。这是本书最主体的内容，将采用大量丰富的案例分析来介绍和展示，提供考虑解决问题的方向。

此外，本书也进行了解决方案平台的探讨。介绍了家族办公室这一个衔接家族决策者和三大核心价值管理的平台。回答诸如：为什么要使用家族办公室？动机、目的和价值是什么？基于西方传统改良后，适合中国的本土家族办公室应该是怎样的？特别是针对中国企业家偏爱的投资型家族办公室应该如何设计？等一系列问题。

本书基于笔者在商学院教授的家族财富管理课程讲义编写而成，虽然涉及专业的内容，但希望这是一本专业人员和非专业人员都能从中受益的书。

就专业人员而言，家族财富管理是一个围绕超高净值人群需求展开的行业。脱离了客户需求的产品销售是违背家族财富管理服务宗旨的。同时因为该人群的需求非常多元化，物质财富只是其中一部分，家族财富管理是一个系统性的工程，涉及的问题也非单一产品和服务所能解决。

　　本书不会过多涉及具体工具和服务的专业细节，如家族信托、保险等工具，以及资产配置、身份筹划、法律服务等实践操作。而是通过案例分析给大家提供关于家族财富管理的基础认识，为大家身边遇到的问题提供一些解决的思路和工具的选择方向，让有财富管理需求的非专业读者得到更多的启发和思考。

　　如同在笔者的教学过程中观察到的一样，企业家学员反馈很多案例在网上、微信群里都能看到，但很难读懂案例背后的问题。本书如果能从需要者的角度，把有用的信息像上课一样，以易于接受的方式传递给读者，于笔者而言，余愿足矣。

　　家族财富管理的研究与实践仍有漫漫长途，以本书与诸位共勉，亦祝愿各位有财富管理需求的读者基业长青、家族繁荣。

　　最后，谨以此书献给我的家人，我生命中重要的三位女性：Ally、Angela 和 Jessica，她们的支持和鼓励使得本书出版成为现实。

目　录
CONTENTS

下篇　家族财富管理的核心价值

第三章　家族财富管理的核心价值之"守"　/　103

上篇　家族财富管理的概念与逻辑框架

第一章
初识家族财富管理

第一节　家族财富管理的概念

改革开放 40 年后，中国经济经历了高速发展，进入一个相对稳定的阶段。伴随着经济发展成长起来的一批又一批民营企业家，经过快速创业、创富，也进入到财富守成和发展家族人力资本的阶段。财富管理的换挡同时带来诸多复杂的问题，也带来了从专业角度解决这些问题的需求。

应对市场的巨大需求，家族财富管理行业在中国的土地上蓬勃发展，越来越多的专业人士投身于此。很多人问，家族财富管理到底是什么？简单来说，它是围绕超高净值人士需求的系统性服务。

（1）它是围绕超高净值人士各种类型需求所展开的。目前常见的服务范围包括（但不局限于）资产管理、合规安排、财富保护、遗产规划、家族治理等维度。这些服务对应的是超高净值人士所面临的一个个挑战以及应对挑战的解决方案。但我们很难真正去界定家族财富管理的服务范围，因为只要超高净值人士存在新的需求，新的家族财富管理服务种类就会应运而生。

（2）它是一项系统性工程，而不是简单的服务或产品的叠加。通常家族的需求都很具体，来源于家族面临的众多挑战点，但它们并不完全独立，而是相互纠缠，可能牵一发而动全身。同时，解决问题的方案涉及的面又很广，不仅囊括金融领域的投资管理、财务规划，还涉及法律工具使用的遗产规划、财富保全，甚至家族长治久安相关的社会学、心理学等方方面面，所以必须是系统性的解决方案。

既然家族财富管理服务是应家族的挑战而生，那么现阶段中国的企业家家族正面临哪些重大的挑战呢？

中国经济进入一个新的发展阶段，增速放缓，结构升级和转型的压力持续加大；大国的博弈、地缘政治风险以及疫情的影响都对于中国的产业产生巨大的冲击；科技进步带来了信息透明化，监管的效率和手段日新月异，由此产生的国内外合规的压力持续增加等。这些环境的变化给中国企业家的主营业务经营和金融资产的配置都带来众多的挑战。

同时，中国第一代的企业家很大部分也伴随着经济周期的演变进入了他们生命周期的新阶段。就像中国经济发展需要寻找新的火车头，中国家族企业也需要新的接班人，家族财富需要传承。这些跨代际的传承将伴随着企业所有权、经营权的转移。在权杖的交接中，如何避免损耗，让企业和财富顺利地交到下一代的手上，也是中国第一代企业家正面临的重大挑战。

这些挑战要求我们思考财富管理的重心从以前增量的提升转换到存量的博弈，思考财富管理的目标从原来财富的增值转变到财富的保全。另外，挑战形成的因素从来不是独立的，它们将系统性地影响到家族财富的方方面面，很难用单一产品或服务去应对这些挑战。

本书将从挑战开始，传递的重点信息也是如何应对挑战，在保全财富的基础上，进一步使财富保值、增值。

一、家族财富的含义

（一）什么是"财富"

汉字是中华文明几千年历史的积累和沉淀，每一个字都包含深厚意义。要理解家族财富的含义，我们从"财富"这个词的字面含义开始讲起。"财"字由"贝"和"才"组成，象征着物质财富和人力资本的组合。也就是说，真正的"财"应该既包括"金钱"也包括"人才"。放到一个家庭的框架里，拥有"财"的含义应该是家庭的物质充裕，成员人才济济。

而"富"字呢？可以理解为"家有一口田"。要真正做到"富"既要有"家"（家和万事兴）也要有"田"（物质基础）。没有"田"，缺乏物质对于生活质量的支持，这个家不算富；反之，空有很多金钱，但家庭不完整、支离破碎，没有"家"，再多的"田"也支撑不起来一个"富"字。

从字面来看，"财富"的定义应该是很广的，既有物质财富，也包括非物质财富。"财富管理"很显然要管理的就不应该仅仅是物质财富，同时也需要兼顾到非物质财富的管理。

与财富相关的行为，归纳起来就两大核心问题：一是如何创造财富，二是如何分配财富。人类大部分财富的创造往往在很短时间窗口内完成。比如，在人类250万年的漫长历史中，超过97%的财富是在最近0.01%的历史阶段被创造出来的。家族财富的创造也同样具有一定的偶然性和短时间窗口的特征。比如，中国企业家财富的创造，毫不夸张地说，最根本的原因是碰到一个好的时间点，"押对了国运"。从2000年至2019年，我国财富总量从不足39万亿元增长到675.5万亿元，20年间财富的复合年均增速为16.2%，高于同期 GDP 的年均增速（12.8%）[⊖]。在这一段"短短的"历史发展阶段，经济高速发展推动了大量的社会财富的积累。

财富分配的问题对于一个家族而言同样具有挑战性。是将现有财富继续投资，以创造更多财富？还是将财富用于消费，进行享乐？或者通过财富实现个人的愿景，承担更多的社会责任？又或者将财富在子孙后代中传承？这些问题的处理需要在复杂、严谨的方法论支持下，花很长的时间去筹划和实施。因此，家族财富管理的核心问题其实就是财富的分配。

（二）什么是"家族"

如何理解"家族"的含义呢？一般人会问"家"不就是由具有血缘关系的家庭成员组成的一个集合体吗？当一个家的成员数量足够多，就可以称之为"家族"。在这种观点下，家族主要指的是家族内部的成员。这个理解没有问题，但只是其中一部分。

也有人认为，普通人的"家"叫家庭，只有掌握了足够多物质财富资源的"家"才能称为家族。比如，拥有一定规模企业资本的企业家家庭可以称为家族。这种观点认为，企业是家族的一部分，家族成员也是家族的一部分；家族企业是由团结一致的家族成员控制的实体。实际上，"家族"这顶帽子下就是"家族企业+家族成员"。这样的假设下并不考虑家族这个独立概念。

实践当中，对于创业阶段、规模较小的家族企业来说，这个假设可能成立：家族企业即家族，家族成员即家族。但随着家族和家族企业不断成长，这样的假设就显得过于简单。使用这个假设来处理家族财富的事务并不适用于大多数处于家族企业发展成熟阶段的家族。

笔者认为，家族这个概念有一个宏观层面的含义和一个微观层

⊖ 李扬，张晓晶，等．中国国家资产负债表 2020［M］．北京：中国社会科学出版社，2020．

面的含义。宏观层面上，"家族"的定义包含了家族、家族成员和家族企业（或家族资产）这三个对象。微观层面上，家族是单一对象，是组成宏观层面的"家族"整合体的一部分，独立于家族成员和家族企业这两个对象。三个对象虽然相互联系，但在财富管理中，应该分别独立考虑。

　　下面我们分别讨论家族和家族成员的关系以及家族和家族企业的关系（见图 1-1）。

图 1-1　家族、家族成员和家族企业的关系

（三）家族和家族成员的关系

为什么要把家族和家族成员区分对待？

（1）如果将家族视为一个团结一致的群体，就会忽略个体成员之间存在彼此相异的兴趣、目标和偏好这一事实。在一个看似团结的家族背后，不同家族成员的个体利益可能会出现差异。

（2）家族作为一个整体和单个成员的目标和利益也是不一样的，必须分别考虑各自的诉求。这就像是一家由管理层、员工组成的企业。企业的目标是股东利益最大化，但管理层、员工作为理性个体也有自己个人利益最大化的诉求。当企业整体的利益和管理层、员工的利益形成一致的时候，代理成本往往就会低，企业的经营效率就会高。在企业这一平台上，通常采用治理机制、薪酬激励等方式去形成一致的利益点。同样的逻辑也可以用到家族上，这就是我们常说的家族治理。

因为个体偏好的差异和利益点的不同，家族和家族成员在对待家族企业的态度上也有很大的区别。如果我们将家族视为一个整体，作为大股东的主要动机应该是增加所持股权的财务价值。因此，每一位家族成员个体作为这个整体的一部分，都应该协同一致地为达到这个财务目标而努力。

但现实生活中，家族成员可能会利用家族企业来实现个人的社会地位或者其他的个人利益最大化。这就导致一些常见现象的出现：一方面，当家族股东内部的利益并不一致或者企业决策问题上存在意见分歧的时候，家族股东之间经常会发生冲突；另一方面，这些企业管理上的分歧还会导致家族成员之间的和谐关系遭到破坏。也就是说，出于人性的考虑，每个家族股东都会有对权力和利益的欲望，在争夺公司控制权和家族资产的时候，家族成员的关系便会受到影响。

因此，家族股东往往不是作为一个团结统一的整体而存在，而是作为一个有着不同利益和偏好的股东群体而存在的。家族治理的目标之一就是要使家族个人的利益和家族整体的利益保持一致。

（四）家族和家族企业的关系

家族和家族企业都有彼此发展的逻辑，而且在发展过程中，二者的利益并非完全一致。举个简单例子，一家两代人、几兄弟一起创业的企业，发展到一定阶段后，家族中的一支独大，逐渐掌握家族企业的控制权，招致其他家族分支的不满，导致家族内部关系出现失衡。

从家族内部长治久安的角度，一支独大是不利的，破坏了家族关系的均衡。但是，对于家族企业的发展来说，一支独大能保证控制权集中，很显然对企业的决策效率、经营管理而言是有利的。正是家族和企业之间这种利益诉求的不同，才凸显出家族治理的意义。如果没有一套结构和机制能够居中协调、缓解冲突、统一家族成员的意见，矛盾和冲突将不可避免。

家族和家族企业之间也存在相互纠缠的逻辑。家族元素对家族企业有很强的涉入，不论是好的还是不好的方面。比如，家族对家族企业不计代价的投入和牺牲；家族成员对于企业正式的所有权、管理权的涉入，非正式的家族意愿、文化和精神的灌注。家族涉入的好处是形成像知名家族品牌这样独特的优势，当然也有不好的地方，比如因为家族股东之间的冲突、成员对控制权的争夺等不利因素对企业经营造成负面影响。

我们理解家族和家族企业的关系时还需要理解另外一个问题：家族企业和一般的商业企业有什么不同？家族企业和非家族企业相比具有哪些独特性？

家族企业一般都有深深的家族特殊资产的烙印。这也是它们被称为家族企业的原因。什么是家族特殊资产？当大家提起来华为，第一反应是任正非。虽然严格来说，华为不是一家家族企业，但任正非作为华为的创始人、精神领袖这样的特殊资产深深绑定在了大家对华为这家企业的认识上。中国基本上所有的民营企业都有创始人的个性化烙印。

除了领导人的个性、特殊才能外，企业产品相关的品牌与特殊技能、秘而不宣的竞争优势都算是家族企业的特殊资产。巴黎有个不老协会，会员是遍布全球的 40 家历史悠久的全球性家族企业。会员的准入标准都是有 200 年以上的历史，且目前经营良好的家族企业。在对这些"不老"企业进行分析之后，它们共同的特点具有以下三点。

（1）这些家族企业都是出自刚性需求的行业，产业抗周期性强，比如是出自于受到经济周期影响较小的食品、饮料、旅游等行业。而且这些家族企业多定位于本地或区域性市场。

（2）很多家族企业都拥有房地产，为后代提供有形资产根基，保持延续性。

（3）更重要的是，这些家族企业多有代代相传的一门技术、产品或流程方面的手艺。另外一个统计数据显示，世界上最长寿的100家家族企业中，有43家是工匠型企业，家族代代相传的特殊手艺成为家族的特殊资产。

家族特殊资产中最重要的当然是家族的文化、家族精神。家族精神也就是家族的魂。很多能够长期传承的家族，在政治更迭、经济周期中起起伏伏，但每次倒下去又起来，家族的"魂"起到至关重要的作用。

笔者有两位企业家朋友。两人相同之处都是对经济周期的变化非常敏感，都敏锐地捕捉到了几次资产配置的浪潮。在深入的交流中，笔者意外地发现，两人一个在上海，一个在深圳，但祖籍都是宁波，祖上在新中国成立前都是从事银票、保险的世家。

这个信息背后是否会有一些衔接他们成功的共性原因呢？是否有一些东西，虽然看不见、摸不着，但通过言传身教、生活中的点点滴滴能够传承下来？比如说对待事情的态度、看问题的角度、对身边环境变化的敏感度，以及对机会的把握等无形的思想。这可能就是一个家族的"魂"，一个家族赖以长期持续的精神。家族财富管理对于家族精神的理解，可以体现在家族精神的两个价值：一个是内部的价值，是一种持久的、强大的家族凝聚力；另外一个是外部的价值，是社会世代对家族的尊重与认可。

综上，我们可以看到家族、家族成员和家族企业是一个有机的统一体。在一个家族发生的任何问题中，很难说只是跟三个组成部分之一相关，可以单独地拎出来考虑。因此，家族财富管理的服务应该是对家族、家族成员和家族企业全盘考虑后提供的整体解决方案。

二、家族财富管理的主要内容

家族成员之间、家族成员和家族之间，以及家族成员和家族企业之间存在形式各样的联系。但概括起来，主要是两个类型的关系：一是"人的关系"，二是"权益的关系"⊖。

"人的关系"涉及与人相关的事宜，不仅包括家族内部与外部的"人的关系"，还包括人与机构、组织之间的关系。家族中"人的关系"不能妥善处理的话，会给家族带来巨大风险，如核心家族成员的婚姻关系破裂导致家族财产分割、企业控制权丧失等风险的出现。

"权益的关系"更多的是对利益分配的处理，比如财富在家族成员之间的分配问题。同样，"权益的关系"的处理不善也会带来风险，如缺乏遗产规划导致的子女争夺家产的风险。

中国企业家似乎更乐于接受从权益关系的角度去观察、思考及解决家族内部关系的问题，而一般较少从人的关系角度去思考、解决利益关系导致的问题。也许权益更加具体、更加生动，所以也更容易让人接受。但其实不存在哪一种关系的处理在现实生活中更加重要，而取决于家族问题的着重点是什么。

威廉姆斯和普雷瑟在《培养接班人》一书中提到："60%的财富转移失败案例是由家族内部缺乏沟通和信任造成的。"社会中有大量因为家庭内部"人的关系"没有处理好，最后祸起萧墙，导致

⊖ 张钧，蒋松丞，张东兰，等. 对话家族顶层结构 ［M］. 广州：广东人民出版社，2019.

家族商业帝国轰然倒塌的案例，都说明处理"人的关系"在家族和家族企业健康发展中的重要性。

家族财富管理就是对家族和家族资产中存在的"人的关系"和"权益的关系"进行有效的管理，二者是一体两面的关系。但是人的关系、权益的关系的处理需要用不同的逻辑。

（1）处理家族中"人的关系"要从治理的角度去理解。需要事前规划、事中治理。方式包括正式和非正式的治理手段，目的是为了促进家族内部决策流程的透明、关系的和谐，形成持久的凝聚力，最终达成家族的长治久安。家族治理的内容会在后面章节中具体展开。

（2）对于"权益的关系"的处理要从所有权结构设计的角度思考，主要着力于权益的权属、管理权的分配。也就是明确以下这些问题：家族的资产属于谁？由谁来控制？谁来管理？谁能从资产中受益？本质上，就是构建以所有权、控制权、经营权及收益权的配置为核心的家族财富持有和管理的结构。

无论是对人还是对权益的关系的管理，这个层次主要解决的是家族财富管理的系统性问题，最终是要达到家族预定的整体目标。

三、家族财富管理的目标

每个人做一件事情都要有目标，无论是短期还是长期目标。家族财富管理也一样，没有目标就容易就迷失方向。同时，我们设定的目标都是为了在某一件事情上取得成功。如何定义一个家族的长期成功？一位家族长辈曾经这样定义过，他认为家族的长期成功就是：在几十年甚至上百年后他的家人后代团圆和气、人丁兴旺、人才辈出；家族企业持续发展，物质财富充足。虽然这并不一定是每个人的想法，但这样的期望具有一定的代表性。

要达到这样的期望，家族首先必须有家族成员的强烈认同感，通过感情维系家族的整体性；同时家族资产要能够长期保值、增值。家族基业长青，虽然看起来是一个很虚的概念，但落到具体的目标上是实在的。

我们需要怎么做才能实现家族的长期成功？美国家族办公室分享平台（Family Office Exchange，FOX）在 2006 年组织调研了 500 多个大家族，总结出来四个决定家族的长期成功的因素（见图 1-2）。

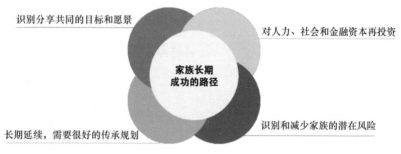

图 1-2　决定家族的长期成功的因素

（1）识别分享共同的目标和愿景，在精神和价值观方面统一家族成员的思想。

（2）对人力、社会和金融资本再投资，也就是对家族的各种不同各类型财富进行有效的管理。

（3）识别和减少家族的潜在风险，风险管理实际上是对家族财富的一种保护。

（4）长期延续，需要很好的传承规划。

实践中，我们一般把家族财富管理的目标具体化为三个方面：家族财富的保全、家族财富的管理、家族财富的传承（见图 1-3）。三个目标中的任意一个对于保证一个家族的长期成功都至关重要。如果我们必须要进行一个先后排序的话，哪一个目标最重要？

理论上，财富的系统性安全是最重要的。因为没有了财富的安全，谈何财富的管理？没有保全好财富，又谈何财富的传承？所

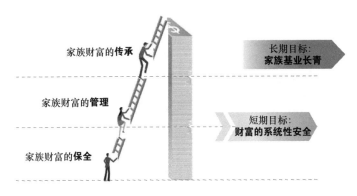

图 1-3 家族财富管理的目标

以，在较短的时间内，家族财富的安全问题是一个基础性问题；"保全"诉求是一个根本性的诉求，这是在考虑家族财富管理方案时一定要明确的。这也是大多数家族寻求专业机构的财富管理服务的基础和适合它们的解决方案的出发点。在此基础上，我们才能开始考虑有效地管理和传承财富。

财富保全的本质是通过各种手段防范对家族财富造成重大影响的风险，这些手段既包括金融工具，又包括法律工具或其他工具的使用。私人财产保护相关法律的方方面面形成家族财富管理的重要板块。

当一个家族做好了财富的保全，把防火墙建立起来之后，下一步要考虑的是如何"管理"好财富，使得其保值、增值。要维持一个家族的长期传承，很难想象仅靠一代人创造的财富就可以代代享受荣华富贵。所谓"富不过三代"，不仅仅指的是面对无法预测风险的冲击，还包括在经济周期和金融市场的动荡、通货膨胀的侵蚀、成员数量不断地增长等完全可以预测但难以规避的"风险"中，家族财富在长期不可避免地被侵蚀，最后缩水。

所以，"管理"的意义是在财富与潜在风险进行有效隔离之后，通过管理效率换取财富长期不断稳步地增长。当然，财富管理不仅仅是管理物质（企业或金融）财富，我们还需要考虑其他财富的管理。一个健康延续的家族不仅需要有物质财富的传承，同时还需要有获得物质财富能力的传承。第二种类型的传承可以通过对于家族人力、文化资本的管理，将每一代家族成员的创业精神和创业能力发扬光大而获得。

虽然短期的目标是保全和管理好财富，从更长的一个时间窗口来看，财富最终会在家族的后代中绵延流传。家族财富管理的终极目标是构建一个健康有序的家族生态系统。在这个生态系统里，家族的各类资本形成一个强大且平衡的集合体。具体说，家族财富和企业持续生存、持续增值，子女后代成才、香火永续，延续家族好的文化、好的精神。

既然家族财富管理的工作是要达到这样的短期和长期目标，在这过程当中，中国的企业家会面临什么样的挑战？从微观的层面看，每个人面临工作和生活中的挑战不尽相同。但从一个宏观的层面看，处于同一个时代、受到同一大宏观环境影响的中国企业家面临的挑战具有一些共性。

第二节　家族财富管理的挑战

一、家族财富管理的新思维

（一）时代变迁的挑战

在这一节，我们重点强调家族财富管理的新思维。家族财富管理的首要目标在过去的十多年间发生了巨大的变化，从"财富增值"逐渐转变为"财富保全"，反映了社会发展、时代变化的影响。家族财富管理的新思维有什么特点，和过去的时代有什么不一样呢？

财富创造的时代大家似乎都特别关心如何去赚更多的钱，好像赚钱确实也不太难，那是因为当时我们处于一个以"效率"为主要特征的时代。整个社会的重心是发展，因此才有"发展才是硬道理"的政策导向。

但是到了财富分配的时代，政策导向最重要的特征是保证"公平"，无论一个组织的效率有多高，若有违社会公平，国家政策可能就会限制它，目的是为了营造一个更公平的社会环境。虽然我们也要发展经济，但已经不是毫无约束、无序地发展，发展的前提是可控，强调的是高质量、可持续、更加公平地发展。

这些政策导向的变化使得家族财富管理的底层逻辑也发生了变化，对企业家的财富管理造成直接影响。首先，从财富积累角度，无论喜欢与否，我们都必须得认识并接受一个产生暴利的时代过去了、一个过度追求财富快速增值的时代过去了。其次，对于现有财富的管理，核心理念需要从原来的"创富"和"享富"转变为"守富"；迎来的更多是财富保全，更加全面的风险管理，采用合法、合规的方式去进行财富的保值和长期稳定增值。

在过往高速发展的时代，民营企业家很少关注到身边不断积累的众多风险隐患，而这些风险最终会影响到他们能否健康活下去。新时代下，家族财富管理的新思维就是首先要健康活下去。

（二）家族财富健康

为了更好地评估中国企业家的财富健康，做好企业家的财富风险管理，上海交通大学上海高级金融学院与中国工商银行私人银行总行在 2021 年联合发布了一套企业家财富健康评估体系。该体系围绕一个企业家的财富信心、企业资产、金融资产以及家族资产四个维度的健康程度进行评估打分，最后形成整体的企业家财富健康指数。

　　具体来说，研究框架包括纵向三个层级、横向四个维度。首先，整体健康指数由主观健康和客观健康两大维度构成。两大维度分别对应的是家族财富健康信心指数、家族企业健康指数、家族金融资产健康指数以及家族治理健康指数四个细分指数。四个细分指数分别由数量不等的健康要素来衡量（见图1-4）。

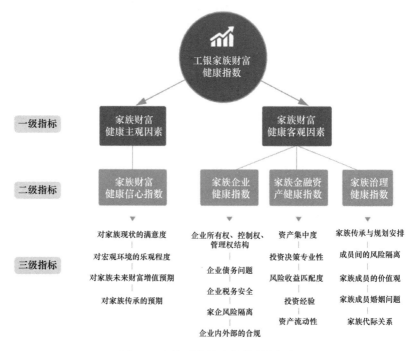

图 1-4　家族财富健康指数研究框架

资料来源：工商银行，上海交通大学上海高级金融学院，《工银企业家财富健康指数报告》，2021 年。

　　家族财富健康信心关注家族成员对于家族财富和家族发展的主观态度。健康要素的衡量包括受访者对家族事业发展是否乐观、家族价值观能否统一、维持家族团结、家族代际关系是否紧密、是否具备家族财富风险意识等。

家族企业健康关注家族经营呈现的健康程度。健康要素的衡量包括企业所有权、控制权、管理权结构，企业债务问题、税务安全、家企风险隔离以及企业内外部的合规等。

家族金融资产健康关注家族在脱离了企业体系用于投资的金融资产管理后存在的健康隐患。健康要素的衡量包括资产集中度、投资决策专业性、风险收益匹配度、投资经验和流动性等。

家族治理健康关注家族成员之间关系与成员和组织之间关系的处理，以及家族长期发展的可持续性。健康要素的衡量包括家族传承与规划安排、成员间的风险隔离、家庭成员的价值观、家族成员婚姻问题、家族代际关系等。

所有这些维度的财富健康（或者从另一个角度来说，因为健康隐患导致的风险）对于一个家族能否达到其短期的财富保全或长期的财富持续性目标都是至关重要的。因此，了解企业家财富健康的程度直接帮助我们了解企业家在家族财富管理中所面临的挑战。

研究报告基于调研问卷的方式。首先，将以上家族财富健康基础因素和细分因素转化为可量化的问卷问题；其次，采集受访者对以上问题的回答，通过模型的算法形成总体样本的财富健康指数打分。通过量化后的分值，我们可以清晰了然地看到中国企业家整体在哪些财富维度上做得很好，在哪些维度上存在不足之处。

以下为整体的家族财富健康指数，以及四个分指数的分值分布（见图 1-5）。

中国企业家的整体财富健康指数得分为 75，接近百分制的前 25 分位，体现受访者整体财富健康的良好状况。四个分指数中，家族财富健康信心得分最高，中国企业家对于宏观环境和家族自身发展较为乐观；家族企业健康得分较低，说明家族企业的运营管理

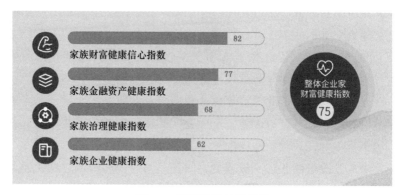

图 1-5   家族财富健康指数

需要更多关注；家族金融资产健康得分较好，表现出较为成熟的风险意识和较好的金融素养；家族治理健康得分较为中性。

在家族企业健康细分因素中，受访家族成员最关心的前三个因素主要集中在企业的经营和发展方向上，分别是管理权、控制权、企业战略与经营问题。家族金融资产健康最受关注的三个因素分别是资产过度集中、投资决策专业度不够和风险收益不匹配问题。家族治理健康和家族日常生活相关，位列前三的关注因素分别是家族传承安排与规划、家族成员间的风险隔离和家族成员婚姻问题。这些细分因素代表了中国家族在财富管理中面临挑战的主要来源。

调研的结果体现了以下三个问题。

（1）中国企业家面临的挑战远远不仅限于有形财富的管理，有形财富也不仅仅限于金融资产的投资管理。加上每类资产的健康隐患存在方式不同，管理方式差异很大，形成了企业家面临的财富管理复杂度的挑战。

（2）财富健康维度指向"人的关系"的处理，这印证了我们之前讨论的家族财富管理的核心在于处理"人的关系"和"权益的关系"两个大维度。"人的关系"的处理因为有人性因素的涉入，往往比有形资产的管理具有更大的不确定性，也增加了家族财富管理的难度。

（3）中国的家族财富管理具有很强的时代特征，会受到当前宏观形势、经济结构和社会结构变化的影响。比如，在国家经济结构转型、严格的合规要求下，家族企业资产、金融资产、家族资产的管理也必须加入时代的特征作为指引。

二、财富管理复杂度的挑战

去理解中国企业家面临的财富复杂度所带来的管理难度上的挑战，我们首先要明白属于一个家族的重要财富类型。根据财富的属性，我们可以把家族资本（财富）分为产业资本、金融资本、人力资本、文化资本及社会资本五大类型。

很多时候，有形资产的管理往往更直观、更具体，比如拥有变现价值的经营性资产或者非经营性的房产、股票、现金等各种形态的有形财产。因此，财富管理很容易会被误认为就是企业的投融资、资本运作相关的服务以及企业体系之外的家族资金的投资管理相关服务。

我们上一节已经提到，家族财富的概念不应仅局限于金融资产和家族企业。家族的人力、文化和社会资本健康发展对于一个良好的家族生态系统同样至关重要。

（一）家族人力资本

人力资本在一个家族的长期延续中扮演重要的角色，因为我们强调家族传承不仅传承的是财富，同时还应该传承创造财富的能力，而持续创造财富的能力就体现在家族的人力资本培养上。

家族的人力资本发展取决于家族成员的数量和质量，以及家族在成员之间的配置。有一个笑话说明了人力资本对家族长期发展的重要性：一个家族企业创始人成功地把继承权传给了第三个儿子后，庆幸自己当初生了三个儿子，如果只生两个恐怕就无法成功将企业传承。充足的人力资本是传承规划的第一要素：只有具备足够的量，才能从容进行选择，为家族未来的发展提供筹划的空间。

一个健康家族的长期延续要富过三代，每一代人都要有他们所扮演的角色。另外，一个家族的长期成功并不是一蹴而就的，需要时间的累积和几代人的努力。在此过程中，每一代人的作用都不一样。

图 1-6 是一个健康家族发展的模型。对于第一代来说，他们的首要任务是创造财富，为子孙后代打下物质基础；第二代的任务是将第一代创业积累的财富进行有效的保全，并通过教育培养第三代，充分开发家族的人力资本；到了第三代，就是家族人力资本的厚积薄发，通过再创业，将家族财富再次带入一个新的台阶。所以我们说的财富传承，不仅包括传承已经取得的财富，还应该包括传承创造财富的能力。这个能力的传承要通过家族人力资本的开发和培养来实现。

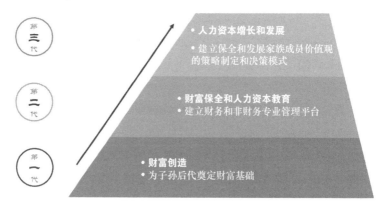

图 1-6　健康家族发展的模型

（二）家族文化资本

一个家族的人力资本充分发展，就算有八个儿子，每一个都很有本事，但如果八个人不能齐心，也没有作用，甚至会成为麻烦的来源。所以要保证家族的和谐、团结、齐心，我们还需要考虑去建设家族的文化资本。

为什么文化资本重要？我们说的文化资本指的是保持家庭和谐、凝聚力的手段，比如家族内部始终如一的价值认同，世代传承的家族精神。家族精神或价值认同也叫价值观。

价值观的正式定义指："赋予我们生活重要意义的各种理念，既体现在我们选择的优先排序上，也为我们持续重复的行为提供准则。"[一] 简单来说，价值观是我们在生活中处理事情、判断对错、做选择时取舍的标准。价值取向指导大家认同什么事情是对的、什么是错的，在面临选择的时候有对可选方案进行排序的标准。当大家具有相同的判断事情的标准、重要性排序的依据，碰到问题的时候，家族内部就很容易形成一致的意见，这是凝聚力的根本。

家族的价值观的体现方式多种多样。举个例子，定义财富的方式决定了我们如何使用财富。有人将财富视为一种享受生活的方式；有人将财富视为实现自我抱负的路径；也有人将财富视为一个服务社会的工具。我们对于财富的定义不同源自各自不同的价值观。

家族的价值观对财富有一个清晰的定义，能够帮助家族后代确立理解、对待和使用财富的标准。如果一个家族定义了财富就是对服务社会的追求的价值观。对于后代成员来说，当个人利益和社会利益出现冲突的时候，家族的价值观要求他们遵守社会利益至上。这样就不难理解家族一致同意使用财富回馈社会、造福社会的动机。

再举个例子，在中国的文化中，教育构成大多数人的核心价值

[一]　Brian P. Hall, Values Shift: A Guide to Personal and Organizational Transformation (Rockpost, MA: Twin Lights Publishers, 1994)

观："书中自有黄金屋，书中自有颜如玉。"这句话作为中国古代最著名的劝学格言，不仅被古代读书人奉为经典，甚至在当今，还被不少家长用来鼓励和劝诫他们的小孩努力学习、奋发向上。如果遵循这个价值观，当教育与其他事情发生冲突，大多数人会把教育排在首位。但如果不认可这样的价值观呢？教育就未必如此重要了。

如果有了事项选择的先后排序，家族成员间统一的价值观可能帮助家族减少利益分歧甚至冲突。我们常看到身边有些家庭，成员之间一天到晚总是有矛盾，做决定的时候谁也不服谁。但有些家庭的成员总是和气相处，碰到困难和挑战的时候大家能够团结起来，齐心协力去克服。为什么？

最重要的原因是：正如我们之前提到，家族成员每个人都有自己的利益诉求，而家族作为一个整体也有它的利益最大化的点。如果一个家族成员信奉的价值观是个人利益最大化，当家族利益和个人利益出现冲突的时候，往往把个人的利益排在前面。但是，每个人的利益都不一样，因此这些成员永远找不到一个交点，所以也就不停地争吵。

反过来，如果家族成员都认可的价值观是家族整体利益至上。那么当出现利益冲突的时候，每个成员都会自然把家族利益排在个体利益之前，大家就很容易找到一个共同点。具有类似价值观的家族成员就能很好地处理个人和家族的利益冲突。这样的结果可以降低家族出现矛盾冲突的概率，在受到外部冲击的时候，家族成员也能够快速团结凝聚起来，共同应对挑战。

家族精神或者价值观还可以体现在家族内部一个大家都遵守的信条上，也可能是一个约定俗成的习惯。这个约定自然也就成了凝聚全家的一种力量。

最后，家族的文化和价值观也可以体现在世代传承的处事方式、原则和对某些事物的独特判断和观点上。

（三）家族社会资本

关于家族的社会资本，大家有不同的定义。严格来说，社会资本是基于网络、结构、关系所形成的一种资源的集合。所以说，社会资本一方面指的是，家族和成员因为对社会的贡献，所以享受到社会对其的认可和给予的尊敬地位，比如大家尊称某一位企业家为"慈善家"。另一方面指的是，家族成员个体或家族整体形成的一个社会网络和人脉关系。

基于这个理解，家族社会资本可以分为内部性和外部性两方面。内部性指的是家族有效地融入社会，得到社会的认同和尊重，甚至有机会获得引领社会发展的能力，通常体现在家族回馈社会、引领社会向善的一面；外部性可以简单被认为是家族成员个体或家族整体形成的社会网络和人脉关系。

家族社会资本的内部性往往指向家族回馈社会的慈善行为，因为企业家群体相对普通人有更强的财富基础，有更强的能力去从事慈善行为。从事公益慈善，帮助别人，可以给一个人带来自我满足的幸福感，所以这也成为企业家从事慈善行为的重要动机。另外，自我实现需求对应的是富裕群体在满足生理、安全以及归属感和尊重的需求之后更高层次的需求，企业家无论在意愿和经济能力上都匹配。

但是，以慈善行为为导向的家族社会资本管理是一件很复杂、很专业的事情。巴菲特曾说过："慈善已经不仅仅是慈善，也是财富管理的方法。财富管理的方法不仅是方法，也体现对财富的理解和智慧。"家族需要通过战略性规划，使得其慈善行为可以结合家族的长期目标，在保证可持续性同时可以产生最大的影响力效果。比如，战略性慈善规划往往具有目的性——对改变社会/环境（小到社区大到国家或世界）的期望，所以第一步是确立慈善目标（需要为社会解决什么问题？）。

　　家族自身或者家族通过一个专业的团队或机构为捐赠人的慈善行为设定目标，为项目定位匹配，提供尽职调查和评估等工作。具体来说就是规划慈善的方式（通过何种方式解决这些问题？）。当这些慈善行为发生之后，家族希望了解到项目的实施效果，以及影响力。战略慈善规划将对慈善行为的效果和影响进行评估，为家族提供战略评估效果（结果是否达到预期目标？）。

　　同时，社会资本的外部性也需要有效地管理。从经济学角度分析，社会资本可以帮助改善社会的资源配置和交易效率，降低因信任和信誉缺乏而产生的额外的社会成本，这些效果在不完全市场经济的体制下特别明显。

　　比如，在处于起步阶段的市场经济、法律不健全、政府对信息控制及不透明操作的环境下，民营企业家的社会关系网络为企业家提供正式和非正式渠道的信息来源。通过以血缘关系、地缘关系为中心形成的社会关系网络帮助节省信息收集、寻价费用，有效地促进合作和交易。

　　另外，社会资本可以帮助降低企业的交易成本和契约的执行成本。在缺失完善的法律制度下，网络成员之间的交易也因相互之间的信任、长期合作而节省讨价还价、契约制订和执行的费用。研究发现○，拥有政治联系的民营企业家的企业市场绩效要比没有政治联系的企业家的企业绩效更好。

（四）家族资本管理的整体性

　　如果我们将家族比作一张桌子，家族的企业和金融资本作为有形资本是桌子的一条腿，其他三大资本是桌子的另三条腿。一张桌子如果缺少了任何一条腿都很难保持平衡。同样，一个家族缺少了某一项资本的管理也很容易导致家族内部的失衡，损害到家族和家

○　刘林. 基于信号理论视角下的企业家政治联系与企业市场绩效的关系研究[J]. 管理评论，2016，28（3）：93-105.

族财富。

举一个例子，某家族企业非常成功，市值做得很大，企业资本和金融资本的管理都很成功。另外，家族人丁兴旺，三个儿子都非常有出息，在企业的不同板块中独当一面，说明人力资本非常优秀。同时，家族热心回馈社会，为当地的慈善事业尽心尽力，儿子们在当地的社会中享有很高的地位，社会资本的建设相当出色。但是，父亲去世之后，三个儿子互不服气，为争夺家产、家族企业控制权大打出手，最后弄得三败俱伤，家族内斗进一步影响到企业经营，生产经营被暂停，高管流失，企业最终也没落了。

在这个案例中，家族财富没有达到保护、管理与传承的目标。家族的财富管理缺少了什么？哪一类型的资本没有管理好？显然，四条腿的桌子之所以倒塌，是因为缺了精神层面建设的那条腿。家族成员缺乏对家族文化的认同和归属感；家族缺少把大家团结、凝聚起来的价值观，家族基业也很难长期继续。

我们管理某一类型的资本，比如金融资产的投资管理，已经很费脑筋了，何况要同时管理这么多不同类型的家族资本。所以对于大多数的中国家族，财富管理面临的挑战首先是财富的复杂度。

三、家族财富管理中人性无常的挑战

为什么某一个企业家的不良嗜好会使得家族企业的控制权发生转移？为什么一个商业帝国轰然倒塌竟是因为企业领袖在生前没有做好传承的安排？这些风险背后都是一些个人因素的小细节。但不幸的是，小细节发生在家族核心人物身上，通过不完善的家族财富管理体系放大，则可能成为颠覆性、毁灭性的风险。所以，中国企业家也必须面对"人性"的挑战。

因为家族、家族企业最重要的组成部分是人，家族所有的需求都是围绕着人展开的，人性相关的挑战必然是家族财富管理的重要组成部分。从哲学定义来说，人性就是人的本质。"人性无常"来自家族成员个体利益的不一致性，也来自一个自然人所特有的本质多变性和不可预测性。人性是中国企业家遭遇很多风险的来源，也是在财富保全中面临的最大挑战。

因此，为了处理人性无常的风险，家族需要使用不同架构去处理财富管理事务，这些架构的原理无外乎都是在安排家族成员（人性风险的来源）与家族财富进行分离。家族成员与家族财富的分离程度越高，家族成员获得财富的机会就越有限，家族成员的人性不确定性（如成员之间因财富产生破坏性内讧）对财富产生影响的概率也就越小。

从这个角度来看，许多家族选择运用一些工具去限制家族成员直接接触家族财富，从而降低家族成员（如子女）之间因利益不同而爆发冲突的可能性。比如，把财富的控制结构正式化，通过制度方式约束家族成员"人性"行为，这就是我们后面会讲到的家族治理工具；把财富所有权和受益权分离，使得家族成员从所有权、控制权上远离财富，但同时可以享受到财富产生的收益，这是我们后面也会展开介绍的家族信托工具。这些工具的设计和使用，目的都是为了在某种程度上约束家族中"人性"的不确定性。

针对这个话题，我们将从"人无完人"和"人寿无常"两个角度去探讨家族财富管理中面临的人性挑战。

（一）"人无完人"的挑战

中国企业家遭遇"人性无常"的挑战，首先体现为"人无完人"。

由于文化的关系，很多家族企业的创业一代在家族中享受至高无上的地位，这种现象在东南沿海地区特别明显。久而久之，家族企业和其他家族成员也自然地将一切安排和期待寄托在家族某个权威人物的永远英明神武上。这样的安排可靠吗？这位权威人物一定是完美的吗？

　　举个例子，当家族核心成员的不良嗜好导致其个人风险传导到家族企业或家族其他成员后，会给企业经营和家族带来灾难性风险。比如，当企业的老板涉嫌赌博和企业可能违约的消息爆出时，其业务关联方必定将采取各种措施以减少损失，这就导致了供应商和其他债权人的"挤兑"，此时资金链的断裂是必然的结果。对于家族来说，如何防止核心成员"人无完人"的缺陷对家族和家族企业造成不利的影响，成为一个非常重要的课题。

　　如果人无完人，我们是否还应该过度地依赖家族中某个人的英明神武？是否应该更多地考虑利用制度，而不是人治，来管理家族财富、规避风险？

　　家族财富管理应对"人无完人"方案的核心点就是先通过制度的安排将风险的源头（即家族核心人物），与家族核心资产（即家族企业）进行有效的隔离。并明确，当风险发生的时候，通过什么机制使得核心资产的控制权顺利地从风险源头转移到既定的接班人手中。

　　举个例子，某核心家族成员个人的道德问题直接影响家族企业的经营，也影响到家族的整体利益。假设家族通过制度的安排，将公司的股权转移到一个家族信托。即持有公司股份，且控制公司的将不是核心家族成员本人，而是他的家族信托。通过这样的结构安排，他个人原因导致的任何风险，从股东层面就不会直接影响到公司的经营，这就做到了风险隔离。

　　为了确保控制权的顺利交接，核心成员可以在家族信托中安排这样的一个条款：当信托的委托人（即核心成员本人）去世、个人自由被限制或失去行为能力的情况下，来不及按照法律程序过渡权力，他指定的接班人（如儿子）就会接管对信托的控制权，从而控制家族企业。

这就是用制度的方式去制约或防范"人无完人"类型的人性挑战的例子。因为人性都是无常的，它会给家族财富带来不确定性、添加风险，所以期待关键人物完美的美好愿望是不可靠的，也是危险的，我们应该更多地依赖制度来防范这些风险。

（二）"人寿无常"的挑战

另一种"人性无常"挑战，来自一个自然人生命周期的局限性，也就是"人寿无常"。

中国很多的老一辈企业家，即便是年龄很大了，或者身体健康上已经出现隐患，仍不愿意主动谈及身后的企业和财产的安排。这些人中部分通过教育也认可提前规划在财富传承中的作用，一旦落地到具体的实施环节，往往又采用一种拖延的态度。他们总觉得太忙，有更着急、更重要的事情要去做，而自己目前也没有出现什么问题，所以就一直拖延着。

造成这种现象背后的原因有很多。这可能是，老一辈都喜欢维持一种模棱两可的状态，认为这样才能最大限度地保证灵活性。因为提前规划会带来灵活度方面的限制，他们会担心被禁锢在自己的承诺上。或者可能是老一辈对规划的恐惧，他们惧怕失败，惧怕对外负责，或者惧怕面对敏感的家族问题。特别对于生老病死这些自然规律，很多人内心是抵触或者是恐惧的，所以不愿意谈及。另外一种可能是，他们都活在当下，也可能因为是忌讳或者有侥幸心理，总是拖延，等到事情临近发生之时才匆忙处理。

无论是什么原因，如果家族关系比较复杂，又没有提前做好传承安排，突发事件的发生就很容易给家族带来不必要的麻烦。

四、传承和企业升级转型的双重挑战

有人说，新中国的第一代企业家是最幸运的，因为赶上了国运，乘上了中国经济高速发展的快车。也有人说，这批中国企业家是不幸的，因为中国的环境变化太快了：经济增速减缓，产业结构亟须转型。与此同时，创业者的年龄也进入到了交班的关键时期。

（一）传承的挑战

中国民营企业即将迎来大规模的传承浪潮，企业权杖需要从现在的一代创业者向二代接班人转移。从企业主生命周期的角度，很多一代家族企业创始人已经进入退休的年龄，企业的领导权将从创一代交给下一代接班。同时，财产权益也将由上一代传递给下一代，这里必然涉及所有权、管理权的更迭。

传承交接的挑战是非常大的。有人比喻，企业交接班就像在高速公路行驶的汽车，不能减速的同时要更换驾驶员，凶险程度可见一斑。另外，对于企业的传承交班，中国家族没有任何可借鉴的经验。而且，因为中国社会在过去的两代人经历了非常剧烈的变革，造成两代人在生活经历、教育背景和一些普世的理念上普遍存在较大的差异，同时影响到经营企业的理念和方式。

因为中国将迎来传承的高峰期，传承规划显得尤其重要。中国的家族企业都面临提前做好传承规划的挑战。在笔者参与的中国企业家财富健康调研中，中国的企业家大部分已经进入50岁后的临近退休的年龄，但只有非常少的一部分已经完成了传承。全国工商联的调研数据显示，中国民营企业普遍缺乏清晰系统的传承规划（见图1-7）。具体来看，31%的企业表示完全没有考虑交接班问题，30%的企业仅仅有些简单的考虑，系统考虑过领导权传承问题且形成了明确方案的为6%。

家族企业的传承从来都不是一件轻而易举的事情。从历史统计来看，传承失败所带来的财富毁灭的重大风险好像是不可避免的。根据美国《商业周刊》数据分析，美国能够成功传承到二代的企业比例不到40%，传承到三代的不到13%。

为了衡量这个风险所带来的影响，有学术研究比较了企业交接

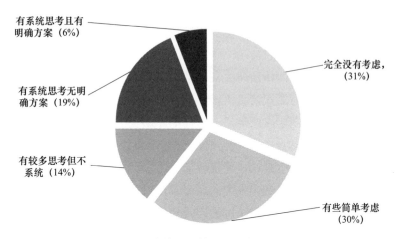

图 1-7   家族企业传承规划完善程度

班发生前后的经营业绩和股票价格变化。通过对家族企业传承的研究普遍发现，企业的经营业绩和股票价格在家族企业交接班后往往都出现了下跌。

传承中出现的财富消散不仅仅是企业家和其家族的损失，也是社会的损失。因为对社会有价值的企业若是无法持续经营，对企业所处的社区、地区和国家经济也会造成影响。

（二）企业升级转型的挑战

很多中国民营企业所处传统行业，这些企业普遍需要面对商业模式优化重构与创新的挑战。有句话说到这些企业的处境非常合适"不改变是等死，改变是找死"，也说明"变"的挑战是巨大的。至于家族企业普遍面临转型升级挑战的原因，除了中国经济发展新阶段造成产业结构的转型压力之外，也有商业模式和企业生命周期自然形成的原因。

（1）我国经济结构的趋势性变化是 GDP 增速下降，以及由此带来的财富产出效率显著降低。据测算，我国财富总量与 GDP 之比从 2000 年的 350%上升至 2018 年的 613%[⊖]，反映出财富产出效率的较快下降。简单来说，沿用原来的产业结构，创造单位收入所需要的财富投入数值在上升，说明单位投资产出的效率在下降。归根结底，生意难做很大程度上说明传统民营企业家路径依赖的商业模式已经不能适应新形势的发展，意味着很多企业需要考虑升级或者转型。

（2）近二三十年发生的商业模式的快速迭代迫使家族企业转型升级。20 世纪初，一家企业的商业模式，可以在 50 年内保持不变，依然能够立于不败之地；到了 20 世纪中期，某个商业模式的有效期缩短到 20~25 年，这样的时间点与代际交替相重合，也就是说一代人需要做一次迭代；到最近的 20 年，技术变革和消费习惯快速变化，导致商业模式必须要 3~5 年进行一次战略重构。

（3）每个企业都有它的生命周期。一般而言，企业会经历三个阶段。第一阶段，创始人白手起家，围绕着某种创新产品或服务创建了企业，这个阶段还在摸索，商业模式并没有完全定型。到了第二阶段，创始人应该找到其商业模式的成功原因，并建立相应的组织结构和机制来支持这个商业模式的实施，这时企业会高速发展。进入第三阶段，企业已经经历了最盈利的销售阶段，商业模式因为市场变化和竞争对手的进入受到挑战，企业的利润率会开始下滑，事实上很多企业在第三阶段就开始陷入困境。

（4）企业经营的商业模式（主营业务）也都会有它的生命周期。如图 1-8 所示，企业的主营业务通常都会经历一个从起步、成长、成熟到衰落的历程，但是商业模式的生命终结并不代表企业的终结。相反，如果企业能在不同的商业模式中不断迭代更新，理论上它的生命周期可以被无限延长。单一业务的曲线经过高峰后会出

⊖ 李扬，张晓晶，等. 中国国家资产负债表 2020 [M]. 北京：中国社会科学出版社，2020.

现下降，这要求企业在其主营的业务发展良好的时候，开始规划新的业务曲线。

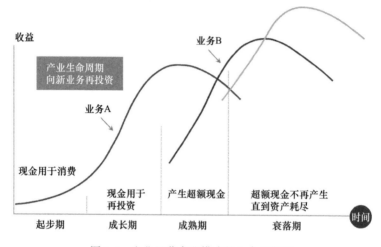

图 1-8　企业经营商业模式的生命周期图

这就要求企业家必须提前对其主营业务进行规划，对新业务主动投资。很多中国民营企业家没有这种意识，原因可能是过往的成功限制了他们对未来的看法，一厢情愿地认为自己的主营业务只要是现在经营良好，就永远会延续下去。

第二章
家族财富管理的逻辑框架

第一节　家族财富管理的逻辑框架——道

一、用"治理"的思维去管理"人的关系"

(一) 家族治理的理念

在家族财富各项事务中，最复杂的是"人的关系"的处理。因为人的欲望是无限的，本性的好坏也随人而变，这就使得人性很难预测，很难预测也就很难进行有效管理。在这里，我们没必要去讨论人性本善还是本恶，而是希望通过制度去明晰个人名分之下的责权利，并形成一套监督机制，使得人尽其能。合理的组织制度必然是授权与监督同时存在：既相信你的能力，又怀疑你的本性；既要用授权来激发人性中好的一面，又要用监督来威慑人性中不好的一面。

因此，处理人的关系最重要的原则是尽量减少人治，更多依赖于制度，也就是我们常说的"治理"。当然，家族治理还有更广泛的含义，包括能够充分调动家族成员的参与，尊重家族年轻一代的声音，确保家族内部的顺畅沟通，提升家族重大决策的效率以及进行有效的制衡等。

家族企业的传承中存在的最大问题是两代人之间的沟通不顺畅。因为两代人之间存在性格、理念、教育背景、生活履历等方面的差异，往往在同一个问题的处理方法上也会存在差异。如果两代人之间缺乏有效的沟通机制，就很容易形成矛盾。我们通过一个家族的例子来看看如何通过"制度"的方式处理两代人沟通的问题。

A 家族企业的管理受到了父子两代人之间管理理念冲突的影响。但他们正视这个问题，做了这样的一个安排来减少父子可能的冲突影响到企业的重大决策：在重大事项表决中，第一代家族成员只有 30% 的表决权，第二代家族成员也有 30% 的表决权，同时职业经理人团队有 40% 的表决权。这样的安排可以认为比较接近我们所说的治理机制。

（1）家族已经发现，内部不能有效决策会影响到家族企业的发展，意识到需要一个透明的机制来提升决策的效率。

（2）允许年轻一代参与到决策中，发出他们的声音，这实际上是一个非常重要的传承环节。

（3）通过机制的确立去寻求家族成员间的权力平衡，而权力平衡是治理的核心，就是在决策中充分反映和尊重不同的声音。

（4）家族通过引入第三方力量即职业经理人，来平衡家族成员间的差异与冲突。

这个例子说明了解决冲突的一种手段就是有对话可以沟通，有路径可以应对问题，有流程可以进行决策。这个三方制衡的模式未必就是最优化的治理机制，但不失为一个尝试的方向。这个机制充分体现了治理中"透明""制衡"的核心理念。

（二）家族的双重治理

"治理"的严格定义是指对一个组织进行指导和控制所设计的结构、权利和责任系统。比如，我们要对一家企业进行治理，那就是要确立企业不同参与主体之间的权利和责任的分配——特别是董事会、高管和股东之间的权责分配，当然也包括员工、外部的律师、审计师、企业所处的地区和监管机构等其他利益相关者。企业治理会明确企业决策的规则和流程，以及设定与执行目标的组织结构。从本质上看，企业治理就是一整套监督企业的政策和行动的机制，目的是为了协调企业利益相关者的利益并为企业创造价值。

如果将治理的概念应用到家族"人的关系"的处理，那就是要确定家族成员之间、成员和企业之间的权利和责任的分配：通过制度、机制的方式来处理这些关系，形成一个有章可循、有理可依的原则和流程，并设立家族为达到特定目的所需要的组织结构。家族治理的目标不仅要确保家族内部人与人之间关系的和谐团结，同时要确保家族高效地参与到家族企业的事务管理中。

所以从广义角度，"家族治理"可以指一个双重的治理，包括对家族内部的治理和对家族企业的治理。为什么需要同时考虑家族企业治理和家族治理？双重治理背后的逻辑性是什么？

（1）从一家普通的非家族企业的角度，大股东的主要动机是增加所持股权的财务价值。家族企业也不例外，每一位家族股东个体作为家族这个整体的一部分，也都应该步调一致地为达到同一个财务目标而努力。但是除了达到财务目标，家族企业和家族股东的目标还包括与家族相关的声誉、代际传承、利益相关者之间的和谐关系。

（2）家族企业和一般企业最大的不同在于家族在企业的"涉入"，即家族对企业的影响力。家族对企业不计代价的投入和牺牲，包括投入到企业的控制和管理，通过家族意愿、文化和精神对企业的影响，最终会使得家族企业形成某些独特的优势。

从公司治理角度来说，由于家族的涉入使得企业形成家族的一些"人性"的偏好，比如对企业的过度干预或任人唯亲的偏好，也会对公司治理产生负面影响。因此，在非家族企业治理中常见的问题是股东和经理人的利益一致性，而家族企业的治理还需要关注家族偏好和滥用权力等一些"人性"上的影响。

因为家族的"人性"偏好，很多传统上有用的企业治理机制在家族企业的作用会大幅削弱。比如，传统非家族企业中常用的董事会机制可以有效地监督和指导经理人，并具有独立性。但对于规模不大的家族企业来说，设立董事会的可能性较小。即便有，出于确保家族控制权的考虑，往往也是家族成员或朋友来担任董事，对于获得外部专业支持和保持独立性的意义不大。另外，在非家族企业中，解决代理人问题最有用的方式是给予经理人足够的权力和激励。但出于维护家族控制权的意愿，家族往往不愿意使用这些方式。

外部治理机制的有效性在家族企业中也受到了限制。举个例子，当一家企业的产品、管理层表现不佳的时候，市场机制会进行干预，用更好的产品、更好的管理人甚至是新股东取而代之。但家族企业中的"人性"因素会抵消这些积极的外部监督作用。比如，家族会因为念旧而继续生产销售业绩不佳的产品，因为亲密的关系而保留业绩不佳的管理人。

家族企业通常存在哪些共性的治理问题呢？以下列举一些常见的现象。

（1）家族选择由缺乏胜任力的家族成员（或者家族控制的非家族成员）担任企业高管的现象。这体现了亲情/血缘大于能力的选择标准。

（2）为了家族内部的和谐，从而导致企业决策效率下降。这体现了家族成员在"人的关系"和"权益的关系"之间寻求平衡的困扰。

（3）家族企业缺少外部的制约和监督，控股股东通过利益输送等方式造成对小股东的侵害。家族股东甚至利用特权挪用公司资金。这些行为不仅是公司治理的问题，可能还会上升到家企混同导致的法律问题。

类似的问题举不胜举。如果归纳起来，当家族的"人性"涉入到一家本来应该规范管理的企业时，可能与四个方面的治理问题之一相关⊖。

（1）家庭情感的卷入。在家族企业中，家族成员股东和家族成员管理人之间不仅是基于劳动合同形成的法律合作关系，还是基于亲情、感情、信任和社会规范形成的关系。比如，在情感上父母倾向支持和照顾子女，在社会规范上子女也有义务支持父母。所以在企业治理中，很容易导致重要岗位选择基于身份而不是能力；出现差错的时候，父母很难惩罚子女；当子女预期获得父母的爱而免于惩罚，很容易产生"搭便车"的想法。要解决这些问题，家族企业应该建立起奖惩和激励体系，提前设计包括家族成员在内的统一标准的员工奖惩和激励约束机制。

（2）家族控股股东偏好。家族作为控股股东，有权力以特殊化和个性化的方式来管理企业，无论这些方式是否对企业是有利的。比如，家族随意任命家族成员成为企业的高管，这样的信号对于非家族经理人意味着晋升的基础不是业绩而是家族的身份，很容易打击他们的职业发展信心。又比如，控股股东的意气用事、朝令夕改也会让员工觉得家族股东并不受权力制约。这样的家族很难吸引和留住优秀的职业经理人，也难以激励员工为企业额外地奉献。要解决这些问题并不容易，因为家族必须限制自己的"人性"意愿和酌情决策权，家族股东要通过"自绑手脚"的办法，建立起有制衡作用的决策机制、公开透明的价值体系和管理风格，以及对经理人的

⊖ 泽尔韦格，高皓. 家族企业管理：理论和实践［M］. 北京：清华大学出版社，2021.

充分激励制度。

（3）大股东无制约的"私欲"。这个类型的治理问题涉及的是拥有控制权的家族股东和其他（家族或非家族）小股东之间的关系。控股股东可能会滥用权力，把自己当作唯一的股东，而侵害小股东的利益。比如，在多元化的家族企业集团中，大股东利用控制权将资金转给自己或者自己拥有更多利益的分公司。解决这类治理问题的方法是通过董事会制衡，在公司章程中对大股东权力进行约束。比如章程可以规定，除公司法规定事项以外，其他的重大决策需要 2/3 以上表决权股东通过而不是 1/2 以上表决权股东通过等。

（4）大股东内部"私利"的冲突。这类问题源于家族股东内部的利益不一致：家族股东们可能在企业发展战略上存在分歧，也可能对于自己在企业所占的位置存在不满。因为这些股东同时代表了家族的一部分成员，家族内部的纠纷也可能蔓延到企业的管理。要解决这些问题，通常需要依靠股东之间的协议和家族内部关系的治理。

家族企业治理中因为家族中"人的关系"导致的很多具体问题都可以归类到以上四种分类中，其中，第三类型在一般的非家族企业中也会出现，但其他类型在家族企业特别普遍。这些问题都具有一个家族"涉入性"的特征：涉入者的双重身份，既是企业股东也是家族成员。这就说明了家族治理在家族企业治理中的重要性和双重治理的必要性。

比如，如果家族股东之间因为情感上的不合导致冲突，这些冲突会延伸到企业控制权的争斗，职业经理人不得不在决策中面对家族成员之间的争吵。在任何一方取得控制之前，通常情况就是拉锯。拉锯的结果是使得冲突的时间延长、重大决策无法形成，企业的运作和业绩都会受到影响，最后有能力的职业经理人也会出于失望而选择离开。

（三）家族治理的模式

家族治理的模式可以分为正式和非正式治理两类。正式的家族治理，是具备约束力的正式规则和规范，核心是权利安排和行使权利的机制。它告诉家族成员应该如何行使自己拥有的权利、如何履行应该承担的义务。简单来说，正式治理依靠制度规范的原则。

非正式的家族治理，以传递家族精神、培养合格的家族成员为目标，本质上是一个成员教育、文化建设的过程。它围绕家族的核心价值观，塑造成员的秉性，为家族培养合格的所有者和接班人。简单来说，非正式的治理在具体操作上多采用言传身教、潜移默化的方式。

家族企业的发展，往往伴随着家族成员结构和家族规模的变化，比如从创业的夫妻两人，到子女成长，再到三代同堂甚至更长的四代、五代的传承，家族成员人数在不断增长，成员之间关系的复杂度也在不断提升。在家族的不同发展阶段，有效的家族治理方式也不尽相同。

在家族发展的早期，家庭人数少，一般只有夫妻加上一两个孩子，那么非正式的交流沟通就很重要，如通过在晚餐里的闲话交流、共同参与的一些聚会活动来凝聚家庭力量等。常见的方式包括：在某一个固定的日子如家族年长成员的生日，家族成员一起参加聚餐活动，来强化家族成员在家庭层面的身份认同；又或者是通过家族文化、精神的建设，培养家庭成员共同认可的一种行为准则（价值观），帮助家族成员达成一致意见，减少家庭内部的矛盾，最终妥善处理家族中"人的关系"。

在这种非正式的家族治理方式中，很重要的一个原则是父母长辈要严格遵守自己所设立的标准要求，言行一致、行为自律、言传身教，对家庭发展尤其是子女教育有着非常深远的影响。

当家族发展到人口众多时，潜移默化的力量就不足以实现家族成员关系的长期团结和睦。并非说非正式治理手段在这些家族不重要，但大家族更多需要依靠制度来规范具有不同动机的成员的行为。在后面的章节中会讲到，一个家族演化到第三代表兄妹关系时，很难强求大家对于"同属于一个家庭"的认可，但一个大"家族"的概念又尚未建立起来。这时候凝聚大家力量的不是家族的亲情，而更多在于大家都是家族企业股东的利益共同点。

因此，有一套大家共同认可、遵循的准则来应对家族事务和解决家族争端就显得特别重要。这些准则需要依靠一套可以运转的机制，比如家族委员会、家族宪法等。

二、用"所有权结构"的思维去管理"权益的关系"

（一）所有权结构设计的理念

家族财富管理中"权益的关系"的处理就是通过所有权结构设计，从所有权、控制权、经营权及受益权出发进行权利的有效配置。

只要有财产的地方就有所有权结构。所有权结构也就是要明确一个财产的各种权益，谁拥有这个财产？谁可以控制这个财产？谁来管理这个财产？谁能享受这个财产产生的收益？

家族财富的所有权架构设计就是为了明确下来，让合适的机构、合适的人去掌握和管理家族的财富，以及合适的机构、合适的人去享有财富的权利。一个好的所有权结构不仅能清晰界定家族财富的权限和责任，同时能准确反映出家族成员的共同意志，打通和激发家族的人力资本、金融资本、社会资本与文化资本，形成家族合力。

1. 四项基本原理

虽然所有权结构设计的核心是找到合适的人和机构去配置四个不同的权利，但合适与否毕竟要基于家族的主观判断，受到家族成员主观认识与意愿因素的影响。所以，所有权结构的设计需要根据家族自身的特定需求进行安排。

但所有权结构设计通用的基本原理是：按照四项权利各自特点，力求做到"所有权求稳定，控制权靠机制，经营权选贤能，收益权应分散"[⊖]。

（1）所有权是家族财富的根本，应当保持稳定。比如，目前中国企业家中非常普遍的现象是采用自然人方式来持有财富（包括家族企业的股权），这种所有权结构的设计会造成不稳定的隐患。比如自然人去世后，财富变成遗产；自然人离婚后，财富需要作为婚姻共同财产切割；自然人持有财富还要面对个人的税务责任等。这些问题都会导致自然人名下的财产缩水，产生很大的不稳定性。

对应的解决方案是将所有权置入家族信托等稳定的结构中，也可以通过家族协议、股东协议等把所有权的流动限制在家族内部。核心其实就是把人和财富做一个完整的隔离，规避财富在代际传承、婚姻关系变化等过程中可能产生的风险。所有权架构的设计就是找到家族信托这样的工具，比自然人更适合去持有财富，确保财富的稳定性。

（2）控制权安排是家族成员最为看重的，也是最容易引发争议的部分。控制权安排的合理性取决于相应的控制权机制的设计。其实就是通过机制把关于控制权的一些问题明确下来：家族中哪些成员拥有控制权？如何行使控制权？在控制机制的安排上如何平衡主导分支和其他分支的关系？比如，很多家族把分散在各个支系的股权置入到一个家族信托中，使得家族通过信托集中对企业的控制权。

（3）"经营权选贤能"的理解比较简单。对于资产的管理必然

⊖ 谢玲丽，张钧，张晓初，等. 对话私人财富管理［M］. 广州：广东人民出版社，2018.

是采用"能者上"的原则，这符合全体家族成员的利益诉求。

（4）"收益权应分散"可以理解为资产的收益应尽可能地覆盖到家族的所有成员，体现家族内部亲情导向的平等、公平原则。关于经营权和收益权的配置，最关键的是要有相匹配的家族雇用制度、接班人培养计划以及家族财务政策的支持。这些问题属于如何建立完善的家族治理体系的范畴，也就是"人的关系"的处理。

这里说到的家族所有权结构也分层面，包括家族所有权结构和事业主体所有权结构（即家族企业的股权结构）。我们把家族所有权结构称为顶层架构，因为这个层面的架构对应的是家族内所有类型财富的持有方式。而事业主体指的是核心的家族企业，事业主体的所有权结构本质上也是核心家族企业的所有权、控制权、经营权和收益权的配置，以及以此为基础的商业体系内母公司和子公司、不同事业板块之间的管控模式。

股权结构和所有权结构是否一样？如果家族的财富主要是家族企业的股权，两者可能比较相似。但所有权结构的设计考量的不仅仅是企业股权设计，所以我们一般建议少用股权结构设计这个概念，应回归到所有权结构设计的概念和逻辑。

2. 三个维度目标

家族所有权结构设计的宗旨是考虑用什么样的形式来持有家族的财富，最终对财富管理是有利的。如何评估一个所有权结构设计的有效性？结合我们之前提到的家族财富管理的三个目标，可以从三个维度去判断：是否达到保全、管理和传承的目的。因此家族所有权结构在具体落地层面应当从保全结构、管理结构和传承结构三个维度进行规划⊖。

⊖　张钧，蒋松丞，张东兰，等. 对话家族顶层结构［M］. 广州：广东人民出版社，2019.

保全结构解决家族财富安全的问题；管理结构解决家族升级与发展的问题；传承结构解决家族所有权更迭和权杖交接的问题。三者应该平衡与匹配，因此必须同时考虑这三个维度，运用多种结构性工具进行统筹规划。

我们可以通过一个简单例子来理解。

某家族企业由传统建筑业起家，在转型成为专业市场的经营者的过程中，家族企业的大小事务均由家长决策，管控和授权不明确。同时，企业的产权关系不清晰，比如出现个人与企业的财产混同、关联企业财产混同、股权代持普遍的现象。此外，家族成员目前持股较分散，各家族支系的代表分别以自然人身份直接持有运营企业大量不动产和未分配利润。

这个家族企业存在什么问题呢？

（1）面临的挑战是产权不清、家业混同。比如个人与企业的财产混同、关联企业财产混同，自然人直接持有资产，说明人与财富之间、各种财富之间缺乏风险隔离，也就存在安全性的隐患。风险管理的方式很多，但从权益结构上进行风险隔离，是一个基础的考量。全面规范化的形势下，需要设计一个保护结构，财富所有权架构必须具备保护功能。

（2）家族企业股权分散，治理机制和决策机制都缺失。而企业本身需要完成转型升级，存在很大不确定性，正处于需要集中控制权支持的阶段。财富所有权架构必须具备控制权功能。

（3）家族也面临传承压力。一代考虑在交班给能力强的孩子的同时，给予其他孩子一定的保障支持，因此在传承财富的时候有一碗水端平的期望。但是股权过于分散则不利于传承。同时，持有大量不动产和未分配利润会导致资产高溢价下的高额税费成本，所以在所有权架构设计中要把传承需求考虑进去。

通过这个小例子可以看到，家族财富的所有权结构之所以重要，是因为它能通过法律方式或者难以挑战的方式明确财富的所有权、管理权和收益权，杜绝家族内部的纠纷，隔离外部风险对家族财富的冲击，确保财富在代际中顺利传承，甚至可以达到提升财富效率、满足个性需求等目的。

（二）所有权结构设计的误区

对于大多数中国的民营企业家来说，其拥有的最主要的财富是家族企业的股权。这时候，所有权结构设计的重心就是家族如何持有和管理企业的股权。我们通过不同家族企业的持股方式来说明所有权结构设计的重要性。中国民营企业的普遍现状是直接采用个人持股的结构，这样的结构会存在什么问题呢？如果我们能在自然人和家族企业之间加入一个家族控股公司，这样的所有权结构又会带来什么好处呢？

家族控股公司是持有家族企业股权的持股平台，它是直接或间接持有家族重要资产的工具，也是一种构建家族所有权结构的工具。相对于自然人直接持股，通过家族控股公司来集中股权的架构具有明显的优势。

（1）家族控股公司的结构设计具有一定的税务规划功能。比如，拟上市公司直接分红给自然人，自然人就会面临税收的压力，几乎没有可规划的空间；但若向家族控股公司分红，就可以通过公司的平台带来税收规划的空间。

（2）家族控股公司的结构设计可以使得代际传承发生的时候，并不需要在底层家族企业股权上进行变更。毕竟对单纯家族控股的公司进行股权变更要比掺杂着外部投资人的家族企业进行股权变更便利得多。

更重要的是，家族控股公司的结构设计具有一定的风险隔离功能——隔离自然人股东各种各样的风险，避免直接传导到公司。

自然人股东的风险有哪些呢？

（1）自然人有生命的周期，生老病死是必然的。

（2）自然人有各种生活需求，影响到持股的变化。

（3）围绕自然人的风险隐患，如婚姻变故、债务纠纷、法律风险等都可能影响到其持股的公司。

这些风险都会直接影响到家族财富的保全、管理、传承的目标。比如，如果家族自然人股东产生流动性诉求，出售其股权，可能影响到家族的控股地位；家族自然人股东去世导致的股权继承或者离婚导致的财产分割，可能直接冲击家族对企业的控制或家族企业的经营。

家族控股公司可以采用几种不同的模式。单层家族控股公司模式，家族成员直接作为家族控股企业的股东（见图 2-1）。在单层家族控股企业模式下，家族控股企业股东主体是不同的自然人，这些自然人股东的风险依然存在内部传导的可能。

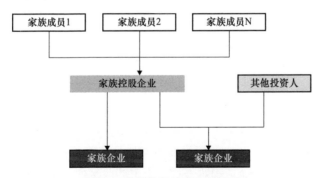

图 2-1　单层家族控股企业模式

因此，从风险隔离的角度，更好的方式是建立一个复合型结构，以一个企业平台替代自然人担任控股企业的股东，也就是复合型家族控股企业（见图 2-2）。在复合型家族控股企业模式下，每一家族支系都有自己的家族控股企业，由若干个小的家族支系的家族控股企业作为大家族控股企业的股东。这种模式更适合家族规模相对较大、支系较多的家族企业。

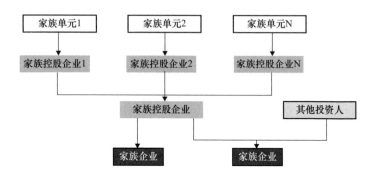

图 2-2　复合型家族控股企业模式

　　很多时候，企业家在股权结构的设计上也会陷入一些其他常见的误区。比如，过度关注结构设计在管理上的便利性，而忽视其长期的有效性。通过创始人的个人持股对于企业的管理更加便利，但往往没有考虑到保全和传承的目的。关于股权结构设计，企业家应该在早期企业设立时就寻求法律和税务专家的筹划。

　　另外，很多企业家在股权结构的设计中只考虑持有问题，没有考虑退出问题。家族企业股东流动性对于家族控制权也会产生实质性的影响，必须保证平衡。比如，一个家族持有大量的商业未分配利润，资产高溢价下的高额税费成本使得家族成员不敢轻易分红，随之而来的是家族企业很难合规地为家族成员的投资、发展和生活等需求提供支持。家族成员不得不选择向家族企业大量借款，这种方式又存在合规的风险。

　　很多企业家只知道股权的概念，但不知道相配合的机制和控制的问题。很多时候，所有权的多少并不理所当然等同于控制权的大小，控制权也不一定等同于收益权。通过这些权利的有效配置以保障家族对企业的控制权才是家族的核心诉求。

三、家族财富管理的系统性思维

(一) 家族财富管理机制的系统性

家族财富管理的对象是一个企业家的企业资本、金融资本和家族资本（包括文化、人力和社会资本）。这几类资本的管理方法、流程、制度不尽相同，有相互独立的必要。但更重要的是，在同一个家族的"大伞"之下，对几大类资本的有效管理应确保各个领域是相互协同的，从而形成整体的管理系统。

家族财富管理机制的系统性指的是在各类资本的管理机制（制度）上进行系统的安排，明确不同资本管理的原则，以及资本管理间相互协调的原则。这个机制的整合系统往往从家族内部的治理机制设计出发。

通过家族宪法等治理机制，家族为其成员制定了参与到家族企业管理和股权结构中的原则。在这个基础上，形成家族企业管理的规则。比如，确定董事和高管的遴选流程和标准，为股权治理确立指导方针如形成股东协议的框架。

关于非经营性资产，也就是脱离企业经营体系的金融资产的管理，家族同时制定持有、分配和管理这些共同财富的原则。这些原则影响到财富管理的执行，比如决定家族财富的管理模式和协调家族成员的参与方式。

图 2-3 描述了一个整合后的系统性治理框架⊖。处于框架中心的是家族宪法。它给出家族的价值观和长远目标。这是家族治理的指导性文件，系统阐述了家族内部治理、企业治理和财富管理的核心原则，进而在各个模块中再制定更详细的规则。

在制定各个领域的治理规则时，我们需要确保它们之间的一致

⊖　泽尔韦格，高皓. 家族企业管理：理论和实践［M］. 北京：清华大学出版社，2021.

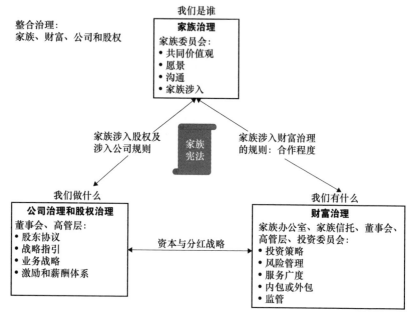

图 2-3　整合治理框架

性和互补性。比如，如果家族宪法规定了内部股权转让的规则，那么这些规则也应当反映在企业治理下股权结构范畴的股东协议中。股东协议是具有法律约束力的文件。因此，任何其他治理规则（如家族宪法）都必须与股东协议保持一致。

举个例子，某一个家族希望企业的控制权持续保持在家族的手中，因此在家族宪法中明确规定家族企业的股权应当在有血缘关系的成员内部流动，不应该出售给外人。同时，控股企业的股东协议对此进行了约束。该协议还可以规定某一部分家族成员享有优先购买权，即家族股东持有的股权转让时，原股东的核心家族成员享有优先购买权，如果核心家族成员放弃优先购买权，股权将分配给同一家族分支的其他家族成员，最后才分配给其他家族的分支。

在家族企业的治理上，董事会的形式、构成、决策和职权等方面的规则尤为重要。在家族治理层面，有关于家族成员涉入企业、股权的管理方面的规则，同时家族企业通常也会在董事会章程中纳入这些规则。两者需要保持一致。

在非经营性财富管理方面，家族成员必须明确他们是否愿意集中管理财富，如果愿意，将采用哪种管理模式（比如，单一家族办公室、联合家族办公室、家族信托或其他形式）。通过这些方式，我们能设计与家族的全局性价值观和目标相一致的财富管理原则。

（二）家族财富管理结构的系统性

我们提供两个案例来展示家族财富管理结构的系统性和家族财富管理方案的系统性。首先，我们通过洛克菲勒家族的案例去了解如何通过家族财富管理结构的系统性达到"保全、管理和传承"的三大目标。

图 2-4 显示了洛克菲勒家族的财富管理结构设计，以及这个结构提供的对财富的保全结构、管理结构和传承结构。

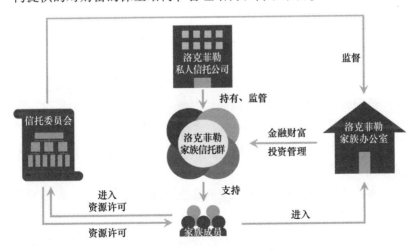

图 2-4　洛克菲勒家族的财富管理结构设计

家族通过信托群来持有家族的资产（即企业股权、金融资产、不动产、艺术品等）。据说，每个家族成员都拥有自己作为受益人的家族信托。但所有的家族信托都是由洛克菲勒私人信托公司作为受托人，即名义的所有权人。家族信托委员会负责私人信托公司的决策和监督。信托委员会成员由家族中资深、管理经验丰富的家族成员组成。这个信托委员会应该与洛克菲勒家族委员会的成员高度重合，无疑也是家族企业董事会的成员，形成了整个管理结构的最高权力机构。

信托群的好处使得家族资产和成员之间产生一个隔离，避免成员和企业之间、成员和成员之间的风险传导，起到保护的作用。家族成员可以从信托中获得收益，但如果有人需要动用本金，据说需要满足一定的年龄条件并需信托委员会的同意；或者成员中谁能够进入信托群分享收益，比如成员结婚后，配偶能否进入信托成为受益人？这些问题将由信托委员会决定。另外，把资产通过信托锁定到家族控制的私人信托公司，确保了家族对于底层资产，特别是家族企业的股权拥有强有力的控制权。

信托中资产的管理、投资由洛克菲勒家族办公室负责。这样，当家族信托控制的底层资产如家族企业产生的收益回到信托中后，将由家族办公室继续打理。家族办公室由家族成员领导，辅以专业人士参与，目的是通过财富的增长为庞大的家族提供资金支持。家族办公室接受信托委员会的监督，有能力、有活力的成员参与到财富的经营管理中，但受到家族长者的监督。这样的职责和权力的配置提升了管理的效率。

家族成员在信托收益的照顾下成长，接受教育，参与家族的慈善事业，并通过在家族办公室实习掌握企业管理和投资的技能。但是并非所有的成员都有意愿、有机会参与家族事业的管理，更多的是跟随自己的兴趣，从此成为家族信托的单纯受益人。

洛克菲勒家族通过系统性财富管理结构设计，将"权益的关系"和"人的关系"综合考虑到一个整体的管理体系，持有和管理家族的各种类型的资本。这样的管理结构能否达到"保全、管理和传承"的目的？

（1）通过使用家族信托工具的隔离功能将资产和家族成员进行隔离。通过家族信托持有包括家族企业的股份在内的各类资产，保证股权的不可分割性，获取家族对资产的控制权。

（2）财富的所有权归私人信托公司，控制权在信托委员会手上，经营权由家族办公室掌握，而家族成员享有最终的收益权。由专业机构管理的好处是，分工明确、相互制衡、管理效率高。

（3）使得成员享受家族传承的财富同时，拥有充分的个人发挥空间去实现自己的人生意义，不会被财富所困扰，做自己想做的事情。子孙后代在享受先人创造的财富同时，发展个人理想，成为医生、律师、艺术家，甚至副总统。

（三）家族财富管理方案的系统性

家族在考虑财富管理具体解决方案的时候，也需要使用一个系统性的思维方式。家族财富的挑战很多，这些挑战往往都不是孤立存在的，若不能系统性地思考挑战带来的问题，会使得解决方案仅能覆盖问题的一部分，而忽略了另一部分。

在家族传承方面，一个家族要实现基业长青，需要满足至少两个条件。

（1）家族成员对于家族的长期认同感，最起码能避免"祸起萧墙"式的家族内部争斗，理想状况下大家能够团结一致应对挑战。

（2）家族保证对企业的控制权，企业按照家族的意愿长期发展，为家族提供长期保证生活质量的资金源泉。这也就说明，家族传承不仅需要考虑处理财富的跨代分配（也就是"权益的关系"

的处理），同时也要考虑家族成员凝聚力（也就是"人的关系"的处理）。在考虑一个传承方案的时候，我们需要有系统性的思维，把这些因素作为一个整体考虑进来，而不是孤立地去处理。

实际上，同时处理家族中的"人的关系"和"权益的关系"两个诉求本身是有冲突的。施瓦茨等的著作《家族传承：智慧财富》描述，家族是一个"社会主义"导向的结构，以感情、公平对待和持久性为特征，以需求为基础、授权为激励。家族企业是一个"资本主义"导向的系统，依赖合理规划和人尽其才的信仰壮大，以理性、金钱、契约精神为特征。

以家族企业传承为例，如果要讲究亲情，家族长辈必须考虑在下一代中进行平等的股权分配。但如果企业的股权平均分配到几个儿子手上，意味着什么呢？意味着家族企业的控制权平均分配，没有人掌握控制权。这种情况往往就是家族的内斗和商业帝国的土崩瓦解的开端。另一种方式是每一代都是单一继承人，集中的所有权。这种模式的好处是规则简单、通俗易懂，保证企业的控制权集中、延续性和限制家族成员之间的内讧，缺点是牺牲某些家族成员的利益。

是否存在一种从家族整体利益出发的"分家不能分业"的安排？将继任和分产分开，充分考虑到"人的关系"和"权益的关系"？比如，由长子继承家业，以保证企业帝国控制权集中，在企业经营中充分体现家族的意愿；其他儿子从家族中获得资金的补偿，或者能平等分配家族企业产生的收益。通过家族信托工具就可以达到这样的目的：通过家族信托实现所有权和所有继承人分离，保证所有权集中的前提下，将控制权和收益权进行分离。这样，控制权可以集中在某一个拥有效强管理能力的继承人手上，其通过控制家族信托来实现控制名下的家族企业，而信托的收益权将在几个财务继承人中平等分配。

　　家族财富管理系统性思维在当今的中国环境下显得尤其必要。因为相比 10~20 年前，中国企业家财富最大的变化是管理需求变得更加多样化和复杂化。特别在中国融入全球化趋势之后，中国企业家的财富种类、家族成员的身份也变得更加多元和复杂。

　　比如，很多家族企业打通境内外界限，从一家境内的企业变为全球化的企业。在持股结构上，原来可能就是一个简单的境内结构，现在需要考虑在岸、离岸的持股架构，去配合实业主体在全球的发展。家族成员的身份也会从原来纯境内身份变得多元化。因为家族成员境外教育、生活、医疗、养老的需求多了，生活重心也变了，身份规划也作为家族财富管理的重要一环被考虑进来。还有，家族金融资产的全球配置。企业家的财富形态不仅从实业主体逐步变成了金融财富，也从纯境内的配置演变到一个全球化配置阶段。

　　由于这些变化，我们很难单独看待某一个问题，或者使用单一的工具、方案来解决一个问题。因为需要在境外设立分公司、工厂，企业家要搭一个持股结构出去；因为小孩需要接受境外教育，所以安排一个移民计划；或者需要分散投资风险，所以把部分资金转出去投资。但是，这些事情之间不是割裂的，互相之间存在影响，甚至可能牵一发而动全身。

　　比如，企业要在境外设立分公司需要调整企业所有权架构，可能会把一些家族传承的问题带了出来：是由一代企业家还是由准备继承企业的儿子去担任股权拥有者？原来考虑的家族成员的移民计划是否可以结合这个股权架构的设计？未来境外企业主体产生的部分利润是否留在境外，作为资产全球配置的一部分计划？这当中涉及的税收问题又如何解决？等等。所有这些相互纠缠的问题不能也不可能割裂去单独考虑，没有一个单一工具可以同时解决所有问题，因此在寻找解决方案时应该综合地、系统地进行考量和设计。

　　即便是考虑单一维度的问题，比如持有某一类资产的所有权结构设计，系统性思维也是方案有效性的关键。家族持有经营性资产和非经营性资产，不同资产的风险、运作方式、获利能力均不同，承载的家族诉求也是不同的，资产之间相互独立、相互影响。单一类型的资产会有一个所有权结构，比如大额人寿保险作为给小孩传承的一笔财富，由于担心小孩会挥霍，希望配以更加个性化的分配方案，所以设计了一个保险金信托。但这个保险金信托只是我们众多资产的一部分。最终，我们应当把持有保险金信托的架构系统地整合到一个家族顶层所有权结构的规划中。

家族财富管理所面临的挑战是系统性的问题，但是在很多情况下，大家可能更关心的是一个工具或者一个办法，都希望一个工具或办法就可以解决今天我们面对的所有问题。但是这是不可能的。系统性问题不能依靠单一工具和办法去解决，必须运用系统性方法去解决。

第二节　家族财富管理的逻辑框架——术

一、架构设计的原理

通过上一节的内容我们了解到，要正确应对家族财富管理中的挑战，需要有一个系统性思维去设计解决方案。通过治理的逻辑去管理人的关系，通过所有权结构的逻辑去管理权益的关系。同时，要将所有权结构的设计和家族治理的机制相结合，使得家族内部形成一致性和凝聚力，确保各种关系处理的顺利开展和家族的长治久安。我们把这些目标的实现路径归纳为一个家族财富的顶层架构设计。

严格定义的家族财富的顶层架构结合了家族的所有权结构和配套的治理机制。简单说，顶层架构就是家族持有各种类型财富的方式和管理财富的方式[⊖]。因此，家族财富的顶层架构同时处理家族的"权益的关系"和"人的关系"。

　　我们通过一个例子来说明家族财富顶层架构的设计。图 2-5 是一个顶层架构的安排。最底层是家族持有的各类型的资产（财富）。假设这个家族持有的主要资产是家族企业，那持有家族企业资产的家族信托工具处于架构的核心位置，联通家族和企业。下层结构安排可能会包括家族控股企业或家族有限合伙工具的设置和调整。这样，任何家族企业的结构性调整都与信托产生联系，需要根据信托的安排进行规划。

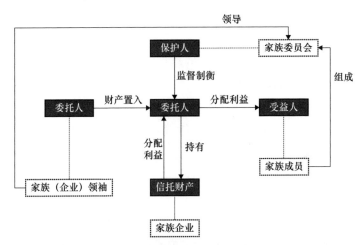

图 2-5　家族财富顶层架构的设计

　　这个顶层架构通过所有权结构的设计确定了家族持有财富的方式。信托的隔离功能帮助实现核心资产（企业）的风险隔离；家族成员（信托中的受益人）和企业资产充分隔离，但他们的收益权也

得到保证，从而实现财富传承；同时通过集中家族的持股，加强对家族企业的控制权。

以信托为核心的顶层架构设计同时强化了家族治理的制度化和机制化。

（1）信托的治理机制中设计的保护人角色拥有实实在在的控制权，在投资、分配、调整、退出等多个重要方面能够有效地监督、制约受托人。最关键的是，保护人设计将控制权交由家族成员组成的家族委员会，受到家族领袖（信托的委托人）的领导。这一套机制充分体现了家族领袖以及全体家族成员对于家族未来的意志，这种意志安排不仅仅对现有和后代家族成员有道义上的约束力，其本身也受到法律的保护。

（2）家族委员会为家族成员参与家族资产管理提供了一个透明、制衡的沟通和制度性决策平台。通过这个平台来平衡成员之间的利益，激励成员的参与，提升家族的凝聚力。

这样，用顶层架构的治理功能管理家族中"人的关系"，再结合所有权设计的"权益的关系"处理，就可以确保家族长治久安，达到家族的保全、管理和传承的目标。

我们对顶层架构设计的一些原理总结如下：一个架构是建立在家族目标基础之上的。这个目标可能是家族希望实现的"保全"、"管理"和"传承"中的任何一个或者多个目标。基于目标，战术的层面，也就是具体方案的设计将有章可循。

系统性思维要求我们在考虑一个家族的解决方案时必须站在一个综合的角度，不能是"头痛医头、脚痛医脚"。而这一个整体解决方案，只有在顶层结构系统下才有可能实现。比如，通过一个架构的设计，我们可以实现将财富转移到下一代，同时考虑到财富与风险隔离的安全性，以及在此基础上实现财富的保值、增值的空间。

顶层架构设计将使用到各种各样的工具。大家平时经常接触到很多，诸如家族信托工具、某一类法律风险的解决方案（法律工具）等。但这些工具不应该被独立地使用去解决某一个问题，而是应该整合到一个综合的架构下，服务家族的整体目标。在顶层架构设计中要充分考虑到不同工具之间的协调和匹配，这样才能发挥单一工具的最独特优势，同时在不同工具之间产生协同效应（见图 2-6）。

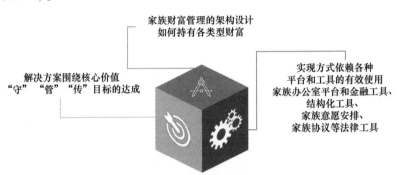

图 2-6　家族财富管理的架构设计

从功能来看，一个家族财富顶层架构服务于家族财富管理的三大目标，也是家族财富管理的核心价值。每一个目标的管理对应很多不同的方法和工具的使用。通常，这样的架构会交由一个统一平台管理，确保方案的系统性。这个平台就是家族办公室。家族财富管理的核心价值和家族办公室平台也构成了本书的核心内容，我会在稍后的章节中对其展开讨论。

二、架构设计中的工具使用

（一）工具类型及使用原则

家族财富顶层架构的设计要服务家族的主要目标，并结合各种类型工具的使用。可使用的工具种类非常多样，但可以简单分为结构性工具和非结构性工具两大类型[⊖]。

结构性工具不是指结构性投资工具，也不是结构性的金融产品，而是指结构性的财富管理工具，包括家族信托、家族基金会、家族控股企业、家族有限合伙以及家族特殊目的企业等。这些结构性工具具有一些共同的逻辑。

（1）这些工具有隔离的功能。这些工具都是法律结构，是一个个法律"主体"，从根本上和"自然人"隔离开来，独立承担相应的责任，独立行使相应的权利。通过结构化工具的优化运用，可以实现家族资产和自然人的风险隔离，有效阻断不同主体、工具之间的风险递延等。就具体工具而言，家族信托和家族基金会的隔离效果更好，因为两者将资产的所有权、控制权、经营权和收益权做了更彻底的隔离。

（2）这些工具有集中的功能。也就是，工具将多个"自然人"的意志分散到多个"自然人"手中的权力集中起来，放到一个法律结构中。以法律结构的权利代替分散的"人"的权利。就集中性而言，家族信托和家族基金会工具，因为隔离性更强的原因，同样比家族控股企业、家族有限合伙等工具具有更强的集中力量。

（3）这些工具有更强的稳定性。与自然人相比，法律结构的属性通常可以更加持久地存在，不受生命长度的限制，也不会受到"人性缺陷"的影响。此外，这些工具在外部受到法律的保护，内部可以依法构建相关保持稳定的机制。这些方面都是法律结构的"稳定"之源。

（4）这些工具有一定的定制性。在特定的法律结构的基础上，这些工具同时提供相对灵活自由的空间，可以通过定制满足特定"人"的诉求。这个定制性在家族信托和家族基金会的工具使用中，

⊖　张钧，蒋松丞，张东兰，等. 对话家族顶层结构 [M]. 广州：广东人民出版社，2019.

相对家族控股企业、家族有限合伙等其他工具的优势更为明显。

因此，在隔离性、集中性、定制性方面的相对优势，是家族信托和家族基金会工具往往被作为家族财富管理顶层架构设计最主要工具的原因。家族控股企业和家族有限合伙属于同一层面的结构性工具，具有一定的隔离、集中功能。但家族有限合伙相对于家族控股企业更容易应用于控制权的安排。

非结构性工具包括金融工具、意愿安排、家族协议等。金融工具比较好理解，常见有保险、基金等。最具代表性的保险工具，被高净值人群广泛地使用，它适用于风险隔离、传承安排等财富管理的需求。意愿安排指的是意愿性的安排，其中包括遗嘱、赠予、意定监护等体现个人意愿的安排，也包括如家族宪法等一些体现所有成员意愿的安排。家族协议包括在家庭内部的一些财产性协议和非财产性协议，比如婚前财产协议和婚内财产协议等。

现实中，大家可能经常看到这样的现象：做保险的说保险工具好，做信托的说信托工具好，做遗嘱的说遗嘱工具好。但无论是结构性工具还是非结构性工具，各类工具之间没有优劣之分，只有适配之说。有些工具是大家普遍使用的，有些工具基于特定的需求使用，不同目的需要不同的工具或者多类型工具的综合使用。

因此，在工具的选择中，家族应在工具箱中选择对于其需求而言最适配的工具。可能有些工具无法达成特定的目标，可能有些工具达成目标的效果会更强或更弱，可能在几种工具结合起来时达成目标的效果更强。对于工具在给定目标下的效能有恰当的判断，是设计顶层架构的重要技能。同时，使用工具的能力也很重要，也会影响到同一工具在不同场景的使用效果。

不过，假如我们以从家族财富管理顶层架构设计来达到财富的保全、管理和传承三个目标作为出发点，各类财富管理工具的使用可以遵循一定的原则：以结构性工具、金融性工具为主导，意愿安排与家族协议为补强；以生前安排为主，身后安排为辅。在这特定的三个目标下，结构性工具变成了必备的、基础的工具，这时候结构性工具一定是最优的和主导的。

（二）家族信托工具

1. 家族信托介绍

关于架构设计中具体的工具使用方法，在本书不会有太多的介绍，但这方面内容的书籍和信息比比皆是。本书主要是介绍一些重要工具的使用原理和逻辑。在这一章节，我们主要是介绍家族信托这个最核心的工具。在稍后的家族财富管理核心价值中"传"的章节，我们会介绍其他用于传承目的的工具。

家族信托是最有想象力的法律结构，以最简单的方式实现客户多种多样的诉求，同时兼具安全、效率与灵活等优点。这个工具的价值是其他任何财富管理工具无法比拟的。

什么是家族信托？2018年8月中国银保监会发布的"37号文"首次给出了定义："信托公司接受单一个人或者家庭的委托，以家庭财富的保护、传承和管理为主要信托目的，提供财产规划、风险隔离、资产配置、子女教育、家族治理、公益（慈善）事业等定制化事务管理和金融服务的信托业务。"

37号文件伴随着资管新规的推出，可以说是监管层释放出了一个信号，承认家族信托这样的一个架构可以存在，并不在资管新规所影响的范围之内。

从这个定义来看，在整个信托架构里面都会存在参与主体和使用目的这两个要素。我们先谈谈家族信托的参与主体。

家族信托的参与主体

参与主体可以分为委托人、受托人、受益人这三个最典型的角色。

委托人就是定义中的"单一个人或者家庭"，也就是信托资产的原来所有者。这个角色把资产从自己名下转移到一个信托架构中，其实是一种所有权的转移。

　　资产一旦进入到信托架构之后，名义上就给了受托人，或者在定义中的"信托公司"这个角色。之所以强调是名义上，是因为信托公司只是名义上的所有者。这个角色不能基于自己的利益处置这个资产，不能分享这个资产所产生的所有好处。信托架构下的资产也和信托公司自己名下的固有资产区分开，信托公司自身的负债乃至破产都与它受托管理的资产没有关系。简单说，信托公司在里面就是一个打工（受人之托，管理资产）的角色。

　　那么谁能享受到信托资产的好处呢？名义上所有权归受托人，但所有的好处只能往一个地方去，就是受益人。这是一条单行道，不能往回走，也不能往上走。毫无疑问，受益人是一个很幸福的角色，什么都不用做，只要信托里面的资产赚钱，未来都有可能拿到这当中的好处。所以受益人肯定得是自己人，往往是包括委托人在内的家族成员，特别是下一代的成员。37 号文规定家族信托受益人应为包括委托人在内的家庭成员，但委托人不得为唯一受益人。

　　根据国内对家族信托的一份调研报告[⊖]，在"如果设立家族信托，您希望包含的受益人有哪些？"的问题中，86% 的受访者将直系后代、配偶与父母设立为主要受益人，也有 7% 的受访者希望通过家族信托满足特定关系人的传承安排（见图 2-7）。

　　此外，在信托架构里面，一般还会有一个很重要的角色，国内叫监察人，国外叫保护人。这个角色往往是委托人找来监督受托人的，或者说把原先委托人拥有的权利部分过渡给这样的一个角色。由这个角色未来监督受托人、受益人或者说行使一些权利来确保家族信托能够按照委托人的意愿运营。

　　⊖　招商银行私人银行，《中国家族信托报告》，2020.

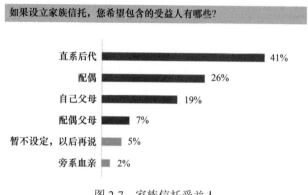

图 2-7　家族信托受益人

如图 2-8 所示，基本上一个家族信托有这四个角色的存在。这些角色的关系是通过法律协议的形式固化下来的，具有法律效力。所以说，家族信托是一种以信托财产为核心要素的法律关系。

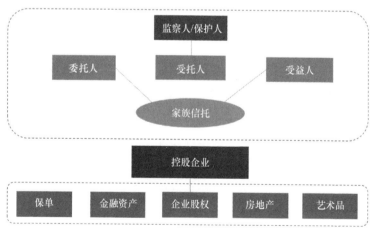

图 2-8　家族信托包含的角色

当委托人成立了信托，把财产注入信托里面之后，这些财产就跟委托人名下的其他资产，以及信托架构里边的所有人（委托人、受托人、受益人和保护人）都进行了一个切割。因为从本质上来说，委托人已经放弃了他对原有财产的所有权，把财产放到了一个家族信托里，名义所有权归受托人，产生的好处归受益人。

总结来说，我们可以将家族信托财产的主要特性归纳如下。

（1）基于委托人与受托人签订的信托协议产生财产的管理关系，受托人正当经营管理财产，确保受益人受益。

（2）家族信托的财产来自单一个人或家族，设立的起步财产规模较高，所以和普通集合理财信托计划不一样。

（3）信托财产的受益权以家族关系的利益相关人为基础，不能纯粹以委托人个人受益为目的。

因此，为了和信托公司的其他信托产品区分开来，37 号文规定家族信托财产金额或价值不低于 1000 万元；委托人必须是单一个人或者家庭；受益人应是委托人的家庭成员，但委托人不得作为唯一受益人。

家族信托的使用目的和底层资产

从使用目的角度来看，家族信托以家族财富的保护、传承和管理为主要目的。这说明家族信托和信托公司过去所从事的以投融资为目的的商事信托是不同的，但家族信托的框架当中会包含商事信托和慈善信托的一些内容。37 号文规定单纯以追求信托财产保值增值为主要信托目的的、具有专户理财性质和资产管理属性的信托业务不属于家族信托。

这些目的也划出了家族信托的主要使用范围，内容包括财产规划、风险隔离、资产配置、子女教育、家庭治理、公益（慈善）事业等定制化事务管理和金融服务等。在以上 37 号文的定义中，强调了家族信托主要是定制化的业务，是基于委托人的意愿设立的，这和以集合资金信托计划为代表的商事信托存在很大的差异。

家族信托的底层资产类型多种多样，可以是现金、保单和其他金融产品，也可以是公司股权，以及不动产、艺术品等另类资产。国内对家族信托的一份调研报告⊖显示，中国高净值人群未来三年计划装入家族信托的资产中，现金（含金融产品）、保单和不动产居前三位，三者合计占比约 75%（见图 2-9）。

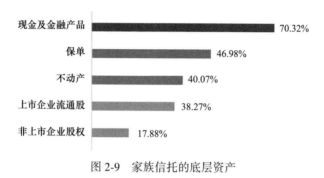

图 2-9 家族信托的底层资产

2. 家族信托的功能

下面我们展开讨论家族信托的主要功能。

风险隔离功能

家族信托在设立的时候，会对信托财产的所有权做一个转移。而这个转移本身就代表了家族信托工具希望解决的首要问题：把参与的主体和信托财产做一个切割。为什么这个切割很重要呢？

我们之前讨论过，家族面临的最大的挑战是各种与人相关的风险，比如作为一个自然人，他会有生老病死，他会因为家庭关系破裂而分家，他需要纳税；而且他会作为一个中介角色，将外界环境变化产生的风险传导到家族成员或家族其他财产。比如，国家产业政策的调整导致家族企业经营出现变化，由此产生的债务问题可能会通过承担个人连带责任的大股东、法人，将风险传导到该大股

⊖ 招商银行私人银行，《中国家族信托报告》，2020.

东、法人的家庭成员及家庭其他财产。

因此，如果我们需要将这个自然人持有的某一块资产保护起来，比如使这部分资产成为可以帮助这个自然人家庭在企业破产后仍然维持一定生活质量的保障资产，那么这个自然人需要放弃对这块资产的所有权，而作为一个信托的委托人把资产装入到家族信托里。

资产进入信托后，它的所有权或者说它的归属就发生了变化。这个委托人的个人风险问题虽然依然存在，但是已经不会再影响到这个资产了，因为这个资产已经与委托人进行了切割，成为与委托人无关的独立性资产，这就形成了保障资产安全的前提基础。

同时，对于受托人或者信托公司来说，这个资产是受托管理的名义上的资产，与其自有资产也是相互独立的。如果委托人去世了，这个资产不能作为遗产归给信托公司；如果信托公司破产了，这个资产也不能作为清算财产。

最后，只要资产还没有以分配的方式给受益人，受益人就只是拥有一项未来获得收益分配的权利，而并不对资产拥有所有权或处置权。因此，资产与受益人也是完全独立的，受益人的生老病死等个人风险问题同样无法影响信托架构下的资产。

总结来说，家族信托的风险隔离功能，核心点就是找到一种方式让信托财产跟所有外部风险做一个完美的隔离，或者说做一个类似于真空包装的保护措施，使得外部任何角色的人性造成的天然局限性都无法影响到资产的安全。这就是家族信托工具的最重要的功能。

财富传承功能

但是委托人对于资产的处理，也不会仅仅是为了保护。在上面的参与角色中，有一个最"幸福"的角色叫受益人。这个人除了可以是委托人本人之外，一般都是与委托人有亲属、血缘关系的个人。当然，若家族信托目的是做公益慈善，那么受益人就变成公众。无论是私益还是公益，归根到底都是为了将财产从原来的所有者手中通过家族信托的渠道转到其他人的手中。

如果涉及上一代对下一代赠予的意愿，我们可以使用"传承"这个词来描绘财产的转移，这就是家族信托的传承功能。家族信托工具的最大优势是可以使用最简单的方式实现客户多种多样的传承诉求：比如希望财产跨越儿子辈直接传承到孙子辈，通过家族信托直接指定委托人属意的受益人就可以实现；比如希望子女享受财富的同时不忘上进，可以通过信托的设计提供下一代创业的支持或者要求下一代必须工作才能获得信托的收益；比如希望财产直接传承给指定的某个人，而不包括这个人的法定财产共享者或继承人（如配偶），也可以通过信托条款来实现；委托人甚至可以设置指定受益人多种多样的领取条件，比如受益人上大学可以领多少钱、结婚可以领多少钱、生孩子可以领多少钱等。

简单说，正如我们之前提到的，家族信托是一种以信托财产为核心要素的法律关系。就像是一个法律协议，委托人在他生前能想到的为后代在财产分配安排上的所有意愿都可以通过协议的方式得以实现。

税收筹划功能

在一些征收遗产税的国家，如果上一代在身故后将财产作为遗产给下一代或指定的继承人，这个继承人需要缴纳数额巨大的遗产税；如果在生前赠予继承人呢，也同样需要缴纳赠予税。但通过家族信托进行财富的传承则可以兼顾税收筹划的需求。

税收筹划功能背后的原理也是一样，因为资产已经不在委托人名下，跟委托人做了切割，所以委托人去世了，资产是不能被当作他的遗产来处理的，自然也就不存在遗产税了。

财富管理功能

家族信托的资产存在形式不局限于现金，可以包括不动产、股票、保险金等。这些资产被放入信托后需要进行有效的管理，从而使得资产保值、增值。由于家族信托承载着财富传承的目标，跨越周期长，所以家族信托的底层资产在管理上应追求稳健基础上的合理增值。受托人或者是被指定的投资管理人，在主动资产配置和风险管理方面都比委托人更专业，体现出家族信托工具所提供的财富管理功能。能否为委托客户提供专业的资产配置服务，并帮助客户实现资产稳健增值，这也将是区分受托人能力差异的关键所在。

资产控制功能

从一般的委托人人性的角度，把资产赠予一个信托，虽然所有权已经转移，但还是希望这个资产能够被自己所控制，能够按照自己的思路来管理、投资，最后赚到的所有收益能够给自己想要给的角色。按照这种思路，委托人很看重的一点是能够保持对信托资产的控制权。

这就是我们常说的"信托是一种放弃了所有权的控制权"。如果没有后端这种控制，完全放弃这部分资产的话，相信大多数人是不愿意去设立家族信托的。在家族信托的设计中，委托人可以根据对信托资产的期望控制程度大小，通过很多的方法始终掌握对资产的控制权，包括投资管理和收益分配。

股权集中、锁定功能

如果装入家族信托的资产是企业股权，信托还会起到锁定股权、保证股权集中的功能。比如，如果一个家族企业的股权分散在不同家族成员的手中，很容易产生由于不同家族成员意见不统一而无法集中家族的意愿行使控制权的情况，更严重的是如果因为个人原因（如个人出售股票套现、婚姻破裂导致财产分割等）导致部分股份落入旁人之手，使得家族的持股被稀释，则可能影响到家族对企业的整体控制权。

但若企业股权被装入家族信托，就意味着股权从一个"会去世、会离婚"的自然人手中转移到一个"永远不会去世、永远不会离婚"的法律主体的"人"手中，同时分散的股权将集中在这个"人"的手中，家族作为一个整体通过控制这个"人"来实现对企业的控制权。企业股权被放入信托后，这些股权往往会被设计为不能分割、不能转让，家族信托也就成为家族对企业长期行使控制权的关键。

私密性功能

保证私密性也是大多数委托人对家族信托的要求。家族信托的私密功能体现在两个方面。一方面，家族信托设有严格的信托财产保密制度，相关主体的信息和信托文件都不会公开；法律也规定受托人履行保密义务，除特殊情况外，不能向外界披露信托财产信息。另一方面，作为信托的受益人之一，只能了解到属于自己的那部分份额的情况，信托公司不会也不能向其披露其他受益人的份额和分配条件。

但是在中国，按照《中华人民共和国信托法》和相关规定，信托需要进行登记和公示，且受托人必须配合司法需要公开相关信息。这些要求有助于"确认信托各项要素、厘清各方权责关系"，但另一方面似乎对于信托的私密性提出了挑战。

3. 家族信托在中国的应用

在这一部分的内容中，我们对家族信托工具在中国本土市场中应用的一些统计数据做简单的介绍，以及就应用中碰到的一些具体问题进行探讨。

根据一份针对招商银行私人银行客户的调研报告披露：2020年，中国家族信托意向人群数量约 24 万人；预计到 2023 年底，这个数量将突破 60 万人；2020 年，中国家族信托意向人群可装入家族信托的资产规模约 7.5 万亿元。根据中国信托业协会的调研问卷（信托业协会报告）披露：截至 2020 年末，67.6% 的信托公司已经开展了家族信托业务；家族信托存续规模为 2700 亿元，同比增长 80%；存续的家族信托客户总数量超过 1.1 万人，客户覆盖多个年龄阶段，以 40~50 岁和 50~60 岁这两个年龄阶段为主。

根据上海交通大学上海高级金融学院联合工商银行针对工商银行私人银行客户的调研报告披露：高达 84% 的受访者已对家族信托有一定的了解，显示市场对于家族信托工具的教育以及客户对于这个工具的认知都已逐渐成熟。但在已经安排传承的受访者当中，使用家族信托工具的仅占比 28% 左右，显示家族信托工具在高净值和超高净值人群中仍拥有广泛的应用空间。

家族信托的设立目的

中国家族普遍会基于什么样的原因设立家族信托？或者说最看重家族信托的什么功能？

招行报告显示（见图 2-10），超过 1/3 的高净值受访者表示自己是基于财富传承的目的设立家族信托；排在第二位的目的是资产隔离，占比 22.40%；部分受访者基于税务筹划（17.38%）和保护隐私（13.03%）的考虑也开始搭建家族信托架构。

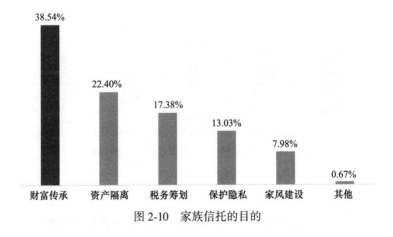

图 2-10　家族信托的目的

　　工行的报告也揭示了类似的结果，隔离风险、资产保值增值和灵活分配（传承目的）是调研中受访者考虑使用家族信托达成的三个主要目的。

　　同样，在信托行业报告的调研数据中，家族信托使用目的排在前三位的是财富传承、财富规划、资产隔离，尤其财富传承几乎是家族信托设立的共同目标。

　　招行报告的深度调研进一步反映（见图 2-11）：高净值人群对于财富传承的各安排关键词的提及率中，"资产隔离"和"防范婚姻风险"两项关键词占比较高，意味着高净值人群的财富传承需求仍然较大比例涉及家族信托提供的风险隔离功能。其次是"掌握控制权"的提及率，涉及家族信托提供对家族企业和资产的控制功能；再次是"稳健投资"的提及率，涉及家族信托提供财富管理功能。这些功能属于我们在上面讨论的家族信托提供的主要功能。

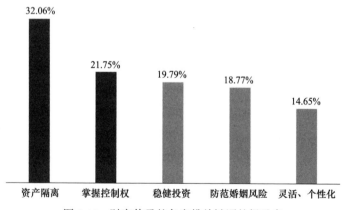

图 2-11　财富传承的各安排关键词的提及率

家族信托的单笔规模

根据中国信托业协会报告中的统计数据，首先国内家族信托的单笔委托规模以 1000 万至 3000 万元为主，分布在这一区间的业务单数和规模在统计样本中的占比分别为 74.94% 和 42.74%；其次是单笔委托规模在 3000 万至 5000 万元的单数和规模占比分别为 18.84% 和 23.41%。值得注意的是，2020 年单笔委托规模在 1 亿元以上的超级大单同比增幅约为 60%，表明家族信托逐渐获得更多超高净值客户的认可（见图 2-12）。

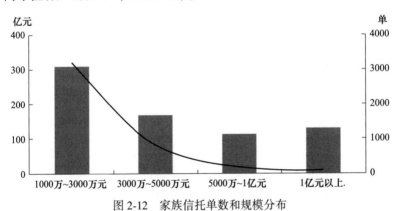

图 2-12　家族信托单数和规模分布

家族信托的资产配置

从目前本土家族信托具体的资产配置情况来看，超过 64% 的家族信托投资于信托公司自有产品，其次是投资于其他非信托金融产品（主要为银行理财产品、私募基金等）的占比为 19.66%，而投资于自有证券投资信托和股权投资信托产品的占比仅为 0.9% 和 7.95%，这表明家族信托的资产配置尚未真正实现多元化（见图 2-13）。

这一方面是因为家族客户的风险偏好整体较低，客户进行大类资产配置的理念还比较薄弱；另一方面也与信托公司为客户进行资产配置的能力存在不足有关。

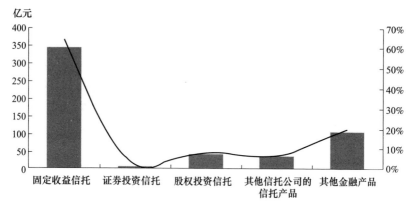

图 2-13　信托公司家族信托资产配置

家族信托的设计过程

家族信托的设计过程并不是随便成立一个信托架构，找个信托公司把资产放进去这么简单。如何确保资产的隔离？如何以一种合理合法的方式依然享受资产的控制权？这些都需要进行精心的设计和定制，这个过程需要家族办公室或信托顾问的深度参与。

招行报告的调查结果显示，有 63.85% 的受访者同意"先有初步分配框架，后续再调整"的家族信托架构搭建思路，因为伴随着家族成员的变化和家族事业的发展，信托内容有必要与时俱进（见图 2-14）。这也侧面反映出不少人虽然认可家族信托的法律架构模式，但仍担忧顶层传承路径的长远筹划存在不足。

图 2-14　家族信托架构搭建思路

在设计分配条款方面，44%的受访者希望自己表达整体思路、由机构据我的需求来撰写具体条款；32%的受访者建议由机构归纳总结常见的分配条款供自己参考；16%的受访者希望机构提供标准套餐供选择，以提高设立信托的效率；其余的少部分受访者对传承有较为独到的见解，希望能在撰写分配条款时融入家风家规等个性化内容（见图2-15）。

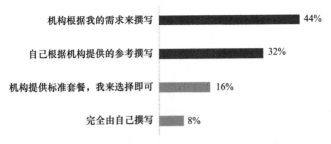

图2-15　家族信托设计分配条款方式

在中国信托业协会报告的统计样本中，2020年末存续的家族信托中有60.5%的客户选择了标准化的家族信托产品模式，但其规模占比只有44.5%；39.5%的客户采用了定制化的产品模式，其规模占比却达到55.5%。从两组数据的对比中不难看出，选择定制化家族信托的客户资产规模更大，也正因如此，他们的资产复杂度可能更高，需求可能更加多样化，需要从产品架构设计到服务都更为灵活、全面，通过定制化满足更多的个性化需求。目前，国内信托公司标准化家族信托的设立门槛为1000万元，定制化产品的设立门槛一般为3000万元以上。

三、架构设计中的多层次目的

家族希望通过财富顶层架构设计达到财富保全、管理与传承的目的。我们已经介绍了家族信托工具，这个工具所提供的各项功能刚好能够匹配家族所希望达到的目的。因此，家族财富架构设计基本上以家族信托作为核心工具，结合其他如保险、基金、家族控股公司等工具，可以达到多种不同层次的目标。图 2-16 列举了家族财富顶层架构所提供的三个层次的功能[⊖]。

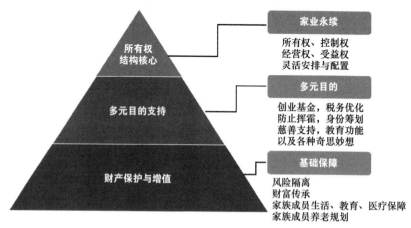

图 2-16　家族财富顶层架构所提供的三个层次的功能

（一）财产保护与增值

最底层的是财产保护与增值功能。主要为了使得财产和潜在风险（常见的是婚姻风险和企业经营中的负债风险）做一个隔离；对财产进行管理使其保值、增值；然后通过财产分配满足家族几代成员的养老、生活、教育和医疗安排等需求。

这个基础层次的功能和中国家族现阶段最主要的需求较为匹配。中国家族对于采用架构设计解决较复杂问题的需求并不如境外家族强。一方面，中国企业家的家族发展历史较短，规模较小，企业结构也比较简单，解决财富保全、管理与传承中矛盾的诉求不突

⊖ 张钧，蒋松丞，张东兰，等. 对话家族顶层结构 [M]. 广州：广东人民出版社，2019.

出、不丰富；另一方面，中国企业家的家族对财富架构的构建和家族信托等工具的运用了解得还不够多。

国内客户的需求大体总结为几个类型：子女到了谈婚论嫁的年龄或者已经结婚，父母希望转移资产到子女手上，但担心小两口婚姻关系破裂，子女配偶分割了属于子女的财产；家企联系过于紧密，经济环境发生变化后，企业如果发生债务，可能使得家庭资产被迫用于偿还负债；企业家担心个人的法律、债务风险牵连家族资产，使亲人失去经济来源。

基本上，对于架构设计，特别是家族信托工具的使用目的，主要还是资产隔离、管理和传承的基础功能。这些功能不需要太多的个性化设计，采用一个相对标准的家族信托架构便可以实现。

（二）多元目的支持功能

多元目的支持功能在于对家族成员更加个性化的支持，特别是家族对于下一代成员的期望与要求日益多元化和个性化。所以这一层次更多体现财富架构在传承目标下的多元化功能。比如财富架构中的受益权分配可以特别考虑支持下一代创业、教育、慈善事业的开展，以及防止下一代对财富的肆意挥霍。

（三）相关权力的灵活安排与配置

最高阶的功能强调通过顶层架构的设计来实现所有权、控制权、经营权和收益权的配置。比如，通过架构设计使得家族企业股权进行集中、固化，形成家族对企业的稳定控制，最终达到基业长青、家业永续的目的。

设计一个财富架构的动机往往来自于家族面临的问题和需求。就像每个小家庭的装修设计，都依托于这个家庭自身的需求和偏好，所以呈现结果各有不同。

四、架构多目的之间的平衡

在家族的所有权结构设计中，资产控制目的至关重要，但如果

076   家族财富管理：守护、管理和传承财富的关键

企业同时希望采用家族信托架构达到风险隔离的目的，或者架构设计的主要目的是为了风险隔离，那就不得不考虑在信托财产的控制力度和信托财产的安全性之间寻求一个平衡。很多时候控制效果和风险隔离效果是天然对立的两面，难以鱼与熊掌兼得。

在中国，家族信托是一个新生事物。很多中国企业家对于信托设立产生的财产转移抱有怀疑态度，财产已经不在自己名下还算是自己的吗？这当然是信托不利的一面。但恰恰是委托人和信托资产之间的所有权的分离导致的所有权的丧失、控制权的减弱等，保障了财产独立性的存在。信托财产的独立性是家族信托在法律上的基础逻辑。正因为财产独立性的存在，才会有信托隔离功能的存在，由此衍生出其他信托功能。

与此同时，无论信托从业人员还是客户对信托财产独立性的担忧，都体现了国内没有足够多的判例来证明家族信托在某一种情形下的正当性和合理性。然而，信托制度已经在世界上存在了数百年，其基本立法精神、价值判断和所谓评价本身是明确的，甚至有大量的成熟实践经验供我们去参考。这就是常说的家族信托的"价值性"[⊖]，也就是共同认可的价值标准。

比如，一条国际家族信托实践中通用的规则是"为实现信托财产与委托人的独立性，委托人不得享有任意将部分或者全部信托财产分配给自己的权利。否则该部分或全部的财产可以被委托人的债权人用于清偿委托人的债务，无论债务产生于信托成立之前还是之后"。

从最简单的社会价值判断出发，如果一个人可以决定随时从某个账号领取一笔资金，那么这个账号下的财产和自己名下的财产究竟有什么区别？根据这样的原则，国内的法院已经能够判决投保人

⊖ 张钧，谢玲丽，李海铭. 对话家族信托［M］. 广州：广东人民出版社，2017.

退保，并以退保后取得的利益清偿债务。那是否法院也可以判定家族信托无效，受托人将信托资金全部返还给委托人，并用于清偿债务？两者的逻辑显然是一致的。

因此如果企业家在设立信托之后仍然希望对信托保留一定的控制权，主要是指对信托及信托财产的发言权。这就牵涉到一个边界的问题，我们应该止步于哪里？这个问题取决于财富管理的目标——是保护抑或控制，哪个目标是最重要的？

如果委托人对信托财产的控制权过大，便会威胁到信托财产对于委托人债务的有效隔离。背后的逻辑是，如果委托人通过受托人来继续支配、控制、享用，甚至处分信托财产，那么信托财产相对于委托人财产就没有所谓的独立性，那就应该用来清偿委托人的债务。

在设计家族信托架构时，需要考虑清楚控制权和安全性的平衡。这些因素都有可能会影响到信托资产独有的独立性。

五、架构设计中的人性化考虑

家族的财富架构设计使用家族信托工具解决委托人、受托人、保护人及受益人等多类型当事人的关系问题，同时必须解决信托财产所有权、控制权、经营权和收益权等权利的关系问题。这意味着家族信托作为一个法律效力的结构化工具，具有"刚性"的一面，合规性、长期性、稳定性是结构设计的要点。但设计这个结构的时候必须同时考虑到人的因素，充分体现面对未来不确定性时柔性的一面⊖。毕竟，家族信托本身就是为了家族能够更好地生存发展而设计的，如果脱离了这一根本立场，则没有存在的必要。

比如，如果一个家族信托的控制权和管理权被设计为全部独揽

⊖　谢玲丽，张钧，张晓初，等. 对话私人财富管理［M］. 广州：广东人民出版社，2018.

在下一代的某一位成员手中，缺乏制衡；这种绝对权力的后果就是独裁，不会尊重家人的个性需求。特别是对于本身就有潜在矛盾的家族受益人的架构，要基于"人性的考虑"做好一些制衡。

家族所有权架构中加入一些柔性的调整沟通机制很重要，在大家行使权力进行互相攻击之前，尽量多创造一些缓冲地带和可调整的空间，尽量满足大家的需求。比如，如果当时尽量留下一些条款，如经过全体保护人一致同意可以变更信托条款，就能够给争端创造更多解决的可能。

最后，家族信托只是一个工具，构建好家族文化、家人之间的和睦和谐关系，也就是在"人的关系"上的治理，对于整个财富架构非常重要。再好的信托设计，如果没有家族文化的保障，也难以长期维持。

（一）标准化或定制化

人性化的设计也就意味着家族信托必须要定制。没有定制就不可能根据每个家族的情况去预留调整的空间，去保持结构和机制安排的柔性。同时，由于定制的过程本身就是教育的过程，通过定制，家族成员往往会对家族信托有更深入的了解和尊重。

通过多年的市场教育，家族信托开始逐渐被接受。但是很多人在规划和设计自己的家族所有权结构，比如家族信托时，倾向选择一个标准化的信托结构，即基于信托公司的标准模板菜单进行选择，然后填写不同的委托人和受益人，改一改分配的条件和金额，这样既可以达到目的又不需要投入时间和精力去理解信托背后隐含的众多信息。当然，机构面对这么多不同的家族，也不会有动机和精力考虑客户的个性需求，精心为每一个人设计。但是，一个真正适合自己的家族信托不应该只是一款标准化产品。

简单举例，一个以传承为目的的家族信托在分配安排时是否可以提前考虑到，受益人的费用可以根据通货膨胀进行必要的调整？

如果没有这些安排，受托人严格按照标准化意愿（如固定分配金额）执行，就很容易产生冲突。同时，受益人如有不满的地方，信托的制衡和调整机制是否可以安排受益人和受托人进行有效协商，尽量避免走到对簿公堂的境地？如果受益人和受托人在家族信托的权利安排上处于失衡状态，受益人没有制衡和沟通渠道，就只能通过法律手段解决。

同时，在标准化的家族信托设计中，许多仅仅考虑到了当下的安排，对于未来，没有任何思考，也没有预留任何应变和调整的空间。我们必须意识到，家族信托将伴随家族走过漫长的岁月，并且面对各种各样来自家族之内与之外的问题。因此家族信托的所有权结构设计与治理机制安排，必须保持柔性。

另外，在标准化信托当中，各个角色的设计和安排也缺乏基于客户个性需求的基础。例如，对于一般的家族信托，往往父母亲是委托人，把子女作为受益人写到标准信托文件中。是否需要考虑安排一个监察人（保护人）监督受托人的执行？即便考虑了监察人，家庭的个性情况也影响到这个角色的定位。

举个例子，有两个家庭，一个是"三口之家"，父、母、子；另一个是"四口之家"，父、母、子、女。那么这两个家族信托设计会有什么不同？一种直观的观点认为，两种情形的区别也许仅仅在于，后者的受益人名单里，要多填写一个人的信息。

假设在信托中父亲同时是这个家族信托的委托人和监察人，保留着监督家族信托运行以及具体投资管理事务的权利。请问父亲身故后，这个权利应该安排谁作为继任人？对于"三口之家"有三种可能，母亲、儿子或者母子共同行使。而对于"四口之家"，一般来说可能性包括：母亲、儿子、女儿、母子共同、母女共同、子女共同、母子女共同行使八种。在不同安排的背后，体现出来的是每个家族非常个性化的考量。

如果我们把问题再稍微复杂化一些。如果母亲是继母，那么这里需要做的考虑就更多了。为了平衡继母和子女双方利益，可能采用母子共同或者母子女共同担任监察人会是更好的一种方式。

这个信托还涉及资产的投资管理方式的问题。从母亲的角度，追求稳健的投资方式，以确保自己能够得到定期、定量的养老年金；而儿子追求更激进、风险更高、周期更长的投资。母子共同担任监察人应该考虑到这些利益诉求的不一致。如果是"四口之家"，而母子共同担任监察人的模式，女儿长大之后发现自己在家族信托投资方面没有任何话语权，或者当女儿请求领取创业基金，而儿子却行使监察人权利，禁止受托人进行分配的时候，家庭矛盾就会发生了。

在这些例子当中，未来可能遇上的各种可能性都需要与客户进行提前沟通，不要怕麻烦，尽量为可能的危机预留解决方案。如果不这么做，这个家族信托就是缺乏了自己家族的个性，缺乏了它存在的意义。

（二）架构的治理机制

家族信托的有效性同时取决于信托的治理机制，包括正式的治理机制和非正式的治理机制。正式治理在于厘清信托利益相关者的关系，明确彼此间的权利和义务，包括六大机制：权利机制、制约机制、激励机制、责任机制、调整机制和退出机制。

（1）权利机制是重中之重，解决核心权利的归属和继任问题。例如，谁有权决定家族信托的投资、分配？谁有权决定受托人的变更和撤换？谁有权增加和移除受益人？等问题。

（2）通过制约机制和调整机制可以对受托人进行必要的制衡，协调受托人和受益人可能产生的冲突。因为这些冲突往往发生在未来，委托人站在今天的角度很难去穷尽考虑。设计这些机制是为了在未来不可预料的冲突发生时，具有可以调解双方、解决问题的空间。

制约机制的目的是保持家族信托中各个主体的权利趋于平衡，但又能够通过理性的方式做出有效决策。如果一个家族信托中受托人的权力明显过大，将使得受益人和受托人在家族信托的权利安排上处于失衡状态。正是这种失衡导致他们无法进行有效的沟通和决策，一有纠纷便只好诉诸法律了。为了有效制约受托人，一般委托人会保留部分权利，并建立家族信托的保护人（或监察人）制度。委托人和保护人将享有如"撤换受托人""变更受益人"和"决定、修改家族信托的投资和分配策略"等权利，他们的权利继任人也将得到妥善安排。

调整机制，意在保持家族信托应对未来变化的柔性。家族信托如何满足受益人超越信托规定但又正当的需求？如果出现两方意见不统一的情况，如何进行协商？这些问题彰显信托中调整机制设计的重要性。

正式的治理机制，意在构建权利平衡、灵活可变的家族信托结构，守住安全边界的同时，确保家族才是信托真正的主人。

（三）合格的受益人

什么是家族信托的合格受益人？一般理解为，信托利益相关人对于信托赋予他们的权利和义务充分理解，具备合理运用信托的能力。因此，非正式的家族信托治理意在培养合格的信托利益相关人。这些相关者充分了解并尊重信托运行的规律；以家族信托的目的为重，以家族的整体利益为重；既懂得表达诉求、维护权益，又不会因滥用权利而影响家族信托的有效运行。

比如，有些家族信托几乎不保留任何权利（包括监督的权利），充分相信受托人会按照家族的意愿行事。这个看似"默契、私密且有效"的安排却是未来纠纷的隐患。或者是有些家族在信托设立后依然认为信托里的钱是自己的，受托人必须无条件服从其任何要求。类似这些例子并不符合家族信托的合格受益人要求。

（四）合格的受托人

在一个架构的设计中，受托人是一个非常重要的角色。如何定位受托人的角色是家族在考虑架构设计时应该重点关注的问题。很显然，好的方法是提前通过家族信托的正式治理机制明确其权利范围，防患于未然。

从逻辑上看，受托人和委托人及其家族通常是一种博弈的关系。因为家族信托的定制化程度越高，就越是能精确地实现家族诉求。但这也意味着信托管理的难度在增加，受托人的责任义务在加大，同时对受托人的制衡也在加大。从成本动机考虑，某些受托人往往倾向于通过简单、标准的产品化信托来最低限度地去实现家族的诉求，而不是通过复杂、定制化的家族信托来最精确、最高限度地实现家族的诉求。

这种潜在的代理问题就需要在中间寻求另一个角色，能中立地代表家族的利益，同时具备非常专业的技能来实现家族的诉求和监督受托人的职责。举个不恰当的例子，一个人生病之后，他最应该去找医生还是去药房？如果这个人非常专业，知道自己的问题，当然直接去买药是最高效的方式，但这种情况比较少；如果他并不专业，必然是先去找医生，拿到医生的药方之后才去药房。

如果一家医院同时拥有医生和药房（医药分离改革前国内的医院往往是这样的），我们会相信医生开出的处方完全站在病人的角度吗？恐怕不一定，因为医院会有营收的压力，医生可能会更多地考虑医院药房的利益，而不是病人的利益。

但当医生成了一个独立主体，只是根据处方收费，而药房是另一个独立主体，根据医生的处方获得药品销售的利润，潜在的代理问题就会减少。这意味着在家族财富架构设计中，应该有一个独立代表客户利益的专业人士的角色，它的深度介入会使得架构的设计更加定制化，更加能代表家族的利益。

第三节　家族财富管理整体方案设计

一、背景介绍

在这一节，我们通过一个案例来梳理一下家族财富管理整体方案设计，进而讨论如何通过所有权结构设计和家族治理的思维来妥善处理一个家族在传承中面临的"权益关系"和"人的关系"的挑战。

（一）家族背景

H 家族是一个传统制造业家族。H 家族企业以瓷砖制造闻名遐迩，拥有中国一线的瓷砖品牌，远销全球数十个国家与地区。受益于中国房地产市场多年的高速增长，家族产业规模与资产级别迅速增长，并且逐步扩张到了其他建筑材料、房地产投资、金融投资等多元化业务范畴，净资产总规模超过 10 亿美元。H 先生是家族企业的绝对大股东，牢牢掌控着家族企业管理权和所有权（见图 2-17）。

图 2-17　H 家族的产业结构

整个家庭结构是一个三代同堂的家族，第二代是两个儿子一个女儿，都已经成家并有了第三代（见图 2-18）。接班人已经明确，H 先生也在逐步退居幕后，但实际上他仍然掌握着对家族和企业比较重要的控制权和话语权。

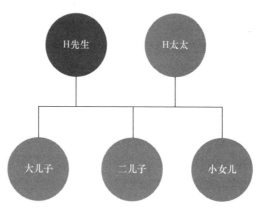

图 2-18　H 家族的家庭结构

家族成员现状如下：大儿子现年 35 岁，已经结婚并有两个儿子，早年在澳大利亚留学后回到家族企业，从基层职位做起，现在担任集团董事长；次子现年 32 岁，已经结婚并有一个女儿，曾在美国留学后在中国香港一家投行工作，积累了金融投资经验后创业P2P 项目，创业失败后，现在主要负责家族投资板块；小女儿曾在新加坡留学，毕业后在新加坡一家教育机构工作，她的先生在集团新加坡分公司任职，主要负责东南亚市场的开拓。可以看到，该企业的实业板块和投资板块都有比较清晰的控股和权力划分。

（二）核心需求

H 先生第一个（最核心的）诉求就是传承规划，既要避免未来自己突然离世造成家族内部纷争，又希望自己在世时能掌握比较强的家族企业话语权。这个案例反映了一代企业家典型的两难困境，一方面，自身到了晚年阶段，会面临身体健康出现状况的风险，一旦名下资产变成遗产就会出现很多不确定性，可能造成下一代的资产纷争，导致家族内部矛盾；另一方面，如果做生前传承，一代企业家会顾虑二代是否有充足的准备和能力来把握家族企业，并且股份传承后如果自己对于企业的经营有不同意见，想要再去调整或干涉时，就会失去重要的筹码。

第二个诉求是权力分配。对 H 先生来说，比较清晰的一点是接班人的选择。以当地文化来说，长子是接班的默认选择，并且从长子的能力和前期培养上来看，他也具备接班的资质。因为 H 先生认为，每一代只能有一个家族领袖掌握核心权力，所以他要求确保长子掌握未来家族的实控权。当然，在长子获得实控权以后也需要做适当的制衡，确保其他人的利益，尤其是边缘化的家族成员的利益不受到损害。

第三个诉求包括家族成员的互帮互助，实现家族的和谐团结、长治久安。

（1）二代兄弟二人的隐性矛盾较大，兄弟两人对于家族企业的发展战略和路径时常有分歧。由于哥哥对企业事务的全面掌控，弟弟在家族企业集团中已经没有足够的影响力，比如弟弟希望从家里支取资金开展自己的事业，哥哥却以集团资金紧张为由拒绝提供支持。由于企业财务的不透明，弟弟作为"局外人"也担心哥哥侵害本应属于他的利益。

（2）女儿、儿媳和女婿等非核心成员对自身权益的维护诉求。因为按照 H 先生的想法，儿媳和女婿是完全不享有任何家族利益的，即便这不符合中国的婚姻法律，因此在代际间及夫妻间也存在着不满与芥蒂。非核心成员对于能否在家族中获取一定的利益没有得到明确的答复，同时担心大儿子接班后是否能够保证大家的利益。因此作为每个人的"自保举措"，家族企业存在假公济私的内部腐败迹象。

因为以上的各种矛盾、相互猜疑以及缺乏共同认可的价值观和成员之间的沟通渠道，很显然家族内部表面看似平静，但实际上暗潮涌动。

（3）H先生对更后一代也有考虑：除了利益保护，H先生考虑的是自己身后更长久的子孙后代能否认可和继承自己在经商、处事方面的核心理念，能否长期保持对家族的身份认同感。

H先生其他的诉求还包括对婚姻风险的考虑，因为H先生担心子孙后代可能会由于婚姻问题导致家族财富受到牵连和影响，因此要求覆盖婚姻问题可能产生的风险。

H先生的最后一个诉求是希望解决家族财富的集中风险。其实本身由于家族企业发展中受到了经济大环境因素的影响，已经从聚焦建筑材料行业逐步转变为多元化的集团，但H先生希望多元化不仅仅局限于行业，更希望达成地域多元化，进一步做国际化推广。除了产业之外，因为家族下一代未来的生活教育很大概率会在境外有较大的占比，所以需要有相应的财富配置去支持家族在境外的生活，因此也希望财富能通过合法合规的路径，在境外进行多元化的布局。

二、案例分析

总体来说，这个案例考虑了H先生在"权益的关系"和"人的关系"的处理上的难点。在"权益的关系"的处理上，一方面要充分确立大儿子的接班人身份和定位，另一方面保留足够的灵活度；在稳定家族成员对未来自己在家族中享有的利益的预期同时，要激励家族成员的贡献；还要缓解家庭分支（儿媳、女婿）以及第三代家族成员之间的内部矛盾；给予家族成员公平的生活保障，特别是对于孙辈及更后代际的安排，延续家族基业。

同时，H 先生需要通过正式的家族治理结构，化解家族两位男性接班人在企业中角色、发展理念的矛盾；建立家族成员之间进行沟通与决策的平台，缓解家族成员对于透明度的担忧，强化了内部监督；通过家族文化、精神的建设，来强化家族成员在价值观层面的身份认同，缓解家庭内部的矛盾，最终妥善处理家族中"人的关系"，实现家族成员关系的长期团结和睦。

（一）"权益的关系"的处理：家族企业所有权和管理权的传承

H 先生意识到生前做好规划的重要性，希望能得到外部专业意见帮忙规划具体的企业所有权与管理权传承。基于 H 先生的诉求，H 先生的外部专家顾问——某家族办公室设计了如下的新的家族企业集团所有权结构（见图 2-19）。整个家族企业集团的所有权结构进行了重组，基本呼应了 H 先生的所有诉求。

1. 境外配置需求

（1）集团搭建了一个境外结构，就是家族企业集团多了一个境外的股东，那么这个家族企业集团就变成了一家中外合资的企业。变成了中外合资企业之后，家族企业集团所产生的利润，都可以以股东分红的名义分红到境外，可以满足家族资产全球多元分散的需求；境外的第一层公司通常选用香港公司，主要目的是发挥中国内地和香港之间的双边税收协定优势，有机会将分红的预提所得税从 10% 降至 5%。

（2）企业集团持股的顶层，都置入了家族信托，境内股份的顶层置入了境内的股权信托，境外的股权也放到了境外的家族信托里。跨境双股权信托结构的方案考虑到境内外的制度差异，为了更好地发挥出不同制度下信托的优势，将中国境内的控股公司分别由境内和境外的两个信托股东结构来持有，可以满足内地家族在本土与国际战略权衡时进可攻退可守的灵活性。

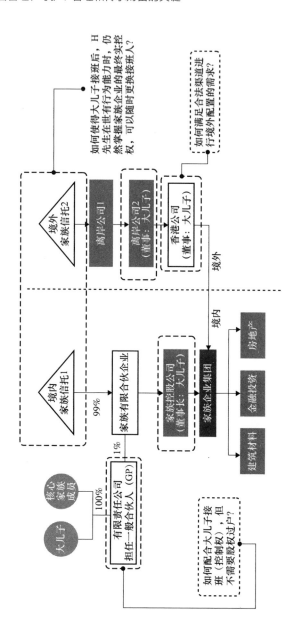

图 2-19　H 家族新的家族企业集团所有权结构

2. 双信托架构的传承特点

考虑到中国境内的信托法及受托人行业发展阶段。先从境内的架构来看，境内如果要搭建股权信托，现在的典型架构就是要和有限合伙企业来结合。家族信托会作为这个有限合伙的 LP，GP 还是由家族的核心成员成立的有限公司来担任。GP 拥有了整个有限合伙对外的表决权和决策权，H 先生希望大儿子接班，因此 GP 就由大儿子来担任，对应下面的家族控股公司的董事长也是大儿子担任，下层集团的董事长也是大儿子；不用直接将股权过户给大儿子。

从境外的架构来看，因为第一层离岸公司一般都是受托人要担任董事的，所以从第二层离岸公司和下面的香港公司的董事也都是交给了大儿子，可以这么说，经过这样的安排之后，大儿子基本上已经掌握了家族企业的话语权。H 先生也做出了充分姿态表明了大儿子的接班人身份和定位。

当然，最后 H 先生还留了一个后手，虽然大儿子在公司层面基本上都是能够自己说了算，但是从整个家族企业往上去看，最终的话语权还是掌握在终极股东的手上的，也就是境内外的两个家族信托。那么信托最终是听谁的呢？这里就要看看家族信托的内部治理安排，关键是家族信托治理机制、意愿书和信托分配安排。

3. 家族信托治理机制

家族信托是个复杂的法律结构，信托里是有不同角色的，不同角色也掌握着不同的权力；H 先生是这个信托的委托人，H 先生同时也担任家族信托的保护人和监察人，保护人这个位置对应的是境外的信托，监察人对应的是境内的信托。他同时还担任着两个信托的投资管理人。简单来讲，当他担任这些角色的时候，整个家族信托对外的投资，决策和表决的权力都还是牢牢地掌握在 H 先生手里（见图 2-20）。

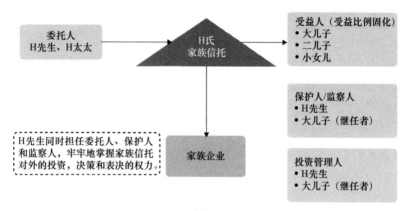

图 2-20　家族信托的治理机制

若 H 先生对于下层公司的董事长的决策不满意的话，或者他希望变更接班人，撤换公司董事长的时候，H 先生还是可以通过信托安排给自己的权力来让受托人发号施令，把自己的意志体现出来，所以说他留了一个后手。从本质上来讲，虽然做了传承安排，但是最后的这个权杖还是在自己的手上。

家族信托工具最核心的功能就是解决前面提到的 H 先生的两难困境。设立信托之后，H 先生已经没有家族企业的持股，哪怕他发生任何意外，名下已经没有遗产，所以家族企业不会因为 H 先生生命周期的变化发生遗产继承等变数。

另外，H 先生在这个信托中还担任着一些重要角色，核心权力仍然把握在自己手上。比如离岸信托的保护人和境内信托的投资经理，这两个角色首先决定了整个信托下的核心权力，包括变更受托人、对于信托分配的关键话语权和下层投资决策权等。把握住这个关键角色，就意味着信托中家族企业最终的话语权还是在 H 先生名下，只要他在世，这个权力就依然没有流失。但不论是保护人还是投资经理都以长子为继任者，也就是说发生极端情况时角色可以随时进行切换，能够做到内部角色和权力顺畅地迭代。

4. 家族信托受益人安排

除了权力的安排，H 先生还把意愿书和信托分配安排写清楚了。意愿书就是受托人做决策参考委托人意愿的一个重要依据。信托分配安排一般是国内信托的配套文件，主要表述委托人对于分配的想法。

在受益人安排这一设计中，家族内部曾有过一些争议。对于 H 先生这样老一代的企业家来说，他们传统的价值观认为，家族财富和企业核心资产不能落入外姓人手上，所以在受益人安排中除了老夫妇两人之外，基本上都是家族姓氏的成员才有资格担任受益人。对于这个安排，二代，尤其是二代配偶有一些不同意见，家族办公室从中做了很多沟通，最终大家还是搁置争议，接受了现在的安排。

在这个设计下，第二代的利益不属于夫妻共同财产，所以二代的婚姻变化不会牵扯到家族信托所持有的财产，这样也就打消了 H 先生关于下一代婚姻变化导致家族财富流失的顾虑。

虽然没有能够一次性解决问题，目前的设计还是可以先把框架定好，未来可能随着 H 先生认知的变化或者婚姻关系长时间的存续，可以通过时间消化这样的矛盾。再退一步说，在受益人中不论是长子、次子还是幼女，他们都可以用自己分配到的收益去支持配偶和家里的生活开支，所以最后大家还是达成一致，按照现行的框架设计。

因为 H 先生在当下并不是特别确定每一个家族成员应该在信托当中享有多少份额，或者说他觉得这个比例应该会随着时间看每个家族成员的状况或者对家族企业的贡献程度而有所调整。但是现在如果完全不去做设定，万一自己出现意外离世的话，又会给家里带来很多隐患。因此家族办公室的设计是先让 H 先生确定了一个当下时刻能够明确的比例，写在文件当中，如果当 H 先生没有行为能力或者离世了，这个比例就直接固化，受托人就会按照这样的收益份额去安排分配。

信托内部做好一个继任安排，也就是权杖进行了一次交接，一旦 H 先生离世，大儿子会接替 H 先生，担任信托的保护人、监察人和投资管理人这一系列的角色，所以信托的最终话语权是给了大儿子。但是，依然可以通过一些设计，即便大儿子拿到了权杖，也让他没有 H 先生那样的权力去调整或者影响受益人各自的受益比例和受益人权利，通过这个方式来确保其他的家族成员的利益在 H 先生身后也不会受到损害。

（二）"人的关系"的处理——家族的和谐与长治久安

1. "人的关系"的处理

完成家族企业的所有权和管理权交接的计划后，家族办公室与 H 先生下一阶段的工作重心转移到促进家族的和谐与长治久安。

在一个风和日丽的周末，H 先生召集了两名儿子和女儿，及其配偶家人举办了一次家庭聚会，也邀请了家族办公室的家族治理专家。在丰盛的晚宴过后，H 先生当众宣读了写给所有家人的一封信。

在短暂的问候后，H 先生首先回忆了数十年前筚路蓝缕以启山林的创业历程，"从一无所有白手起家，几十年来和太太二人历尽千辛万苦，把握住了时代的机遇，实现了家族的人丁兴旺和幸福美满的征程"，并寄语"子女们要忆苦思甜互帮互助，珍惜当下再创未来"。进而，为全体家族成员设立了若干长期目标，包括了企业发展、个人职业、后代教育与社会影响力等方面，以及分别针对不同子女家庭角色定位的具体教诲。

他更进一步地宣读了由家族办公室协助其起草的 H 氏家规家训，涵盖了遵纪守法、家庭伦理、道德品行、学习成长、财富认知和社会责任等方面，作为家族子孙后代需要铭记的精神结晶。此外，H 先生也公布了建立家族纪念馆、演绎家族故事、铭记家族精神的计划。最后，他宣读了由家族办公室协助其起草的家族宪法的首个版本。

在宣读了价值观与愿景声明、家规家训和家族规章后，不同分支的家族成员代表郑重地在上述文件上签字。对于这个举措，尽管家庭成员之间的矛盾还没完全化解，但是相关的沟通决策机制和书面化的政策确立，为化解潜在矛盾创造了一个良好的开端，是家族治理正式化的一个里程碑。在得到全体家族成员同意通过后，后续工作就是根据家族情况予以执行和优化迭代了。

2. 家族治理结构和机制

H 先生和家族办公室希望通过家族宪法与家族规章制度的设计建立整个家族的基本原则与制度，并且作为全体家族成员最根本的共识而遵守，这是确保家族内部长治久安的重要方案。

家族宪法一般包括家族声明、家族治理以及家族企业治理三个部分的内容。家族声明概括了 H 先生作为长辈代表最看重的因素，描述了对家族的长远愿景。这部分表达对家族最基本的共识，并通过采用这些共识来界定家族内外部关系，管理家族成员，指引成员工作与生活。家族治理部分构建相应的家族内部结构与内部机制，妥善处理内部与外部利益相关者之间，以及"人"与"权益"的关系，实现家族的和谐。家族治理结构主要是以家族大会、家族委员会、家族理事会等为核心权力机构，以家族办公室为主要决策及支持机构。

家族办公室协助 H 家族建立正式的治理机构，设计了全体符合条件的家族成员组成的家族大会，作为提炼家族使命，制定家规家训，组织家族教育、家族聚会和外出旅行活动的机构；由指定的家族分支代表形成的家族委员会，作为家族最高决策机构；以及按照职能划分的某细分领域决策机构——家族理事会，如投资理事会、教育理事会、慈善理事会等（见图 2-21）。

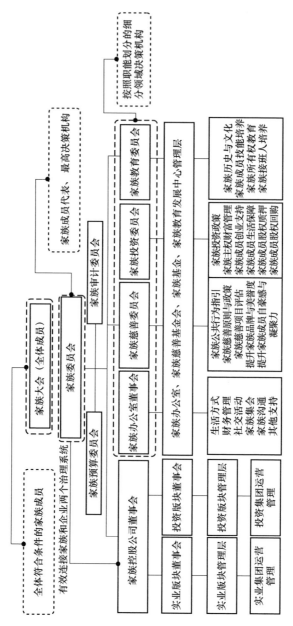

图 2-21　正式的治理机构

这些治理机构将家族内部的必要沟通予以定期的流程化，提高决策过程的包容性和透明度，同时增强对各细分领域的专业支持。同时通过大家的参与，集合全体家族成员的能力和智慧，为家族（企业）提供强大的核心领导力与关键人力资源，也为家族成员提供施展才华、充分交流、互助协作和纠纷解决的平台。

家族办公室协助 H 家族更进一步地建立家族治理机制，包括下列内容。

（1）家族福利政策。用于体现利益共享，比如对每个分支家庭每年固定的日常开支拨付，对大额支出（经家族委员会批准后）的拨付，对每一名出生的孙子（女）的额外年度奖励，对慈善活动的定额支持等。

（2）投资与创业政策。用于激发家族活力，比如每年将企业利润的固定百分比扣除上述福利之后向分支家庭予以平分，鼓励其进行家庭的自有投资与创业，并允许家庭分支从家族企业（在家族委员会批准后）支取限定额度的信贷与股权投资等。

（3）家族雇佣政策。用于明确家族后代进入企业工作的标准，比如家族成员参与到家族企业的准入门槛、录用程序、供职规则、薪酬制度、评价标准、退职流程等方面。

（4）内部监察政策。由于将各家庭的利益分配与企业的净利润挂钩，以及内部定期公布审计与财务报表，建立了尽管可能不存在直接的所有权，但是拥有收益权的风险共担、利益共享的机制，用于凝聚家族力量，增强内部腐败的互相监督。

通过所有权结构、信托治理与家族治理的结合，H 先生整体上达到了最初的目标，在财富所有权上实现稳定的过渡、管理权上实现可进可退、收益权上实现灵活调整，家族成员关系上实现团结和睦，整体上比较安心地完成了传承前的必要准备。

下篇 家族财富管理的核心价值

家族财富管理的核心价值可以理解为家族财富管理的核心服务，旨在达到家族财富的保全、管理和传承三个目标。

我们尝试用一个框架图把家族财富的核心价值概括起来，根据三大目标将核心价值分为风险管理（即"守"）、资产管理（即"管"）以及家族治理和传承（即"传"）三大服务板块。这些服务将构成家族办公室平台的核心功能，并在家族的决策机构（人）指导下执行具体的服务方案。

首先，风险管理从保全财富的角度出发，通过梳理家族的"人的关系"和"权益的关系"中的潜在风险，对风险进行排序，从而为迫切的风险隐患制定对应的预案，进而将风险预案考虑到一个系统性的架构中，确保长治久安。

风险管理应该具有目标性。管理的风险种类涉及的资产类型众多，包括企业资产、金融资产和家族资产（文化、人力和社会资本）。风险预案中包括前端和后端的预案。也就是说，如果通过排查我们发现某一个风险隐患的存在，尚未发生，我们可以制定一个预案将风险尽量排除掉，这个是前端的风险预案。

很多时候，风险是无法被排除的，比如人的生老病死、通货膨胀、投资中的黑天鹅事件等风险，我们在前端尽可能采取措施防范这些风险的同时，也要考虑风险真的发生了能否转嫁或减少风险对于我们的冲击，也就是后端的预案。常见的手段如保险、遗产规划还有投资中的多元化等。

其次，资产管理的目的是对家族有形资产进行有效管理，进而使得这些资产保值、增值。这包括了我们常见的资产管理服务，但这项服务并不应该仅仅局限于金融资产的管理。

我们将家族资产管理分为主营业资产和非主营业资产的管理，原因是两类资产虽然都是家族财富的一部分，但性质非常不一样。首先，主营业资产管理针对的是家族财富来源相关的业务。在中国，

家族决策机构

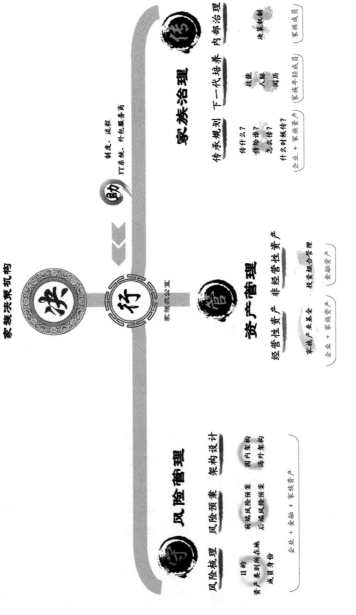

风险管理

守

风险梳理　风险预案　架构设计

目的　　　前端风险预案　国内架构
资产类别所在地　后端风险预案　海外架构
成员身份

（企业 + 金融 + 家族资产）

资产管理

营

经营性资产　非经营性资产　投资组合管理

家族产业基金　　　　　　　金融资产

（企业 + 家族资产）

家族治理

传

传承规划　下一代培养　内部治理

传什么？　技能　决策机制
传给谁？　人品
怎么传？　阅历
什么时候传？

（企业 + 家族资产）（家族年轻成员）（家族成员）

助

IT系统　外包服务商
制度、流程

决

行

家族办公室

大部分超高净值人士的财富来源于企业，所以家族财富管理的一部分也是对家族企业的管理。

有人说，企业不是有企业的高管在管理吗？为什么需要成为家族财富管理的一部分？当然，如果一家企业没有家族的涉入（非家族企业），没有涉及家族、家族成员，企业的管理应该与股东个人家庭事务无关。但因为家族企业是家族财富的一部分，具有家族的特殊资产属性，这就很难分清楚到底家里边的事务是否和企业的事务相关。

比如，一家由家族控股的企业，家族成员控制企业并管理企业，分享企业产生的利润。这时候很难说家族成员未来的发展（如是否改变生活重心和转型的需求）、家族成员之间的关系（如家族成员之间不和谐的关系）、家族长辈对于下一代的培养的愿望（如对于培养小孩作为企业的接班人的期望）等因素不会影响到家族企业的运营和发展。这时候对于家族企业的管理和传承就成了家族财富管理的一部分。关于家族企业，也就是家族的经营性资产的管理，我会在第四章第二节进行详细介绍。

另外，我们也要对脱离了家族企业体系的非主营业资产进行管理。非主营业资产管理的基础是这类型的资产已经以现金或金融产品等金融资产的形式从企业资产中剥离，并与企业资产进行充分隔离。也就是说，金融资产和企业资产之间不存在任何关系，相互隔离，唯一关联是相同的持有人。如果持有人不使用个人资产为企业债务做担保，这类型的资产就不会产生风险的传导。非主营业资产的管理就是我们常说的投资组合管理。对于企业资产的管理和对金融资产的管理方法未必一样，但核心的原则应该是一样的。以下为两点原则。

第一，风险和收益从普遍、长期来说是正相关的。如何做好资产管理主要是风险和收益的相互交换问题。也就是说，虽然财富的增值是我们共同的追求，我们不能够冒过高的风险将我们的资产置于巨大的损失可能性之下。

第二，资产管理同时也是风险和收益交换的效率问题。我们也不能够完全规避风险，使得财富缺乏有效的增长。这里的平衡，更多的是要考虑在什么时候需要用风险来换取收益，用多少风险进行交换，怎么样可以达到风险收益相互交换的效率最大化。

最后，家族治理是保证家族长治久安、成员对于家族的向心力、凝聚力的重要保障。主要的服务内容包括传承规划（包括对企业和财富传承的提前规划）、下一代的培养（也就是人力资本的投资和发展）和家族内部治理机制的建立（作为一个凝聚成员和成员间沟通、讨论以及决策的平台）。这部分的内容主要针对的是家族"人的关系"的管理，同时也会涉及"权益的关系"的内容。

"人的关系"往往是保持家族基业长青中最核心的一环。俗话说"千里之堤，毁于蚁穴"，大家族的崩溃不是因为来自外部环境的打击，企业财富的丧失，更多的是因为家族内部的争斗内耗，以及缺少能够继承家族事业、衔接家族发展的关键人物。所以，家族治理是家族文化资本、人力资本和社会资本管理的关键手段。

家族财富管理的核心价值的实现需要落实在一个具体的平台载体上。在以上的框架图中，家族办公室承担的正是这样的工作，是家族的风险管理、资产管理以及家族治理实施的平台；是满足家族需求、达成家族终极目标的方案的执行载体。简单定义，家族办公室是一个由相关领域专家组成，专注于一个财富家族的投资及私人需求等事务的私人平台。家族办公室的目标在于管理和监控超高净值人士及其家族在战略财富管理、投资规划、信托与遗产服务、慈善赠予、家族传承与领导、税务与财务规划等方面的事务。实际上，家族办公室的服务没有严格的边界，可以定制任何让家族客户心动的服务。因为家族办公室专注于少量甚至是单一的超高净值的客户，提供的服务更加个性化、定制化、私密化。

无论是家族财富管理的核心价值，还是家族办公室提供的核心功能，在此之上最顶层的无疑是家族决策，方案也好，工具也好，都是围绕家族需求和所追求的目标展开。家族是所有底层方案的决策者，但串联这些服务方案的是一个家族顶层架构。

顶层架构设计的逻辑主线有两条，一是以家族成员规划、家族规划及家族企业规划为先导，处理人的关系、组织之间的关系；二是以所有权、控制权、经营权及收益权为核心的家族所有权结构的权益关系处理。家族顶层架构设计主要解决的是家族各类资产管理的系统性问题，以达成家族财富的保全、管理与传承的终极目标。

第三章
家族财富管理的核心价值之"守"

第一节　家族财富风险管理的必要性

一、创富难，守成亦难

1982 年，《福布斯》发表了"美国最富有的 400 人"的富豪榜名单。想象一下 20 年之后会有多少富豪继续留在榜单？落榜的主要原因又是什么？答案是惊人的：只有 54 个富豪，不到 15% 人会继续留在榜单。

有机构对此进一步分析，发现落榜名单中，有 90 人死亡，死亡者的财富分发给了家族成员、基金会，税上交美国财政部；37 人将财富"重新调整"到更广泛的业主——家族成员、慈善信托基金会和私人基金会；14 人因为非风险原因没有考虑，剩下的 205 名富豪的落榜是因为财富没有得到足够的增长或因为风险的原因财富被侵蚀掉。最常见的风险原因是资产过度集中，杠杆使用过大。其他重要原因是过度的消费支出和税收，以及家族不和谐或法律诉讼导致财富状况的恶化。

这个例子可以说明一个问题：创造财富很艰难，但保持财富也并不容易。这些数据甚至有点乐观，因为它来自一个经济有活力、法制健全的国家，同时样本涵盖的是这个国家一个相对繁荣的时期。

二、"创富"和"守富"的区别

在考虑家族财富风险管理之前，先搞清楚"创造财富"和"保护财富"的关系。从时间上看，"创富"发生在"守富"之前——因为有了财富的创造，我们才需要考虑保全、管理财富。

对于如何致富，估计每一位企业家都有自己的方法和策略，但共同点是将资源集中投入到一个领域——例如商业企业，投资或艺术品收藏，这是财富的源泉。正如美国"钢铁大王"安德鲁·卡内基所说："所谓致富之道，是指将你全部的鸡蛋放进一个篮子里，然后看好那个篮子。"中国有句古话说："不入虎穴，焉得虎子。"都很好地说明了财富创造的规律：财富通常是由一个集中的商业机会创造而来，机会主义风险帮助迅速积累财富。

如果我们打开《福布斯》2012年的美国富豪榜单，20个富豪当中有18个的财富来自于对某项业务的聚焦发展，每20个富豪当中有8个的财富通过一项50年前尚未出现的技术突破而获得，这当中包括大家熟悉的脸书、苹果、谷歌、特斯拉等著名的公司以及它们背后的富豪家族。

但集中是有风险的，因为集中的事业一旦出现风险，就会把整副身家赔进去。比如，很多人的财富都集中在家族企业，但是企业经营的风险巨大。美国大约有62%的企业寿命不超过5年，只有2%的企业能存活50年；中小企业平均寿命不到7年，大企业平均寿命不足40年，一般的跨国公司平均寿命为10~12年。中国企业的平均寿命为7~8年，小企业的平均寿命为2.9年。

所以，要做好家族财富管理，**我们应该首先避免机会主义风**

险。机会主义风险体现在很多人仍然采用创造财富的方式管理和维护他们的财富，这很可能产生资产过度集中，形成一些重大后果的导火线。

避免不必要的风险是重要的，但是风险不可能被完全消除。过度的风险厌恶与长期的财富保护一样危险，因为这其实也是一种过度冒险。对于大多数家族来说，财富必须增长，以适应家族成员几乎不可避免的增加以及生活费用的上涨。当家族的资产配置过度集中在现金、存款，或主要财产采取完全风险规避的态度时，只是将一种风险（投资风险）转换为另一种风险（资产不能保值的风险）。

家族财富管理也不能过度厌恶风险。 要达到保全家族财富，保持家族目前的生活水平的目标。除了避免不必要的机会主义风险，家族也必须承担一定风险。风险管理对于一个家族而言具有无与伦比的重要性：为了保证家族的长期延续，家族也必须承担一定风险。但我们也应该意识到，家族应该主动规避罕见事件造成的风险，避免整体财富受到毁灭性的打击。真正有效的财富管理是一个风险和收益交换的过程，重点是，在什么时间去交换？以什么方式交换效率最高？

三、通过管理风险可以保证长期富有

很多家族的财富目标其实很简单：保持家族目前的生活水平，维持家族的全球购买力水平，持续富有。为此，我们可以采用两种方式保持富有：打败赔率和管理风险。

打败赔率指的是持续战胜市场上大多数人。这种方式需要非常高的技巧，并不适用于绝大多数人。中国企业家在过去20~30年经济高速发展中的经营非常成功，大多数人通过一定程度的冒险，打败了赔率，也创造了自己的财富。他们自然会认为自己的经验和策略过去是成功的，用于未来的财富管理也应当会成功。事实上，当失败者离开市场，成功者继续留下来，打败赔率的难度增加，预期的收益也就下降了。同时，宏观环境、底层市场环境都发生了变化，成功所需的素质也会变化，使得过往成功者打败赔率的经验逐渐失效。因此，过度地冒风险（机会主义风险）更可能的结果是损害辛苦积累的财富。

因为风险与收益在较长周期中是正相关的，所以保持财富的最佳途径是避免在自己无法预知和控制范围内的不必要风险，在自己能力范围内控制潜在的重大风险。正如经济学家和历史学家彼得·伯恩斯坦在他的著作《与天为敌》中对风险的定义是"风险管理的本质在于最大限度地发挥我们控制的领域结果，同时尽量减少我们绝对无法控制结果的领域。"家族长期积累的财富是未来成功的最大资本，也是家族擅长的、可以控制的领域。因此，财富管理的重心应该是在这些领域的风险管理，而不应该是在新的、陌生的、无法控制的领域去打败赔率，赚取更多的财富。

家族财富在保持富有和延续家族事业的过程中，我们必然将会面临种类繁多的威胁，很难一一重点关注。对于家族财富的风险管理来说，我们应该重点关注的是对整体家族财富造成长期、不可逆转影响的风险，而不是在金融投资中短期的收益波动。除非我们使用了特别高的杠杆或已经割肉清算（如 2015 年 A 股出现大跌的时候），否则这一级别的市场风险不会永久地损害到我们的财富。

第二节　家族财富风险管理的规划和步骤

在家族财富管理中，提前规划是防范风险的最有效的手段。我们所经营的企业可能面临什么风险？我们资产中大部分的配置发生重大损失的可能性有多大？家庭关系中是否存在对财富造成重大影

响的风险？更重要的是当这些风险不幸发生的时候，我们有什么应
对方案？我们能否将这些风险造成的损失降低？我们是否留出一部
分绝对安全的资产可以使得家庭保持一定的生活质量？资产规划是
风险管理的一部分，越早开始就越好。

　　下一环节，我们将详细探讨一下，一个富豪家族在保全自己财
富的时候会面对什么风险？如何通过风险管理来防范和降低风险的
影响？我们会遵循图 3-1 的家族财富风险管理的流程，从培养家族
的风险意识到梳理家族面临的潜在风险，然后制定应对家族风险的
对策，以及循环这样的流程最终形成一个风险管理的机制，把家族
的风险管理系统化。

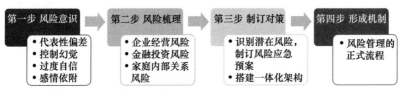

图 3-1　家族财富风险管理流程图

一、培养家族财富的风险意识

　　美国的 Family Office Exchange（FOX）通过调研超过 500 个富
豪家族，发现了以下几项家族长期发展的最大威胁。

　　◇ 缺乏共同分享的愿景

　　◇ 缺乏有效的决策流程

　　◇ 缺乏透明的家族内部沟通渠道

　　◇ 不恰当的所有权结构

　　◇ 缺乏合理的资产多元化

　　◇ 缺乏对家族关键风险的关注

这个结论对于我们而言有几点启示。

（1）要意识到家族面临的重大威胁并不一定完全来自有形资产，如企业资产和金融资产的管理。传统观念中的家族风险管理主要关注的是在经济动荡和市场危机当中，因为投资的不恰当可能导致的财产重大损失。事实上，一个家族在现实生活中所面临的风险种类远远超过有形资产这个维度。

正如 FOX 的调研指出，很多时候，缺乏有效的决策流程、缺乏共同分享的愿景、缺乏透明的家族内部沟通渠道，这都说明家族无法有效地处理内部的"人的关系"。缺乏对未来的充分规划以及过于复杂、无法有效管理的商业结构导致不合理的家族财富所有权结构。这些威胁看似与金融资产管理无关，却可能严重威胁到家族财富保全、世代传承的目标。

（2）大多数中国家族进行财富风险管理的最大障碍是缺乏对风险意识的认知。首先，大多数家族对事前的风险规划抱有一种消极的态度，注重事后的处理，只有当危机发生时他们才会专注于风险。这种风险态度可能源于几种不同因素的影响。一方面，许多财富所有者对需要讨论和解决的风险不重视，因为做风险规划意味着需要他们承认未来的不确定性，并接受一定的限制。另一方面，对于许多家族来说，关于某些风险话题的讨论可能太敏感了，并让家族成员感觉到不舒服，因此不愿意去触及。

（3）不愿意承认风险的态度也可能来源于各种各样的心理误区。比如，因为强烈的自信，财富拥有者认为大多数风险都不适用于自己，或者觉得即便当突发事件发生的时候，他们也能够及时做出反应。经过一段时间的繁荣，大多数拥有财富的家族对于某一个戏剧性的转折事件往往毫无准备。

二、家族财富的风险梳理

所有家族都要面临各种可能影响其未来的风险，创建一个家族的风险清单是下一步重要的事情。到具体的风险管理操作上，评估自己家族可能面临的风险是一项技术活。

一些风险的影响可以客观地评估。比如，如果我们的80%财富都在一家家族企业，公司估值下降了一半，我们的财富就减少了40%。这个风险的影响可以精准地评估。但其他风险的影响很难精确量化。比如，我们的孙子孙女们无法和睦相处。这将如何影响我们留给他们的企业和他们的财富的安全？但无论是从客观还是主观的角度，都必须首先梳理风险的种类，然后评估每种风险的影响。

（一）区分风险和不确定性

我们一般用不确定性（未知数）来衡量风险，根据不确定性的来源可以对风险进行划分。当我们知道不确定性的概率分布的时候，这是一个类型的风险；当我们连概率分布都不知道的时候，这是另一个类型的风险。

比如，一个袋里有100个乒乓球，50个红色，50个蓝色，随机抽一个是红色赢100元钱，蓝色输100元。抽到蓝色乒乓球是不确定的，这是我们的风险，但概率可以大概预测到。如果同样一个袋子，有100个乒乓球，红色球在20~80个之间，蓝色球在80~20个之间，同样的游戏，抽到蓝色乒乓球有更多的不确定性。前者的不确定性可以通过买保险对冲掉，比如和另外一个人打相反的一个赌。后者无法通过买保险对冲掉。这就是风险无法消除，只能通过一些措施降低风险的影响，比如将赌注降低到自己可以承受的范围内，或者万一输了我们在心理上和物质上能承受这个程度的损失。

根据这样的思路，我们可以将家族财富的风险分为"已知的未知数""未知的未知数"两种类型⊖。在这个范围内，与家族财富相关的一些问题可以很容易地被认定为可能发生的问题以及真正意

⊖　The 2009 FOX Risk Study, Family Office Exchange，2009.

料之外的其他问题。

　　同样，家族也必须确定超出家族控制的外部影响因素和类别。这些风险因素也可能会导致重大风险。这种"未知的未知数"因素往往存在很大不确定性（见图3-2）。

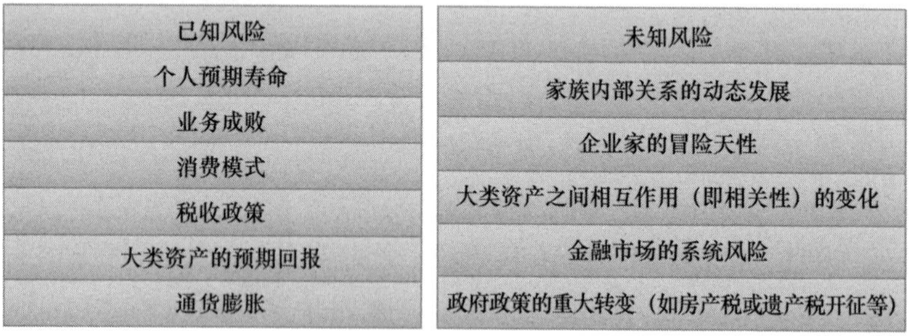

已知风险	未知风险
个人预期寿命	家族内部关系的动态发展
业务成败	企业家的冒险天性
消费模式	大类资产之间相互作用（即相关性）的变化
税收政策	金融市场的系统风险
大类资产的预期回报	政府政策的重大转变（如房产税或遗产税开征等）
通货膨胀	

图 3-2　家族财富管理的已知风险和未知风险

　　相对而言，构建"已知的未知数"的风险清单比构建"未知的未知数"的风险清单要容易得多，但对于家族长期目标构成严重威胁的程度，前者可能比后者更高。这也说明，很多时候我们往往会忽视身边显而易见的风险。实际上，忽视这些风险对于防范和解决家族潜在的问题没有任何帮助。

　　一个家族很可能有一大堆现有和潜在的风险。然而，在大多数情况下，这些问题中只有两三个不成比例地影响家族团结、财务安全和长期财富的可持续性。在家族中，不同的家族成员对同一个家族风险因素的重视程度不同也是很常见的现象。比如，家族中的一个分支可能会觉得婚姻破裂已经成为家族的主要风险来源，而婚姻生活美满的其他家族分支的成员则不关心这个因素。

　　当我们做成一个风险列表，家族如何确定和管理核心风险就至关重要，而不是一次尝试处理整个列表的风险。我们应该经常问自己："在已知的风险中，对家族未来影响最大的一两件事是什么？"

超出家族控制范围，但可能导致家族显著倒退的重要的内部或外部不确定因素有哪些？

（二）FOX 风险矩阵

为了更好地梳理面临的威胁，FOX 描绘了一个家族可能面临的四个基础风险，包括 30 个风险维度。每一个维度都与家族维持世代传承的财富目标相关，然后再细分到数量不等的风险要素。这些要素分别坐落在风险矩阵中（见图 3-3）[⊖]。

所有权和控制		财富保全和增值	
*家族控制权	*商业战略	*投资目标和目的	*股票持股过度集中
*家族领导力	*商业治理	*资产多元化	*对股权项目的控制
*家族演变	*商业运营	*基金经理选择	*股权项目困境
*利益一致性		*投资业绩	
（由此延伸的58项细分要素）		（由此延伸的41项细分要素）	
财务安全和合规		家族持续性和治理	
*法律风险	*财富转移保护	*家族遗产	*家族治理
*金融杠杆	*财务报告/合规	*家族口碑	*个人生理和心理健康
*信托风险	*实物资产保护	*慈善遗产	*家族关系
*金融疏忽	*家族办公室失职	*个人隐私和安全	*个人所有权责任
（由此延伸的57项细分要素）		（由此延伸的56项细分要素）	

图 3-3　风险矩阵

第一个基础风险象限是"所有权和控制"，关注家族卷入到家族企业所产生的各种问题。这些问题包括商业利益的一致性，与治理、运营和财务相关的商业战略发展等可能触发的潜在风险。

第二个基础风险象限是"财富保全和增值"，也就是传统的投资领域的风险管理要素，即投资中与投资目标、资产多元化、投资

⊖　Recasting the central role of the Family Office as risk manager, Family Office Exchange, 2006.

业绩等相关的潜在风险。

第三个基础风险象限是"财务安全和合规"，是对遗产规划、财务报告和监管合规等问题的技术性和战术性防范。

第四个基础风险象限是"家族持续性和治理"，通常也是家族面临的最具挑战性的问题。这些问题联系到家族成员的关系、家族的声誉、家族遗产或家族治理等潜在风险。这个类型的风险应该作为家族讨论风险的核心。

FOX 在这四个基础象限的基础上再细分 30 个大的风险维度，以及由此延伸的众多的细分要素。虽然这些风险细分是根据西方家族财富管理的长时间实践摸索总结出来的，但对于中国家族财富管理的实践也具有一定的借鉴意义。

在附录中，我们根据国内常见的风险分类，在 FOX 的风险分类基础上整理了中国家族风险管理的维度和要素。这个风险列表可以供大家在梳理家族可能面临的潜在风险隐患时有所借鉴。在稍后的章节，我将通过案例分析的方式，帮助大家了解围绕一个家族的种类繁多的风险要素以及应对措施。

（三）风险评估体系

每一个家族都应该建立一套主动的防范体系以应对在财富管理过程中出现的各类风险。下面我们探讨由 FOX 专家们制订的一个六步骤的风险评估流程。这个流程希望可以达到以下的三个目的。

（1）帮助家族成员更加清晰地考虑和制订家族未来的计划。

（2）主动将计划实施中面临的各类潜在风险进行排序。

（3）教育家族成员如何使用风险管理手段积极面对危机。

这个体系在经济动荡和家族传承中遇到特殊变故时尤其重要。

图 3-4 简单描绘了风险评估流程。风险评估流程的第一步从制定长期目标开始，家族的长期目标涉及"你希望你的财富管理达到什么样的目标？"这类的基本问题。比如，一个家族的长期目标可

以是以下的主题之一：是否通过金融投资或新的战略来发展家族企业？是否投资新的创业项目来增长家族财富？是否通过家族企业的品牌培育、扩大社会影响或者从事慈善事业来实现家族的延续性？是否通过家族治理来凝聚家族成员，使得他们的利益保持一致？诸如此类。

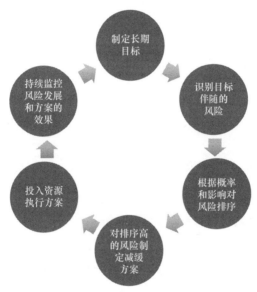

图 3-4　风险评估流程

如何识别家族在达到这些目标过程中可能面临的风险是相对最复杂的一个步骤。因为一部分的潜在风险很容易被识别，但识别基于个性化环境的独特风险较为困难，这需要家族成员和外部咨询的通力合作。很多风险无法量化和难以预测，比如家族成员与配偶之间的关系。这一步骤的要点是尽量将风险的定义延伸到金融要素之外的维度。

第三个步骤将帮助家族根据风险发生的概率和风险对家族的影响程度进行排序，识别面临的最大威胁。这为第四步骤的分析和制订应对策略提供基础。

在第四步骤的方案设计中，如果形成了可以减缓和降低首要风险的方案，这些方案应该以文字形式记录下来，作为当风险发生时的指导应对措施。

面对潜在风险，家族应该在第五步骤中投入资源来制订应对方案。这些资源不仅包括财务资源，同时包括家族内部和外部的人力资源。

因为家族的情况不断地动态演变，而风险也会根据大环境的变化不断发生改变，最后的监控步骤也显得尤其重要。在这个过程中，首要风险可能发生变化，不断有新的风险浮现。所以这个风险评估体系应该是一个循环。

三、形成风险预案

（一）风险预案类型

风险可以通过规避和降低两种方式来控制。以驾车出行面临的交通风险做一个形象的比喻，为了规避驾车发生的交通风险，我们可以采取不开车的方式来防范。但是，我们不能为了规避交通风险完全放弃驾车。

系好安全带，安全行驶，不要酒后驾驶以及保持车辆处于良好状态等方式才是更合理的风险管理方式。这些方式可以降低交通风险，但不能完全规避。比如，即便我们再小心，由于他人的责任导致的事故仍然可能发生。因此，我们还要考虑减缓交通事故对自己的冲击。我们可以将驾驶风险的一部分通过交通保险的方式转移出去，降低自己受伤、车辆维修以及伤害到别人或别人的财产时遭受的损失。

同理，最好的防范财富风险的方式是完全放弃财富。放弃了财富同时也意味着放弃风险，这也就是我们一直强调的风险隔离的要点：把财富从天然的风险源头——自然人手上转移到一个安全的架构上。

如果没有这样的风险隔离，家族财富管理只能提前规划风险管理。最好的方法是防患于未然，提前把风险消除或者降低风险发生的概率。就好比我们要定期检测、保养车辆，以确保车辆在行驶中的运行安全。同时我们要在驾驶车辆时注意行驶和交通安全，这样可以避免车祸或者减少车祸发生的概率。家族财富的风险中包括可预测、可防范的风险，比如企业经营中不要过度冒进，投资中不要过度集中，家族成员保持沟通顺畅减少人际关系的冲突等，这些类型可以考虑限制和降低风险发生概率的方式。

但是，家族财富的风险类型也包括可预测、不可防范的风险，比如成员的生老病死、税收合规，应对这些类型的风险只能是提前安排预案，尽可能降低风险发生对家族的冲击。不仅如此，还有不可预测也不可防范的风险，如金融危机的爆发，国家监管政策的调整，战争、冲突等国际政治危机的发生。对于这类系统性的风险，前端我们能做的非常少，只能依靠提前安排的后端预案来降低风险发生后对家族的冲击。

因此，后端的防范措施在家族财富风险管理中占据更为重要的位置。原因不仅包括很多的财富风险是无法防范的，也包括家族为了达到某些目的必须要冒一定的风险。比如，家族必须通过投资管理的方式来保证家族财富的保值和增值，但是投资就意味着家族需要冒一定风险来换取收益。

除了通过降低资产集中度来管理投资风险，我们可以选择不改变这种风险的同时，考虑保持充足的现金/流动性资产来维持家族目前和未来的生活水准，这些财富应该与暴露在风险中的主要资产通过家族信托等方式进行充分隔离。我们也可以选择将部分风险通过金融工具转移出去，比如通过衍生产品的设计和购买各种保险来降低风险造成的损失。这些措施都属于后端的风险防范措施。

（二）风险隔离原则

风险隔离是一种防范对家族成员、家族资产冲击的风险防范预案，严格意义上的家族风险隔离应该是对一个目标资产全方位的隔离，包括横向的风险隔离和纵向的风险隔离，以形成目标资产与潜在风险源之间关系完全断离的措施。

横向隔离指的是家族成员和组织机构之间的风险隔离，即家族成员间、家族支系间、家族企业间及商业体系间的风险隔离。纵向隔离包括了家业与企业的隔离，家族成员与家族企业的隔离以及家族代际的隔离⊖。以下我们先就几个常见的风险传导渠道展开讨论（见图 3-5）。

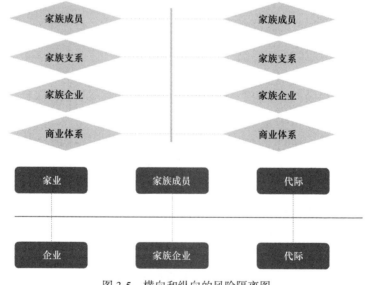

图 3-5　横向和纵向的风险隔离图

⊖　张钧，蒋松丞，张东兰，等．对话家族顶层结构［M］．广州：广东人民出版社，2019．

（1）家业与企业之间存在风险传导的可能性。这既可能是家族企业的风险传导至家族成员，影响家族成员既有的财富安全及生活状况；同时，也可能是家族成员的婚姻、债务、死亡等个人风险传导给家族企业，影响家族企业的正常经营活动。很多时候，中国的民营企业虽然都是有限责任公司，但企业家承担的往往是无限责任。因为这两类资产都被同一个自然人持有，而企业在对外融资的时候需要自然人大股东的连带担保，这就使得人的因素，在这里打通了企业和家产之间的关系，家族企业的债务风险蔓延到家族成员，家企的风险隔离并没有实现。

（2）家族内部风险也会在成员之间进行传导。因为每一个成员都是家庭这个整体的一部分。除非已经分家，清晰界定好私人资产的范围，否则某一位成员的个人风险也可能通过家庭这个载体传导到另一位成员，甚至是整个家族。

（3）企业与企业之间的风险传导。大多数有一定规模的家族已经实现了多元化的发展。不同家族企业、不同事业板块的商业模式、所有权结构、风险程度均有所差异，不同企业、板块之间交叉持股会导致板块之间的风险传递。很多企业家事业做得很大，控制并经营着多家企业。但是，如果关联公司与关联公司之间的人、财、物出现混同，将会影响单一公司的有限责任。

总体来说，在家族风险的传导渠道中，人的因素是最关键的。因为人的存在可能会引发资产之间、人与人之间的风险传导。对于风险隔离问题的应对主要是建立防火墙。具体来说，是要建立家族成员与家族企业之间的防火墙，这是纵向的防火墙。同时，也要建立家族企业与家族企业之间的防火墙，这是横向的防火墙。

从纵向的防火墙来看，最基本的思路就是要控制家族成员与家族企业等经营性资产之间的直接关系。也就是说，从所有权结构角度来看，家族应当通过一个或多个非经营性家族控股企业、家族特殊目的企业等持有家族经营性资产。这样做避免了家族成员个人直接成为家族经营性企业的股东，既可避免家族企业发生的经营风险直接影响到家族成员；同时也可避免家族成员发生如前面讲到的婚姻、死亡、负债等风险或纠纷时，直接影响到家族企业的正常运营。原则上要尽量将所有权人的最终权益与经营性资产之间的关系进行合理安排，保持适当的安全距离。

但在实践中，有时候一些现实情况的限制使得防火墙的作用会打折。比如，如果企业依赖于债权融资，金融机构的穿透原则和连带担保的原则使得很多防火墙丧失了部分功能。在这种情形下，家族要做到适当的取舍与坚持，否则风险将会被无限放大。但为了发展，出于不得已的原因，很多时候家族企业还是愿意铤而走险，而此时就应当以另外的逻辑构建防火墙。这个思路就是建立资产安全池。换句话说，在对外融资之前以适当的方式合法隔离出一定比例的财产，作为成员未来发展及生活保障的支持，确保家族最后的"安全"。

从横向的防火墙来看，避免不同企业、事业板块之间的风险传导依赖于多层次家族控股企业的建立。某一集团是一个经营性的投融资平台，本身就存在巨大的经营风险，其又持有不同板块子公司的股权，事实上是把不同事业板块的风险连接在了一起，产生了放大相关风险的负面效果。其实像多元化的企业，依托不同板块构建相对独立且所有权结构不同的几个产业集团，不仅可以降低风险，对于化解家族支系矛盾及使其实现顺利交接班也是较为有利的。

总体来说，企业发展到一定阶段，集团化的方向是必然的，但是如何对商业体系进行有效梳理，如何进行集团化确实是一个要认真对待的问题。既要保证集团化的发展，发挥集团化的优势，又要避免集团化发展的风险集中与放大。

四、风险规划机制

（一）风险规划原理

风险管理作为家族财富管理的重要组成部分，也是家族治理的一部分，是家族众多决策过程之一。正如风险评估体系是一个循环的过程，家族也应该建立一套风险规划机制来持续监控和应对不断变化的内外部环境。在形成风险规划机制之前，我们讨论几个常用的基础原理。

（1）风险规划是一个持续的过程，持续观察环境，但必须集中精力处理最具战略性的风险，而不是过度关注家族风险的数量。在承认不确定性的前提下，风险规划的作用是提供了一个系统来排序和辨别家族面临的短期风险，以及长期来说可能影响家族财富可持续性的更广泛的内外部风险因素。我们要充分意识到，同时处理所有的家族风险是不可行的。同样，付出相同的努力、时间和资本来降低每一个风险也是不合乎逻辑的。所以适当的风险规划是使家族能够聚焦到可能影响其未来的最关键问题上，从而确定如何控制或降低这些问题的影响。

（2）家族不应该对风险永远抱有排斥，既然风险不可避免，也许经过恰当的处理，某种程度上也可以转化为机遇。就像人体的免疫力是不断通过生病得到完善，从长远来看，风险可以成为家族的一笔重要的财富。因为意外的事件往往迫使家族重新评估之前的风险规划结构和决策。另外，危机产生的恐惧和焦虑更有可能推动人们在较短的时期内做出重大变化。在危机中的经历和教训可能成为家族以及下一代拥有的经验，有助于维护家族的持续风险管理。

我们通过一个小案例来理解如何将家族的风险转化为机遇的可

能性。有一家经营汽车零配件的企业，企业主夫妇专注和勤奋，通过20多年的创业将公司发展成为行业的龙头之一。成功也促成了企业主对于自己能力的自信和刚愎自用的决策习惯。

因为公司在上市过程中需要融资，企业主夫妻两人在接受一笔外部投资时决定与投资方签订对赌协议。女儿和女婿基于其对金融市场的了解，提出了不同的意见，认为对赌协议风险太大不宜贸然签订。但企业主夫妻两人迫切希望尽快完成融资，同时对自己掌控形势的能力充满自信，认为上市基本上没有问题。另一方面企业主一直持有安排儿子接班企业经营，边缘化女儿和女婿的想法。在取得儿子的认同之后，他们选择了忽视女儿和女婿的意见。

事后证明，女儿和女婿的意见是正确的。企业没有如愿上市，基于占有企业优质资产为己有的企图，投资人没有选择协商的方式，直接履行对赌协议，到法院起诉冻结了企业的经营资产。这时候，企业主夫妇没有办法，只能邀请女儿和女婿回到企业帮助处理危机。通过不懈的努力，在与投资人斗智斗勇一段时间之后，两方终于达成了协议，危机得以缓解。

这个过程也让企业主夫妇看到了女儿女婿的能力，同时看到自身在与资本打交道中的不足，从而促使他们下定决心将企业的经营管理交给女儿和女婿。估计在今后的资本化过程中，企业仍会面临众多的陷阱和挑战，但经历过这次危机之后的管理层应该有能力识别和避免。

这个案例说明，如果能顺利应对风险的话，对于一个家族可能也是一笔财富。意外的事件迫使家族改变根深蒂固的思维方式和路径依赖，使得家族的财富管理变得更加健康，某种程度上也给家族带来一些新的机遇。根据上述案例中女儿和女婿的反馈，老一辈对于其管理模式非常顽固，很难接受一些新的思维，这次危机促成其转变。危机让他们彻底意识到自己的很多思维已经落伍了，需要接受年轻人的想法。

（3）在国内，大多数家族都采用一种"反应式"的风险管理方法，即当危机发生后才会考虑方案，组织人力、物力去处理。实际上，这种处理问题的方式隐藏着很大的缺陷，因为一个家族遭受风险的危害程度取决于家族对危机的反应，即做出有效的即时决策的能力。而对危机的反应速度又取决于预先设定的风险管理的机制和流程。正如巴菲特所说："能否准确预测下雨不重要，重要的是建好诺亚方舟。"

所以一个家族预设的风险防范措施应该不是在危机形势下设立的应对流程，而是在危机发生之前就必须到位和运作的机制。它应该是一个可以在任何财务或情绪波动环境下指导家族冷静决策的管理结构。这个风险规划机制应该被授予处理的权力并使其具有可操作性，明确如何做出决策、如何评估选择和确定决策者的具体措施。

如图3-6所示，这是一套系统化的家族管理机制，它需要更加稳定的机制、更多家族成员的参与来确保它的有效运行。一套风险评估机制通常包括以下几个流程。

在具体操作中，这个机制实际上是一个不间断的筛选和应对最重要的家族风险的工作流程，我们可以考虑以下的流程安排。

（1）家族内部高度重视风险规划，设立一个专门的机构来处理这份工作。

（2）家长们在外部顾问的支持下识别对家族影响最大、最有可能发生的风险类别，以及评估这些风险转化为机遇的可能性。

（3）与家族其他成员沟通、确定或补充未纳入的其他风险，综合考虑到其他所有者的风险偏好。

（4）形成一张风险清单，通过每个家族成员对风险进行排序；顾问将反馈信息归结为关键问题清单，供家族确认。

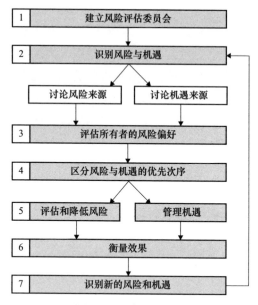

图 3-6　风险评估流程

（5）将核心风险置于风险矩阵中，辨别最危险的风险区域。重点关注两个维度："家族在这一方面是否有准备或有能力控制？"以及"根据其对家族的影响，管理这一风险有多重要？"

（6）对于最危险的风险提供降低风险的方案和措施。

（7）重新审视路线图，衡量风险管理取得的效果并识别新的（重要程度稍低的）风险区域。

下面我们结合一个简单案例和大家分享家族风险规划机制的流程和效果。

（二）家族风险规划机制的案例

M 企业是一家家族控股、能源消耗型、对环境影响较大的化工企业。其创始人 A 将企业从一个小化工厂发展到今天的大型综合企业集团。由于国家对于环保问题越来越重视，A 担心政府对于环保的政策调整会使得企业的业务受到致命的打击。A 年纪已经快 60 岁，但一直身体还算健康，加上对企业发自内心的热情，从来没有想过将企业交于他人之手，然而最近的突发心脏问题使得他不得不开始思考接班人的问题。

A 的独生儿子已婚并育有一男一女，因为父亲从来不寻求他的帮助，所以对于运营家族企业没有太多的兴趣。因为教育背景和兴趣关系，A 的儿子和朋友一起搞了一个私募股权基金，从事互联网领域的天使投资。

A 夫妇出身贫寒，白手起家，希望将自己创业的精神和节约的生活价值观传承下去。但儿子夫妻两人对于父母倡导的节约生活方式不置可否，有时候甚至过于挥霍，在对孙子孙女的教育上也会与 A 夫妇发生矛盾。另外，儿媳妇家境一般，与儿子关系并不是非常融洽，A 夫妇一直担心过户到儿子名下的房产和现金会因为离婚的原因旁落他人。

A 和他的家族办公室风险顾问经过商量之后，确定家族面临的主要风险。

（1）在"家族资产风险"的大类别下，家族面临"家族领导与继承"的风险子类别，"接班人规划"细分风险要素。具体来说，家族缺乏下一代和职业经理人对家族企业的参与，企业领导传承即将出现问题。

（2）在"家族资产风险"的大类别下，家族面临"家族连续性与治理"的风险子类别，"缺乏共同的愿景与价值观"的细分风险要素。没有形成家族成员一致认可的价值观/理念。

（3）在"家族资产风险"的大类别下，家族面临"家族连续性与治理"的风险子类别，"家族个人关系"的细分风险要素。子女的婚姻关系面临挑战，以及可能由此导致的离婚、财产和监护权的争斗。

（4）在"企业资产风险"的大类别下，家族面临"商业运作"的风险子类别，"经营策略"细分风险要素。家族企业的商业模式对政策调整的敏感度太高，暴露在政策影响下的风险敞口过大。

这些风险要素可以归纳如表 3-1 所示。

表 3-1　风险要素

风险大类别	风险子类别	细分风险要素	关键问题	应对策略
家族资产	家族领导与继承	接班人规划	下一代和职业经理人对家族企业缺乏参与，企业领导传承即将出现问题	建立家族代际之间的正式和深入的沟通，计划继承人培养
	家族领导与继承	发展领导力	董事会缺乏有适当经验的家族成员	将经验丰富的非家族成员引入董事会
企业资产	商业运作	经营策略	家族企业的商业模式暴露在政策影响下的风险敞口过大	降低对主营业务的依赖，商业多元化
家族资产	家族连续性与治理	共同的愿景与价值观	没有形成家族成员一致认可的价值观/理念	提炼共同的愿景与价值观，并以文字形式（如家族宪章）固定下来
	家族连续性与治理；个人发展	家族关系；感情投入与私人情感	下一代的潜在婚姻风险导致的财产分割风险	婚姻关系辅导，夫妻财产界定隔离措施

一个家族很可能同时面对很多潜在的风险。然而，在大多数情况下，家族应该关注那些对其财富造成长期影响的风险，集中精力和资源处理一两个最核心的问题。通过将所有的风险放置于一个风险矩阵中，如图 3-7 所示，根据家族对风险的控制力和风险的发生对于家族的冲击这两个维度进行排序。

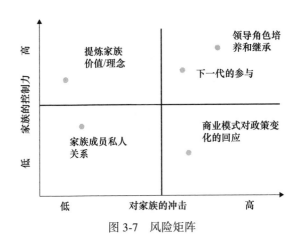

图 3-7　风险矩阵

　　"接班人规划"这项风险对于家族的冲击最大，也在家族控制范围之内，所以这项风险应该放置于风险排序的首位，得到家族的最重点关注。其次，家族企业的"经营策略"虽然对家族的冲击也大，但超出家族控制力的范围，所以将其排于次要的位置。

　　虽然家族对于"缺乏共同的愿景与价值观"和"家族关系"两项风险的控制力不同，但其对于家族的冲击明显小于前面几项，所以被列为非重点关注的风险。

　　家族紧接着对选择和关注的每个重点风险提供风险减缓的方案和措施。对于"接班人规划"这项风险，最好的方案应该是建立家族代际之间的正式和深入沟通，计划继承人培养。同时，家族企业也有机会引进外部职业经理人，这有助于培养家族新领导。

　　对于企业的"经营策略"风险，家族借此机会降低资产配置的集中度，降低对主营业务的依赖，对商业模式进行进一步的多元化或者金融资产进行多元化配置。对于"缺乏共同的愿景与价值观"风险，家族顾问考虑帮助家族提炼共同的愿景与价值观，并以文字形式（如家族宪章）固定下来。对于"家族关系"风险，A 家族也开始考虑下一代的潜在婚姻风险导致的财产分割风险，一方面对下一代的婚姻关系进行辅导，另一方面也做好婚内财产界定的预案，预防因为婚姻关系破裂导致的财产分割。

风险管理步骤实施之后，家族紧接着需要对风险管理的效果进行评估，衡量家族在降低风险方面取得的效果。A 与儿子进行了深入、坦诚的交流，儿子开始对参与到家族企业管理逐渐改变了想法，开始产生兴趣。A 父子两人保持顺畅的沟通，有助于形成家族一致的价值观。

通过对职业经理人制度的了解，家族也开始探索万一儿子不能或者没有能力接班的情况下，是否可以实行家族强有力控制下职业经理人负责制的方案，这需要制定相匹配的机制来激励和控制、制衡职业经理人。另外，通过 A 儿子的私募股权投资平台，家族的老一辈逐步开始关注家族企业行业内的一些新兴、高科技化工行业早期项目，并开始进行风险投资。

因为家族的情况在不断地动态演变，而风险也会根据大环境的变化不断发生改变，最后的监控步骤也显得尤其重要。家族要对确定下来的主要风险的演化和风险缓解措施的效果进行持续的监控。并在此基础上，确定下一步需要识别和处理的新风险和机遇并识别新的风险区域。

在处理完前两项风险之后，通过建立的家庭内部沟通渠道，家族开始规划凝聚成员的家族价值观的提炼和传承。在这过程中，首要风险的排序可能发生变化，也可能有新的风险浮现，所以家族财富风险防范和管理的步骤将是一个循环、持续的过程。也只有这样，家族才能通过不断的防范和管理措施积极面对危机，将家族目前和潜在的风险点进行减缓和有效控制，这也彰显了家族财富管理的中长期财富规划的重要性（见图 3-8）。

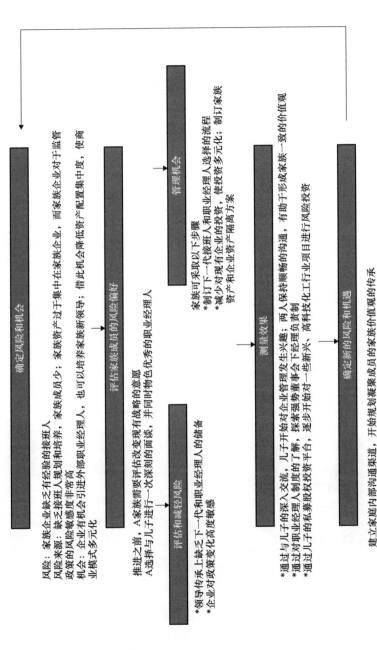

图 3-8 风险和机遇

确定风险和机会

风险：家族企业缺乏有经验的接班人

风险来源：缺乏接班人规划和培养，家族成员少；家族资产过于集中在家族企业，而家族企业对于监管政策的风险敏感度非常高

机会：企业有机会引进外部职业经理人，也可以培养家族新领导，使商业模式多元化

评估家族成员的风险偏好

推进之前，A家族需要评估改变现有策略的意愿

A选择与儿子进行一次深刻的面谈，并同时物色优秀的职业经理人

管理机会

家族可采取以下步骤

* 制订下一代接班人和职业经理人选择的流程
* 减少对现有企业的投资，使投资多元化；制订家族资产和企业资产隔离方案

评估和减轻风险

* 领导传承上缺乏下一代和职业经理人的储备
* 企业对政策变化高度敏感

测量效果

* 通过与儿子的深入交流，儿子开始对企业管理发生兴趣
* 通过对职业经理人制度的了解，探索强势董事会下经理负责制
* 通过儿子的私募股权投资平台，高科技化工行业项目进行风险投资

家族对下一代接班人和职业经理人选择的流程，两人保持顺畅的沟通，有助于形成家族一致的价值观，逐步开始对一些新兴、高科技化工行业项目进行风险投资

确定新的风险和机遇

建立家庭内部沟通渠道，开始规划凝聚成员的家族价值观的传承

第三节　中国的家族财富风险管理

上一节列举了各种风险分类和应对风险的流程机制，本节我会对中国的民营企业家会面临哪些常见的风险点进行梳理。我们通过一些具体案例对风险点的形成和应对措施进行展开探讨。本节讨论的风险类型是家族在管理其企业资本、金融资本和家族资本过程中可能遇到的几种常见风险。

一、家企混同引发的风险

（一）家企混同的呈现方式

中国企业家在管理其企业资产和个人资产中非常常见的一种行为是混同两类资产。这样的行为很容易引发风险，即本属于其中一类资产的风险通过混同进行传导，影响到另一类健康的资产。企业与个人的资产混同有几种比较常见的呈现方式（见图3-9）。

- 个人账户收取企业往来款，导致刑事与民事双重责任
  企业面临偷逃税的刑事责任，企业债务由股东个人承担连带责任

- 家族财富无条件为企业"输血"
  企业倒闭，家族财产用于优先偿还银行借款与员工工资

- 企业融资，合伙企业、股东个人或家族承担无限连带责任
  向银行、小额贷款公司或外部融资渠道借款，需股东承担连带保证责任

图3-9　企业与个人资产混同的呈现方式

第一种情况是对企业资金任意调度，利用职权随意处置企业财产。很多民营企业家认为控股了企业，个人的钱和企业的钱不用做法律上的隔离。常见的一些情况包括：企业主家庭需要买东西，买一辆车，用企业的钱付，直接开票报销，或者是别的地方需要用到钱直接让出纳从企业账上把钱转走，企业变成家庭生活支出的银行。甚至有企业家采用虚构的交易合同，把钱打到一家自己控制的关联企业，再通过这关联企业把钱套现取出来。这些利用职权随意处置企业财产的行为需要负一定的刑事责任，涉嫌职务侵占罪和挪用资金罪。

其实企业的控制人可以通过合法、合规的方式，规避这些刑事风险。企业家完全可以在符合法律法规、公司章程的情况下，通过一个决议，对自己进行奖励，完税之后就成了合法的收入。但是，很多企业主出问题的根源在于根本没有这个意识。

第二种情况我们称之为个人账户和企业账户混为一体。个人账户收取企业往来，或者无偿为企业"输血"。个人账户和企业账户混为一体，不仅可能引发民事法律风险，更会引发刑事法律风险。

（1）用个人账户来收取企业应当收取的款项，有逃避税收的嫌疑。某企业主从事店铺出租生意，每月都有稳定的租金收入现金流。此人为了少开发票不交税，让部分不需要发票的商户将租金直接支付到女儿的个人银行账户中，几年累积下来，女儿的账户共收租金过千万元。孰知后来女儿女婿闹离婚起诉至法院，女婿声称妻子名下有千万元存款，是夫妻共同财产，坚决要求分割，而女儿说明那是父亲企业的钱，不是自己的收入。如此一来，父亲借用女儿账户收取企业往来经营款的行为被曝光，如果法院发出司法建议书，或是女婿一气之下到税务机关举报，那么该企业主将可能面临偷逃税的行政处罚或刑事责任的风险。

（2）企业资金周转不灵时，企业家将个人的财产无偿投入到企业经营中去，个人财产和企业财产混同。如果企业经营出现问题，投入企业的家庭财产可能会被用于优先偿付员工工资和银行借款。

第三种情况出现在企业融资的时候，往往会让股东个人甚至其家庭承担无限连带保证责任。家族企业在发展中都存在融资难的问题，为了满足资金周转的需要，企业家往往会承担连带保证责任。如企业最终无力偿还欠款，债权人向借款的企业主张权利时，也会把作为保证人的股东或者股东的家庭成员作为共同被告，从而导致股东个人或者家庭财产承担了连带偿还责任。这部分内容会在后面展开讨论。

总体来说，如果家企不分的企业存在债务纠纷，很有可能被法院认定股东个人财产与企业财产混同，会判决企业家对企业债务承担无限连带责任。如果涉及随意处置企业的资产甚至有可能构成刑事犯罪。比如说职务侵占罪及挪用资金罪。因此，民营企业家一定要牢固树立个人财产和企业财产独立的法律观念，构建防火墙的概念。

（二）家企混同的个人连带担保

从理论上和法律基础上，公司法赋予了企业独立的人格。企业一旦成立就在法律上获得了独立的人格，即拥有独立的财产。企业只有拥有独立的财产才能独立地承担责任，对外承担的责任多少以其拥有的独立财产为限，企业的债权人也只能以企业的独立财产为限主张相应的债权。在融资的时候让股东个人，甚至其家庭承担无限连带保证责任会导致风险。而一旦企业资产与股东个人资产混同，就会导致企业资产缺乏独立性，就出现了否认企业独立人格的基础。家企混同导致企业风险传导到个人风险。

也有人在企业发展阶段中以个人身份签订对赌协议。比较常见的定义是风险投资机构在对未上市企业进行投资时，与目标企业的股东就估值情况所进行的调整约定，一般伴随股权回购、现金或股权补偿的约定，亦称为"估值调整"。

本来家庭和企业之间没有连接，因为大股东通过个人连带责任的对赌协议使得两者之间形成一个闭环。要切断这种风险传导，前端的风险防范是尽量避免签订由个人担保的对赌协议，或者在对赌协议中减少个人的责任。后端的风险防范是降低风险发生对于家庭成员的生活的冲击。如果企业家在借款时被迫要承担连带责任的话，在借款前一定要采取一些防护手段，以应对不利情形的发生。

1. 签订由个人担保的对赌协议

对赌行为并没有法律的、官方的定义。比较广义、常见的对赌概念指发生某种情况，或者里程碑事件无法达到或实现，比如说未能在约定时间内实现上市或重组，或者在下一轮的融资中估值下降，投资人可以要求企业或者创始股东以一定的价格回购股权。一般情况下，回购以投资款项为基数，同时加上每年 8% ~ 15% 不等的资金利息。正如案例中所描述的一样，多数是以上市作为一个里程碑事件进行对赌。

对赌协议能不签尽量不要签，因为这是一份"不平等协议"。

（1）对赌协议对于企业主来说类似于给了投资人一个期权，在企业成功时可以分享估值上升没有天花板的收益，但企业失败时却享受到债权人一样的兜底保障，对企业主来说并不公平。

（2）因为协议对于其他"同股同权"的股东来说也不公平，所以法院在出现纠纷时不承认用公司名义和投资人签订的对赌协议，使得投资人要求企业大股东签署对赌协议。但是，大股东只是占企业股份的一部分（尽管是大部分），却被要求承担对赌失败后的所有回购责任。

如果融资方一定要签对赌协议，是否可以通过《中华人民共和国公司法》许可的批准程序，用企业的财产承担（或担保）对赌协议，或是所有股东都参与对赌，而不仅仅是以大股东个人的财产承担对赌协议？如果一定要用大股东个人的财产对赌，那就要签一个范围，比如说在一个约定的范围里面做对赌协议，不要把这个责任无限地放大。

另外，对赌协议的安排需要花费心力进行认真、严谨的条款分析和"排雷"工作。企业家若没有具有丰富经验的法律专业人士的指导，往往会糊里糊涂签约，承担风险。具体的一些对赌协议安排方面的风险防范措施如下所示。

（1）充分考量各种意外，衡量可能影响承诺实现的不可控风险情形，设置例外条款。在做出对赌承诺时，大股东应充分考量影响承诺实现的不可控因素。企业家很容易做出超出自己实际掌控能力的承诺，比如一些对赌失败的案例中出现上市延误的主要原因在于证监会开展自查与核查，使得 IPO 事实上暂停，这种类型的事件属于不可抗因素，应该出现在例外条款中。

（2）设置保底、底线条款。投资人或者收购方的"标准条款"往往偏向于自己，如果没有专业、尽心的法律顾问通过举例、沙盘推演的方法来一一解释这些有利于投资人的条款的性质、意义，企业家往往无法理解这些对赌安排以及技术性条款所暗含风险的严重性。虽然对赌协议表面上仅仅是关联到无法完成承诺后需要向投资人回购股份，但实际情况中很多时候当对赌条款触发之后，可能会触动一系列的关联条款，使得企业家陷入万劫不复的境地。

很明显，受损害的是企业主一方。考虑到在私募股权投资中，所有的协议和条款都是投融两方谈判的结果，如果一方获利，另一方必然就要遭受损失。一方面投资者必然会想尽办法争取有利于己方的条款；另一方面如果企业主不同意，条款也不会谈成，这就使得企业家在防范这类型的风险中有足够多的腾挪空间，重点是需要花费心力进行严谨的条款分析和耐心的谈判。企业家在这个过程中一定要十分关注风险条款，不宜过度自信或求胜心切而忽略风险。

如果对赌涉及的是业绩考核，要对所依据业绩以及业绩计算方法是否可控进行谈判。如果企业家、创始股东对于企业的经营管理不具有控制权，业绩是否能够通过其努力达到，业绩究竟如何计算，是否还会有第三方人为的操控因素，这些都会为未来的对赌带来不确定性。

2. 采取防护手段减少对赌协议的影响

如果实在无法避免签订对赌协议，企业家就要考虑和个人财产做隔离，确保一个可以保障家庭生活的安全资金池。

比如，家族企业大股东在为企业借款融资提供连带责任担保之前，能够把家庭中一部分安全资产成立一个家族信托，受益人是家人和小孩。放入家族信托的资金和企业财产相隔离，与他对外担保的融资也相隔离。在因对赌协议失败需要对外承担责任时，即便其和太太名下的所有财产都会被法院冻结和强制执行，但家族信托中的财产却受法律保护，不用拿来清偿债务，法院也无权执行家族信托中的财产。这些资金可以保障家庭生活和孩子成长需要。

二、企业经营战略风险

(一) 经营盲目扩张的风险

家族在管理企业资产时可能导致重大损失后果的风险来源是执行错误的企业经营战略。

在经济高速发展的阶段，采用金融工具加杠杆，然后快速扩张发展始终是伴随很多中国民营企业的一项重大战略布局。但是进入到经济下行的阶段，采用过于冒进、过量杠杆的企业战略往往给企业带来致命的后果。

比如在 2015 年以后，中国经济迎来了一场出清，A 股市场也不例外。第一阶段是资金端去杠杆，也就是投资者通过场内两融和场外配资加的杠杆的出清。2015 年股市大跌背后的诱发原因很大程度与清理场外配资相关。第二阶段是资产端去杠杆，也就是上市公司通过质押股票、产业基金配资等形式加的杠杆，目的是用更少的钱买到更多的实体资产，其中最重要的方式就是股票质押。所以在 2018 年发生的众多热点事件都跟股票质押相关，控制权丧失、董事长跑路、1 元买壳、连环平仓等一系列热点事件的背后有共同的导火索。

这些事件伴随的是民营企业在 2015 年之前的快速扩张。产业扩张的背后必然伴随着大量资金的投入以及无形的融资成本抬升。毕竟，"大产业梦"需要资金全力支持。那么，钱从哪里来？除了公开的上市公司股权质押，还有银行信贷、私募产品，高杠杆的 P2P 融资乃至民间融资，甚至潜在的违规股权质押。

2015 年，上市公司采用的主要是股票质押。本质是双方以股权为担保的一种"质押式债务融资"。股权质押的风险点在什么地方？股权质押的质权人（有钱的一方）向出质人（需要钱的一方）融出资金并逐日盯市，划定警戒线和平仓线。质押股票市值达到警戒线，就要求出质人补仓，直至平仓线下还未解决的，质权人有权强行平仓。所以，当 2018 年上市公司股价不断下跌时，到达危机线，大股东不愿意或者没能力补仓时，就会迎来爆仓，股票质押就会引发强行平仓。

这种行为会带来两大风险：一是冲击股价，使股价进一步下跌；二是控股股东若质押比例过高，可能丧失控制权。

由此可见，股票质押是把双刃剑。一方面，可以给股东、给企业的发展提供资金流动性。当股价处于平稳状态甚至上涨时，股票质押往往高枕无忧。但另一方面，它本质是个以股票为标的抵押物的债务融资，为了保护债权人利益，就会有质押率、平仓线，当股价不断下跌时，抵押物价值也不断缩水，质权人就会平仓，简单说就是抵押物被卖了，还会进一步放大股价下跌幅度。

（二）盲目扩张风险的来源和防范

家族企业的管理通常追求的是规模不断壮大的同时"基业长青"。实际上，这两个目标很难同时达成。比如，根据总部设在巴黎的全球家族企业协会的统计，世界上最长寿的 100 家家族企业中，共同的特征除了大部分都是工匠型企业、从事的产业除了抗周期能力强以及有代代相传的一门技术之外，另一个共同点就是规模不大。

家族企业为什么要扩张发展？根据动因分为以下六种情况。

（1）协同效应。目的是和现有的实业布局打通，通过整体化的运营降低总经营成本，实现成本优势。

（2）增加份额。通过上下游的垂直资源整合与横向的资源整合，占领更多的市场，实现规模优势。

（3）特定资源收购。一般是对于稀缺性的渠道或者实物资产的获得。

（4）分散与多元化。通过多种不同类型的投资去分散单一项目的投资风险。

（5）市值管理。利用现有资产的市盈率，收购资产维持总体的公司价值。

（6）国际化。为企业创造跨国的税收优势，以及产业链上下的比较优势，通过比较优势获得相应的投资回报。

在规划企业的发展战略时候，企业的愿景往往非常好，但是很多时候投资后的发展以及资本市场上的公开反馈往往会有偏差。为什么会出现这种情况？中国家族企业在扩张发展中碰到风险背后的原因是什么？首先，中国的家族企业在扩张经营中面临的最大风险是宏观环境的变化，以及由此导致的项目和融资风险。

中国经济在经历高速发展后增速下降，部分行业受到宏观调控导致投资项目产生风险。这种类型的风险相对不可预测，很难提前防范。恐怕最好的方式就是不要"押注"于任何一个行业、项目，尽量"把鸡蛋放到不同的篮子里"。

另外，一些风险形成原因具有特质性，和企业家个人相关。但因为中国企业家在企业转型与扩张中普遍犯下某些共性的错误，使得这些风险原因也具有一定的代表性。很多民营企业家的投资决策是在没有严谨的调查判断时盲目进行的。

另外，中国民营企业的战略布局往往是由企业家个人制定的，战略决策非常容易因为企业家个人兴趣与喜好而改变。由于企业家在之前的领域取得了令人信服的成功，他往往容易认为该领域的成功也可以在其他领域复制，从而形成了过度自信的心态。加之看到了其他企业在新领域成功，产生幸存者偏差。这两种心理因素的结合会使企业家在战略布局的时候变得好大喜功。当投资转型与宏观经济周期未能充分协同时，很容易导致企业战略布局失败。

由于企业家之前的成功，其身边一定会有一批圈子成员像众星捧月一样地环绕着。这些圈子成员在企业战略布局的时候，往往会纵容企业家，甚至不负责任地介绍项目。这是因为圈子成员的利益诉求往往是期望交易行为的发生，因此会在某些时候鼓动企业家进行盲目的转型扩张。我们可以看到，部分上市公司的转型和投资项目失败甚至是由部分投行券商引进参与的。很多时候，金融机构缺乏实体经济的运作经验，并不能保证转型投资项目的成功率。

民营企业在完成战略布局之后，一旦扩张会需要增加管理岗位。如果企业家不放权，管理效率低下，机构运作缓慢，但是如果企业家放权，管理权与控制权分离又会产生代理问题。由于目前大量的民营企业依然在一代手上经营，中国的职业经理人市场尚未成熟，故转型扩张后的公司管理也有很多问题。甚至会出现管理层与股东之间的矛盾等现象，导致企业失去合力，影响发展。

为什么要采用这种融资模式？笔者曾经和一位上市公司董事长

交流过这个问题。他的公司主营业务是通信设备，通过股权质押筹集大量资金投入到游戏、文化娱乐领域。在去杠杆股市大跌的时候，他为了不被银行券商平仓，疲于奔命到处筹集资金进行补仓。很遗憾，转型/多元化没有成功。很多项目都是溢价并购，最后造成大量的商誉减值。

回到当初为什么选择这样的企业发展战略，他很无奈地说道，当时银行、券商天天问要不要钱，融资成本也很低；投行不断推项目过来，都是当时的市场热点；而且，身边的企业都拼命地拿钱，好像不要白不要，然后拼命地并购项目。在这种氛围下，单个企业很难做出清醒判断、独善其身。

民营家族企业在做战略布局的时候要想防范这类风险，可以考虑以下四点建议。

（1）企业家自己需要持续夯实主业，在自己最熟悉的行业内取得竞争的相对优势，从而持续生存发展。

（2）企业家应该适当减少"好大喜功""不差钱"等行为，避免自己因为过度自信而在不熟悉的领域进行转型扩张，减少盲目多元化。

（3）企业家在内部需要拥有独立且高效的尽职调查团队，从企业自身的视角判断战略布局以及转型扩张的项目是否依据充分，同时企业家要"习惯听得进去不同意见"。

（4）管理好企业内部的经理人，文化上彼此认同，经济上赏罚有据，减少因为内部管理的失衡造成发展的受损。

三、家族成员之间的风险传导

（一）家族成员的不良嗜好风险

这部分主要讨论的是家族资本的管理中面临的家族成员之间的风险传导——家族成员个人嗜好导致的风险传导到家族其他成员和

家族共同资产上。

我们先从一个案例说起：G 老先生文化程度不高，但敢于闯荡，善于经营，从小本生意起家，逐渐通过商贸积累原始资本，成功转型至化工行业。近几年除涉足房地产项目投资外，还在不同阶段参与了多家上市公司的股权投资，收获颇丰。G 老先生的三个儿子先后加入家族生意。

在 G 老先生的坚持下，至今三兄弟依然没有分家。家族内部依然奉行"按需分配"制度。因为家族支系的发展、家庭需求的差异以及复杂的家庭原因，虽然家族有分家的冲动，但 G 老先生在这件事情上的坚持依然是决定性的，无可改变。

大哥有一个最大的不良嗜好——赌。他不仅是境外赌场的常客，而且在赌场输掉的金额巨大。大哥多次痛下决心，但赌瘾屡戒不绝。发生在大哥身上的一件事情成为家族内部矛盾激化的导火线。大哥负责房地产板块，部分房地产项目公司的股权会直接写在大哥名下。大哥在境外赌博，因为赌债最终将一家重大房地产项目企业的股权转给了债权人。家族其他成员事后才知道。该项目至关重要，而且涉及与某房地产品牌商的合作问题。

家族希望通过法律途径将企业股权拿回来，但没有成功。在一审判决败诉后，二哥的力主之下，果断放弃诉讼，倾家族之力将项目股权回购，但一来一去可谓损失巨大。这件事情使得家族内部矛盾与分歧彻底公开化。对于兄弟感情及家族格局都产生了深远的影响，大哥在家族内部的威信和影响力骤然下降，分家的呼声也越来越高。

以上案例是由于家族核心成员的不良嗜好（赌博嗜好）产生的风险传导到家族企业，给企业经营带来风险的典型例子。核心成员的赌博嗜好会给家族企业经营带来两个直接的损害：一是赌输了，核心成员可能掏空企业资产，用于抵偿赌债，甚至导致控制权的丧失；二是即便没有造成巨大损失，核心成员恐怕也不再能专注于企业的经营管理。这些后果都直接伤害到家族的整体利益以及其他家族成员的利益，因此应该成为家族财富风险管理重点关注的维度。

对于家族企业来说，如何减少核心成员"人无完人"的缺陷对企业造成不利的影响，是一个非常重要的课题，这部分内容在之前的章节中已经做了讨论。一个家族企业发展到一定的阶段，应当按照现代企业的方式经营，引入公司治理的基本理念、结构和制度，更多地采用"治理"而不是"人治"。

其中治理的原则中最重要的一条就是权力制衡，通过制度来制衡核心成员的任性行为，包括赌博行为给企业带来的损害。治理结构中也包括所有权结构的设计。比如，在G家族的案例中，如此庞大的房地产项目，以大哥的个人名义直接持有项目企业股权本身就是极不合理的所有权结构设计，根本没有任何风险隔离的考量。同时，这样的所有权结构也没有任何税务筹划的空间。

除此之外，风险是从某个核心成员的不良嗜好传导到企业甚至其他家族成员的，因此设立"个体防火墙"，防范个体风险传导到家族和家族企业显得十分重要。家族成员与家族企业的风险隔离是双向的，既要防止家族企业的债务风险传导到家族成员身上，同时也要防止家族成员的个人风险传导给家族企业/其他家族成员。

中国的企业家对于家族成员个人之间的风险隔离往往没有给予足够的重视，因为要阻断家族成员间的风险传导，分家是一种重要手段，然而这对于注重家庭团结观念的家族来说却是难以接受的。

从统计上看，中国企业家对于成员之间风险传导的问题的重视度明显偏低。在笔者主持的上海高金和工商银行的调研报告中，我们发现超过36%的受访者认为自己家族不存在成员之间风险传导的问题，其中完全不担心家族成员之间风险传导的比例占到26%（见图3-10）。这与受访者对"隔离风险"的高诉求不相符，这种偏差来自于对成员间风险传导的认识不足。

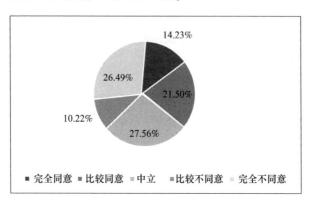

图 3-10 家族成员的不良嗜好影响他人的调查

调研同时显示受访者对成员间风险传导的防范较为薄弱。当问及家族是否已经通过财产分割等方式对成员之间的风险进行了隔离时，约 34% 的受访者完全没有安排风险传导的防范，约 25% 受访者虽有考虑但还没有采取任何隔离措施。约 34% 的受访者采取了部分隔离的措施，真正实现了成员间风险隔离的受访者仅占 6.3%（见图 3-11）。

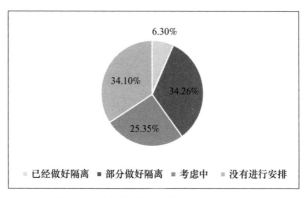

图 3-11 对家族成员风险进行隔离的调查

（二）家族成员风险的隔离

对于家族风险管理来说，家族成员会存在什么风险？为什么要考虑成员之间的风险隔离问题？

我们一般把家族成员风险分为行为风险与事实风险两大类[一]。行为风险是指因为没有做好相应的隔离，单一成员不符合家族利益的行为（如行为不合法、不合规，不良嗜好或者负债行为）可能会形成相应的债务和责任，给家族和家族企业带来潜在的风险。如案例所提到的赌博嗜好只是不良嗜好之一。事实风险指的是围绕成员个人意外、健康问题和其个人婚姻关系破裂可能导致权益结构的改变，从而威胁到家族和家族企业的风险（见图3-12）。

图3-12　家族成员风险情况图

家族成员的风险管理通过家族治理、所有权结构以及家族企业治理、分家析产四个维度出发进行安排。

（1）家族治理角度。对家族成员行为进行必要的规范和指引。建立家族共同的价值与文化，同时也应进行必要的家族内部约束与监督。

（2）所有权结构角度。家族坚决避免成员个人直接持有核心运

[一]　谢玲丽，张钧，张晓初，等．对话私人财富管理［M］．广州：广东人民出版社，2018．

营型家族企业股权。家族企业设计有效股权持有和流通政策，对非正常股权流转做出必要的约束，保证家族控制权与经营权。

（3）家族企业治理角度。在企业内部建立有效的制衡机制。约束家族经理人的个人行为。形成家族成员必要的退出机制，对于风险较大难以约束的家族成员，应回购股份强制退出。

（4）分家析产。分家是为了厘清每个成员个人资产（债务）和家族共同资产（债务）的界限，实现每个成员之间、成员和家族企业之间的完全隔离。

其中，第四点就是严格意义上的家族风险隔离的重要维度。横向隔离指的是家族成员和组织机构之间的风险隔离，即家族成员间、家族支系间、家族企业间及商业体系间的风险隔离。纵向隔离包括了家业与企业的隔离、家族成员与家族企业的隔离以及家族代际的隔离。

在纵向和横向风险隔离中，人的因素可能会打通资产的风险，所以人与人之间的隔离也十分重要。比如，企业和家产本来是不存在关系的，因为企业在对外融资的时候需要大股东的连带担保，这就使得人的因素，在这里打通了企业和家产之间的关系，没有产生隔离的效果。

四、对外投资中的风险

这一部分主要讨论家族在管理其金融资产时，即对外进行金融投资时碰到的某一特定类型的风险。

在家族财富管理中，为了达到资产增值的目的，企业家不可避免要对外进行投资。在这个过程中，家族投资涉及的资产种类、投资方式多种多样，也面临种类繁多的投资风险。企业家需要承担某种程度的风险来换取资产的增值，这是投资管理中"风险—收益交换"的必要条件。

因此，家族在资产管理中核心的问题是：如何使得"风险—收益交换"的效率最大化？在什么时候，用什么方式对风险和收益进行交换？要回答这些问题，我们必须了解家族对外投资中面临的风险的种类和来源，才能在有效管控风险的基础上，获取预期的收益率。

关于投资风险的文章和书籍数不胜数，每个人对于投资风险的定义方法也不尽相同。传统上，投资风险最普遍的定义是持有资产价格的波动性。这种衡量特别适合流动性较好、标准化交易类型的传统资产，如股票、债券等。

对于家族而言，因为这类型资产的透明度高、流动性好，在一个多元化、分散投资的前提下，即便是极端的行情导致单一金融产品价格下跌，也未必能够对家族财富造成重大的永久性损失。所以，这类资产最好的风险防范策略是把资金投放到不同的金融产品中，形成一个相对多元化的投资组合。

一个科学合理的投资组合的构建可以从资产类型组合、策略类型组合等层面来考虑，基本原理是寻找价格相关性较低的资产/策略形成一个组合，这样家族在这类资产配置的整体风险就会被大大分解和降低。

我们认为，相比一般投资者，家族投资者普遍有更长远的投资期限和更高的风险容忍度，因此这些投资偏好可以帮助对冲资产价格的短期波动。但是，家族投资者相对而言对财富的永久性损失比一般投资者具有更强的敏感度，更加关注可能对家族财富产生重大、不可逆转性影响的风险类型。在家族对外投资中，导致资产永久性损失的重大风险的来源往往是投资项目/产品的选择错误和交易方式的保护不足。

项目选择相关的重大风险来源分为内部因素和外部因素两种。内部因素主要指的是家族投资决策的不严谨，或者因为资金流动性等自身问题导致的重大风险。其中，投资决策的风险主要体现在投资前项目定位不准和决策程序的遗漏上。防范内部因素导致的项目选择风险的方法总结起来就是两个词：核实和分析。

外部因素主要体现在投资后项目管理和退出过程中面临的风险。在时间较长的项目管理中，投资者面临巨大的不确定性。期间发生的企业经营管理不善、行业出现重大变故或者宏观环境的突然变化，都可能导致项目（产品）的质量发生重大变化以至于项目失败的重大风险。对于外部因素导致的项目选择风险的主要防范手段包括分散投资和投后管理。

重大风险的另外一种来源是投资中使用的保护措施不足，包括投资协议、合同等瑕疵，以及投资方式、交易结构设计中的缺陷。简单说，投资方式风险很容易联系到投资中的法律风险，因为这类风险主要体现在投资合同、条款和交易结构、持有方式等法律保护的问题上，最终的解决方案也与法律工具相关。但是，我们定义的投资方式的风险，与项目尽调、项目管理中涉及的法律风险又有所不同。如果以一个项目的投资周期的阶段来界定，本部分定义的投资方式风险特指在做出投资决定后的交易过程中可能涉及的法律风险，简单来说，采用何种方式、何种交易结构进行投资所带来的后果。

本节通过详细的案例分析来讨论对外投资中的持有方式风险。我们的讨论重点是股权投资中的代持风险。

（一）股权代持风险案例

案例一

企业家 C 在当地赫赫有名。但在多家他拥有的企业的登记股东一栏，却看不到他的名字。他在自己的企业，既不是股东，也不是法人，只有在个别企业担任董事而已。原来 C 名下的股权在五年来基本都转给了第三人代持。众多的企业股权大部分由亲属持有，而部分则由相对信任的员工持有，无论是亲属还是员工，C 都没签订代持协议。

C 的核心企业是房地产板块的控股企业，股权在成立之初他持有 80%，太太持有 20%。后来 C 以股权转让形式，将其股权转给了自己父亲，由父亲代持，太太则将股权转给 C 大哥的儿子代持。C 并不是任何风险意识都没有。父亲和侄子毫无疑问是 C 最信任的人，所以核心资产由他们代持。

但是意外还是发生了，C 的父亲和侄子乘坐私家车从乡下返回路上，因为司机操作不当，坠入高速路旁的山沟，爷孙两人不幸当场遇难。C 与父亲感情至深，丧父之痛可想而知，他的侄子一直跟随身边，他也是视如己出。但是，真正的打击才刚开始，C 的三个哥哥、姐姐此时站出来要求继承父亲在房地产公司中的股权，不仅如此，侄子的妻子也要求分割并继承侄子名下相应的股权。一夜之间，由 C 支持和帮助的家族成员都反目，否认股权是 C 的，提出财产主张。

因为他们之间仅签订备案的股权转让合同，未签订相关股权代持文件。真打起官司确实有点悬。当然有一些有利于 C 的证据，比如签订股权转让合同后企业依然由 C 实际控制，C 的父亲与侄子从未实际支付股权转让款，父亲的签名并非其本人签署，而是第三人代签等。

无论如何，最后的结局还是令人略为宽慰。家族实现了和解，C 以现金方式给予哥哥和姐姐一定补偿和帮助。同时给予侄子遗孀和孩子巨大的经济补助。经历一年，企业股权又回到了 C 手中。但是经此一劫，家族兄弟姐妹之间的亲情和感情却丧失殆尽，这是最让人遗憾的。

案例二

企业家 M 的朋友 A 向某银行借了一笔贷款，有另一位朋友 B

提供担保。由于借款方和担保方均无力偿债，担保方找到 M 称，如 M 替贷款方偿还贷款，则贷款方就将其持有的某农商行的股权转让给 M。权衡再三，M 答应了这一请求。

由于股票是法人股，按照当时该农商行的规定，不能转给个人。同时，农商行董事会并不同意该公司股权从 A 转向 M。于是经协商，M 和担保方签订相关代持协议，这笔股份被转给了担保方 B 的企业代持，M 享有相应权益。

M 原以为持有股权证原件，就可以高枕无忧了，没曾想担保方 B 因贷款需要，将其持有的全部农商行股权做了质押。之后，因为未能及时还款，多名债权人分别向多家法院起诉，向 B 主张权利，B 所持有的股份已被多家法院查封或轮候查封。

M 了解到信息之后马上到法院起诉，要求确认上述协议中约定的股份归自己所有，并要求办理股权变更手续。然而，法院判决 M 败诉。

法院判决的主要观点和理由是，虽然双方股权转让协议合法有效，但根据农商行章程，对自然人股东的持股比例做出了限制（单个自然人持股比例不得超过股本总额的 2%），而 M 所主张的股权占总股本金的 4.5%。对自然人股东持股比例的相同规定也出现在银监会的管理条例中。另外，农商行章程规定股权转让应经该行董事会审议并同意。很显然，M 和担保方签订的股权转让协议并没有得到银行董事会的同意。

因此法院认为，M 尚不具备成为农商行股东的资格。另外，其被代持的股权已全部被多家法院查封及轮候查封，客观上亦无法办理股权变更登记手续。

（二）股权代持风险案例分析

1. 代持的原因和风险分类

股权代持是经济活动中一种常见的合同行为。一些投资主体参与对公司的投资，但由于各种原因不愿意或无法登记在工商股东名册中，需要由其他主体代为持有股权，自己成为企业的隐名股东。要了解代持所带来的潜在风险，我们首先需要了解代持安排背后隐藏的动机。

一般而言，财富代持主要有四个原因：隐藏财富、隔离风险、过渡安排及规避法律⊖。

（1）隐藏财富是担心枪打出头鸟，担心太过于露富可能带来的麻烦，所以把财富写入到他人的名下。

（2）隔离风险是将财富的所有权风险与来源于外部的经营、债务、政治和社会风险相隔离。比如，某人在创业阶段，担心创业企业的债务问题会给他的其他资产带来连带风险，所以把创业企业的股权计入他人的名下。还有一些内部风险，比如包括婚姻在内的内部关系不稳定的担忧，避免财富遭到分割和外流，也会导致企业家进行代持安排。

（3）过渡安排是指将财富委托给特定的人或机构代持，是为了未来特定目的做的一种准备。案例一中，C 的 20%股权由侄子代持的安排，除了藏富和隔离风险之外，也有一定过渡性安排的性质。

（4）最后一种代持是出于规避法律和规范的目的。比如隐藏不合法的财富来源、隐藏关联交易、规避国家金融机构人员的商业活动限制、规避国家对某些交易行为的限制。很多投资的行业有准入的门槛，比如投资银行和一些非银行的金融机构都有准入的门槛，投资人为了规避这个问题，通过代持来应对，就像案例二中代持是为了规避监管对某一特定投资者对银行、保险金融机构的持股比例限制所采用的安排。

那么，代持行为会导致什么潜在的风险呢？当然最重要的就是

⊖ 谢玲丽，张钧，张晓初，等 . 对话私人财富管理［M］. 广州：广东人民出版社，2018.

代持的认定风险。隐蔽性是股权代持的优势，同时也是弊端。也就是说，股权的对外的权属人（名义股东）并非实际的权属人（隐名股东），实际权属人仅能通过与代持人之间的约定行使权利，如果这种约定仅停留在双方的口头和默契，未能通过书面协议确认，可能发生争议，就会导致认定风险。所以在所有的代持行为中必须安排正式的代持协议来确保真实的权属人的认定。

下面将代持风险分为涉及代持人的主动和被动行为的两类风险，列举了一些常见的风险呈现方式[⊖]。代持人的主动风险可以分为三方面。

（1）代持人试图据为己有，否定代持的事实。依据公司法的规定，如名义股东不愿意归还股权，隐名股东只有通过"股东资格确认之诉"，起诉名义股东确认股东资格。隐名股东须征得企业股东人数过半数同意，才能登记为企业股东。第二个案例中，M 受到农商行章程和银监会对于自然人股东持股比例的限制，法院不会认可其成为显名股东。

（2）代持人借用代持的机会，以代持人的身份为自己或者第三方谋利。这就是第二个案例中代持人以代持权益为自己借债质押所导致的风险。由于在工商部门的登记信息中，名义股东是企业合法股东。名义股东与实际出资人之间的股权代持协议因为合同相对性原则，不能对抗合同外的第三人。

如果名义股东未经隐名股东许可，擅自将代持股权对外质押或转让，则第三人基于工商登记信息与名义股东之间发生交易的，实际出资人不能以股权代持协议来对抗第三人，要求确认名义股东与第三人之间的法律行为无效。所以在第二个案例中，代持企业因自身债务被起诉，名下股权被申请冻结查封。在此情形下 M 无法以

⊖ 谢玲丽，张钧，张晓初，等．对话私人财富管理［M］．广州：广东人民出版社，2018.

代持协议要求债权人解封，无法拿回属于自己的股权。

（3）代持人以代持事实索要代价和敲诈被代持人。

如果代持行为发生之前，双方有代持协议等法律文本安排，第一种情况可能性不大，第二种和第三种的风险更大。所以说，代持的主动风险总体上源自于代持人的道德风险。

代持人的被动风险包括代持人的自身债务风险、析产分割和继承风险、意外风险以及其他股东的认可风险。

（1）自身债务问题较为复杂，但是如果有足够证据证明代持事实，还是有希望阻止债权人追索和强制执行的。

（2）析产分割风险主要指的是代持人为自然人的情况下存在的风险。自然人属性衍生出来的夫妻共同财产在离婚时的分割，自然人死亡产生的在继承人中分割及继承等情形，就会存在代持人以外的第三方主张相应合法权利的风险。正如前面说到的，企业家 C 的代持人意外死亡产生的继承人主张权利的风险，就是一种典型的被动风险。

（3）其他股东的认可风险主要是，在代持情况下，实际出资人要直接成为企业的股东，需要其他股东过半数同意。这就是第二个案例中，在有限责任公司框架下，股权性投资的股东身份确认需要其他股东半数以上同意。也就是说，在代持财富回归问题上，企业家 M 不仅要证明履行了出资义务，还要证明其他股东有半数以上同意，M 才能获得显名。从案例的信息来看，农商行的董事会并没有同意 M 的股东身份，这恐怕是他被迫选用代持的方式来持有股份的缘由之一吧。

总体来说，主动风险是基于道德风险产生，被动风险主要是基于意外风险与能力风险产生。所以，代持风险管理主要应当管理的是代持人的道德风险、意外风险和能力风险。

2. 代持风险的防范

股权代持面临众多的风险，我们该如何防范？

（1）尽量避免代持是根本方法。如果一定要采取代持安排，建议完善对名义股东及目标企业的尽职调查；妥善保留出资的证明，并签署代持协议。

（2）选择合适的代持人和合适的代持结构。这个"人"可以是自然人，也不一定非得是自然人。一般人喜欢选用自己信任的自然人作为代持方，但重大资产的直接持有人建议安排为机构，代持的机构可以是有限合伙，也可以是有限责任公司，然后再由代持人代为持有机构的股权和份额。图 3-13⊖列举了一种典型的通过机构代持人的结构性代持模式。

结构性代持实际上最大的效果就是通过机构把顶层的自然人与实际经营性资产之间进行了必要隔离，毕竟机构相比自然人而言更具可控性和稳定性。一方面，防止自然人的主动、被动风险传导到经营性资产；另一方面，实际出资人可以通过控制中间结构有效表达自己的意志，也可以直接控制经营性资产。

因为代持意味着实际出资人对于底层资产的控制丧失。结构性代持更有利于控制，一旦顶层的代持人发生主动或被动风险，实际出资人可以依托中间结构进行较为充分的回旋与缓冲，可以主动对代持关系进行实质性调整与回归，把握主动权（见图 3-13）。

如果一定需要代持安排，务必以法律文件形式确认代持关系。股权代持协议对于实际出资人至关重要，其重要权利和身份最终都将通过代持协议得以体现和实现。

防范股权代持中代持人的被动风险，也就是来自第三人的法律

⊖ 谢玲丽，张钧，张晓初，等 . 对话私人财富管理 [M]. 广州：广东人民出版社，2018.

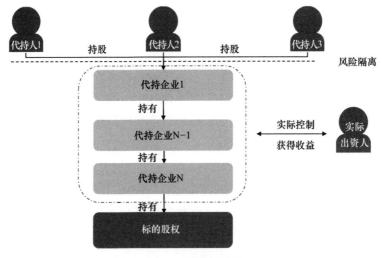

图 3-13　结构性代持

风险。第三人指的是代持人的继承人、配偶、债权人等第三人。有时候亲属间资产代持往往是基于绝对的信任和亲情，怕伤感情，不好意思，甚至觉得没有必要留下任何资产代持的痕迹。但正如第一个案例所示，代持人的继承人（配偶）在巨大利益的诱惑下，人性的弱点很容易就会暴露无遗。对于代持人的配偶和法定继承人，法律文件设计应当遵循三提前原则。

（1）提前披露。条件允许的情形下，提前向代持人的配偶及法定继承人披露代持关系。

（2）提前确认。代持人的配偶、法定继承人提前出具书面承诺，确认知晓并认可实际出资人与代持人之间的财产代持关系。

（3）提前放弃。代持人的配偶、法定继承人承诺未来对代持财产不主张任何权利，强化相应的代持证据，固化代持事实。

在第二个案例中，因为没有所谓的亲情因素，只是商业行为，法律条款更加严苛。因此其防范应着眼于名义股东的道德风险。

（1）抑制代持人道德风险动机。首先，可以要求代持人出具不可撤销的委托书，委托被代持人代为行使股东权利。更进一步，可提前安排代持人签署好行使股东权利必备的文件，如股权转让合同等。其次，签订股权代持协议时约定高额违约金并予以公证。约定高额的违约金，可以对代持人起到威慑作用。另外，即使代持人做出了侵害被代持人利益的行为，被代持人也可以通过要求代持人承担违约责任而获得一定的补偿。

（2）为对抗第三方善意债权人，如果在产生代持安排的时候了解到名义股东在外有负债，要向债权人披露代持关系，让债权人知情。为防止第二个案例中 M 的股权被名义股东质押出去的情况，可以以被代持人为质押权人，将代持股权进行质押登记。名义股东法律上持有代持股权，但该股权又被质押给实际出资人，实际出资人在法律上占有并锁定代持股权。

这种操作方式有两大好处。首先，名义股东将代持股权质押给实际出资人后，名义股东处分代持股权受到极大的限制。依据法律规定股权在质押期间，无法完成转让登记。其次，名义股东将代持股权质押给实际出资人后，不能排除名义股东因自身债权人强制执行名义股东的股权而查封代持股权的执行行为。但依据《中华人民共和国民事诉讼法》司法解释的规定，对于已经设定质押的股权人民法院可以查封，但在执行中首先要满足质权人的优先受偿的权利。

同时，也尽量取得企业其他股东的确认，为未来实际投资人实现股权回归做好铺垫。由于有限公司的人合性特点，股东的变更需要取得企业（过半数）股东的同意，为了防止今后生变，隐名股东在投资时可以向其他股东进行披露，并取得其他股东签字确认，可以要求其他股东在股权代持协议上签字确认或者安排其他股东签署"同意股权转让"的声明。实际投资人如需实现股权回归成为企业的显名股东，这些文件也可以作为已经取得股东同意的依据。

实际投资人也可以向公司委派董事、监事、高管参与企业经营，一方面可以知晓和参与企业经营，防止名义股东隐瞒经营情况；另一方面，在发现其他股东侵害企业利益时，也可以迅速以董事、监事身份提起诉讼，而不用在确认股东资格的诉讼中浪费大量时间，贻误时机。

第四章
家族财富管理的核心价值之"管"

在家族财富管理中，经营性资产和非经营性资产管理的对象和内容是不一样的，我在本书中将其分开进行讨论。从方法论上，企业资产的管理和金融资产的管理也不太一样，但基本都遵循类似的"风险—收益交换"核心原则。

（1）作为投资的基本原理之一，风险和收益在长期是成正比的。如何管好财富不仅仅是收益的问题，同时也是管控风险的问题。合理的投资管理是争取在风险和收益之间取得一个平衡：在追求财富增值的同时，不能冒过高的风险而将资产置于巨大损失的可能之中。

（2）同时，我们也不能期待天上会掉馅饼，在不需要冒风险的前提下，能够获得超额收益。为了使得财富有效地增长，我们不能完全规避风险。

管理的效率因此体现在风险和收益相互有效的交换上。企业家需要考虑的问题是什么时候需要用风险来换取收益，什么样的风险—收益的互换方式效率最高。

第一节　经营性资产的管理

中国的家族企业处于一个变革的时代。这一节首先讨论中国家族在管理企业资本时的健康隐患。关于经营性资产管理的话题，我们主要围绕家族企业的管理中面临的"家族涉入性"挑战进行探讨。希望大家在理解风险的前提下，结合当前的形势要求，更全面考虑与自己相关的家族企业的个性化发展路径。

一、中国家族企业资产的健康状况

家族企业是家族发展的动力引擎。企业的健康程度也与家族整体财富健康息息相关。2021年，上海交通大学上海高级金融学院和工商银行私人银行合作发布的中国企业家财富健康的调研报告中，专门对中国家族的企业资产的健康隐患展开了调研分析。

在本次调研中，有59%的受访者，也就是工行私人银行客户，表示拥有家族企业。其中39%处于制造业，其次是房地产（12%）和批发和零售业（10%），传统产业的占比较高（见图4-1）。这样的分布与中国民营企业家的行业分布大致相同。

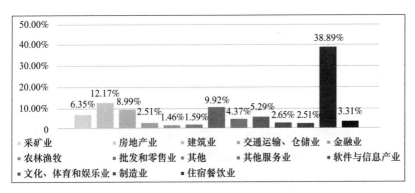

图4-1　受访家族企业行业分布

在家族的企业资产健康这一维度，调研主要通过企业的所有权、控制权、管理权、债务问题、税务合规和家企风险隔离方面存在的问题对企业健康进行评估。受访者最关心的前三个因素是企业所有权、控制权和企业战略与经营问题。

（一）家族企业所有权和控制权

从所有权的角度来看，在拥有家族企业的受访者中，59.41%的受访者家族持有家族企业 67% 及以上的股份，15.73% 的受访者家族持有 51%~66% 的股份（见图 4-2）。

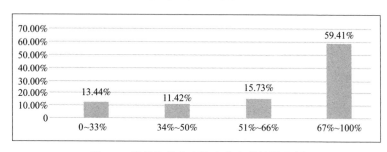

图 4-2　家族整体在家族企业中的持股比例

虽然大部分受访者家族企业的控制权情况良好，但控制权结构的设计是否存在健康隐患和提升空间呢？比如，虽然家族作为一个整体控制了核心家族企业，但是否会因为家族成员持股过度分散而导致控制权在家族内部出现分散的问题呢？分散持股的控制权结构最终会间接地削弱家族对企业的控制权。

从股权控制的角度，超过 83% 的受访者家族作为一个整体拥有对家族企业的所有权和控制权。受访者家族在控股后较好地保持了控制权的集中，只有极小部分家族持股比较分散（见图 4-3）。

另一个控制权结构设计的角度是通过持股方式实现控制。如果持股方式存在隐患，也可能会影响到家族未来对于企业的掌控。

如图 4-4 所示，自然人持股在中国的企业家中是一个广泛存在的现象。有接近 20% 的受访者家族企业的全部股权由自然人持有，而 55% 的家族企业的一半以上股份是由自然人持有。受访者家族整体上保持了对家族企业的控制，但所有权架构设计上存在自然人持

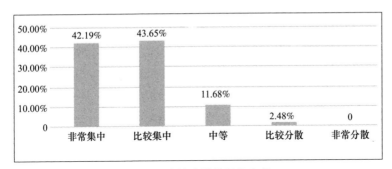

图 4-3　家族成员持股集中度

股现象，一定程度上会给控制权带来隐患。从防患未然的角度，意识到持股方式带来的差异性，梳理和设计适当的持股结构，在合适的条件下可以对持股方式进行优化和升级，有助于解决家族企业的控制权问题。

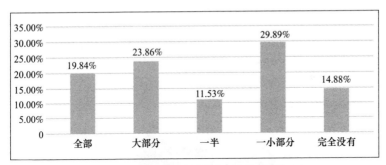

图 4-4　自然人持股占整体家族持股的比例

(二) 管理权和传承

另一项备受关注的问题是家族企业的管理权。管理权的合理性直接影响到企业运营管理的有效性。

在拥有家族企业的受访者中，仍有 84% 的家族企业由一代企业家管理，13% 由核心的下一代接班人管理，2% 由多个下一代家族成员共同管理，仅不到 1% 由职业经理人管理（见图 4-5）。这种现象结合受访者普遍年龄偏大的现象，符合当前中国家族面临的企业传承遭遇重大挑战的现状。

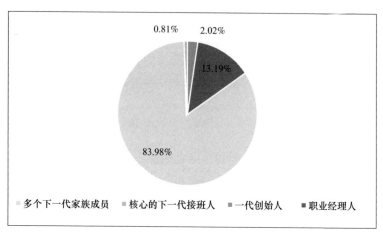

图 4-5　家族企业实际管理人的分布

　　调研进一步结合管理权的安排情况对每一种管理人的管理权进行分析，情况并不尽如人意（见图 4-6）。

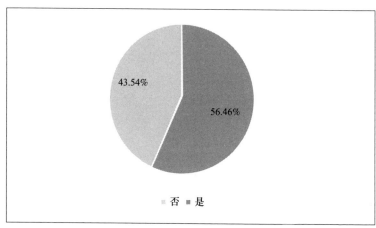

图 4-6　一代企业家是否进入企业传承阶段并做好传承安排的分布

（1）在居于主流的一代管理人管理家族企业的模式下，一代企业家是否进入了企业传承阶段并做好了传承安排？约56%回答是否定的。

（2）已经确定由核心下一代来管理的企业，关键问题在于担任管理职责的下一代是否获得了足够的控制权用以保证其管理权的顺利行使。如图4-7所示，可以看到仍有超过65%的下一代接班人没有得到相应的股权来确保对于企业的控制权。

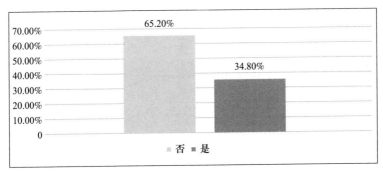

图4-7　下一代接班人是否得到相应股权的分布

由多个下一代（如兄弟姐妹）共同接班管理的企业，应关注这些管理层家族成员的职责和权限是否明确。就现状而言，近60%的此类家族企业并没有把参与企业管理的多个家族成员的职责和权限通过正式的协议或股权分配方式明确下来（见图4-8）。在家族内部沟通、协商一致后，通过协议、股权分配等方式逐渐形成管理职权与控制权的匹配，这是此类家族企业提升管理效率、避免内部纠纷的重要方向。

仅有不到1%的家族企业交由职业经理人管理。在这一小部分已经选择了职业经理人管理的家族企业中，近54%的企业并没有对职业经理人进行适当的激励，也没有考虑过对职业经理人权力的制衡，如重大决策需要董事会决策等机制（见图4-9）。

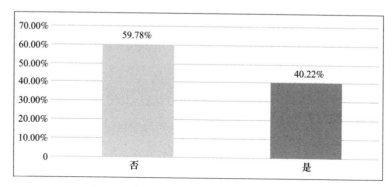

图 4-8　多个家族成员是否权责明确的分布

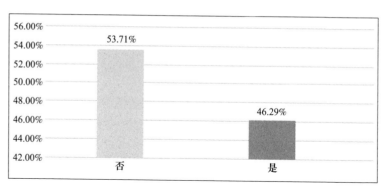

图 4-9　对职业经理人是否进行了适当激励和制衡

随着中国家族逐渐出现传承选择和多代际传承的情况，家族企业控制权与管理权相分离、职业经理人运营的情况会越来越多。对于在传承模式中，可能出现控制权、管理权分离的家族而言，一方面需要考虑家族与经理人之间的制衡；另一方面也要关注人力资源的持续性，做好激励与连接。

（三）家企的隔离

家企隔离一直是一个复杂的问题。"家企混同"造成众多的风险隐患，严重影响到家族财富的健康。我们将重点讨论以下三种"家企不分"现象。

（1）家族企业用个人账户收取企业往来款。

（2）家族财富无条件为企业"输血"。

（3）企业融资中，个人股东承担无限连带责任的情况。

如图 4-10 所示，"家企混同"的现象在受访者中仍然较为普遍，将近 50% 的受访者认为这是他们家族中存在的现象之一。

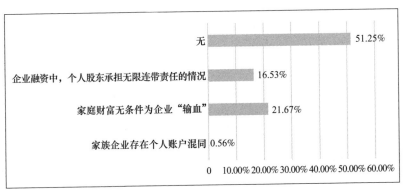

图 4-10　"家企混同"的现象较为普遍

（四）企业转型升级和税务问题

受访者对于家族企业的担忧主要集中在企业的升级转型和企业的税务筹划方面的隐患。如图 4-11 所示，超过 50% 的企业家认为自己的家族企业存在或者部分存在转型升级的需求。随着经济增长速度的放缓，我国产业结构的转型升级需求是明显的，置身其中的中国家族企业也会面临同样的压力。

正如调研呈现的行业分布，受访者的家族企业大部分都是来自于传统行业，如制造、地产、建筑和零售等。由于市场、技术、人力成本甚至政策的变革，对于这些企业的转型升级要求也越来越迫切。

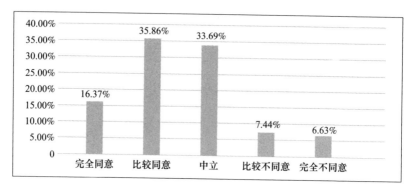

图 4-11　家族企业存在转型升级需求的分布

　　税务环境的变化通过对家族企业、金融投资和家族治理传承等多方面的影响，也影响到受访者的家族健康。受访者中仅有不到10%的人认为不需要专业的税务顾问进行税务筹划；需要税务筹划的比例占到70%（见图 4-12）。因此，家族企业层面主动合规，树立税务规划的意识，以合理的税务规划为前提，推动财务管理乃至运营管理的改革，也将成为家族企业管理中的新常态。

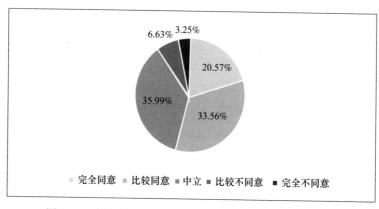

图 4-12　家族企业是否需要专业的税务顾问进行税务筹划

二、家族企业资产的管理

企业管理是一门复杂、深奥的学科，需要系统性的理论指导和大量的实践经验相结合。家族企业管理具有更复杂的特性，因为家族企业和一般类型企业相比，具有很强的"家族涉入性"，即家族元素对企业的影响。这可能带来好的或者不好的结果。

好的方面有，家族对于家族企业不计代价地资源投入和牺牲；家族成员对于企业正式的所有权、管理权涉入，非正式的家族意愿、文化和精神的灌注，形成独特的优势。不好的方面有，家族的涉入也可能导致家族成员和企业高管的角色不清晰，家族股东之间的冲突，家族成员对控制权的争夺等不利的因素。

从这两个角度，我们可以看到家族成员、家族和家族企业是一个有机的统一体。当一家家族企业发生了问题，这个问题很难只跟三个组成部分之一相关，很难单独地拎出来考虑。这是和一般的企业非常不一样的地方。

因此，管理一家家族企业不仅需要考虑企业的管理，同时需要考虑家庭的因素在企业中的影响；不仅管理企业的人和人的关系、权益的关系，还需要管理家族成员、家族和家族企业之间的关系。家族非经营性资产的管理需要考虑的是家族和家族企业的双重治理。

关于企业管理的书籍和理论很多，但"家族涉入性"使得家族企业的管理与非家族企业的管理非常不一样，也更加复杂。基于这样的考虑，家族如何管理企业资本这一话题将主要围绕家族元素对企业管理的方方面面影响展开。

（一）家族企业的竞争优势

"家族涉入性"是区分家族企业和非家族企业的最主要因素。家族在企业的影响力使得一家企业带有典型的家族属性，某种程度上也带来竞争优势。这一部分回答家族的影响对企业是否带来好处？在哪些条件下是好的？为什么会产生好的影响？

学术界对于家族企业的业绩好还是非家族企业的业绩好这个问题仍然没有明确的定论。有研究发现，上市的家族企业的业绩要比非家族企业好。但之后的研究发现，只有创始人担任 CEO，或者创始人任董事长同时聘任外部 CEO 的情况下，上市家族企业的业绩才显著优于非家族企业。因为不同家族企业在业绩上存在巨大的差异，仅仅从统计上比较家族企业和非家族企业的业绩对于单一企业的应用意义并不大。恐怕更重要的问题是，哪些因素驱动家族企业的业绩。我们通过以下几个视角简单地分析家族企业的竞争优势。

1. 代理问题理论

企业是否被有效管理肯定会影响到企业的业绩。企业的管理效果取决于管理者是否按照股东的利益最大化行事，这是代理理论的关注点。为了确保管理者按照股东利益行事所产生的成本叫"委托—代理成本"或者"代理成本"。

在一般的家族企业，因为股东同时也是管理者，即家族成员管理着家族企业，股东和管理者的利益肯定是一致的。就算有时候股东和管理者不是同一个人，比如说股东是父母，管理者是子女的情况，但他们之间存在特有的信任也使得大家利益是一致的，所以代理成本在家族企业比较低。

不过，也有观点认为正因为家庭关系的存在，也可能增加代理成本。比如，出于家庭关系而不是业绩标准来任命管理人，会产生额外的管理成本。家族股东个人之间出现冲突，会影响到企业的经营；家族的大股东为了私人利益，会存在剥削其他非家族小股东的情况。这些行为都会给企业经营带来额外的成本，影响到企业业绩。

这种负面的影响在什么情况下更可能发生呢？比较直观的理解

是，这些成本往往发生在家族对于企业的影响过大的时候，比如家族的集中持股，对企业有过大的控制权。图 4-13 描绘了以上讨论的代理视角下，公司治理对家族企业竞争优势的影响[⊖]。

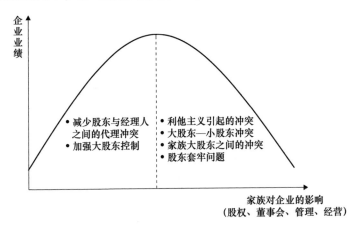

图 4-13 整合的代理视角

这个图的意思是，家族影响在一定水平之下是正面的。但超过某一程度，负面影响就会出现，从而伤害企业业绩。在两个极端，家族影响水平太低时，家族要么无法监督经理人，要么不愿意为企业提供有价值的资源。当家族影响太强时，家族就有动机将企业视为达到家族自己的财务和非财务目标的工具。针对上市公司的学术研究指出，股权集中度和企业业绩也会呈现类似的关系，所以上市公司的最佳的家族股权集中范围是 30%~50%。

总体来说，基于代理问题理论的视角，家族的影响一定程度上能够带来业绩优势，因为它减少了代理冲突成本，使得家族股东有动机监督管理人。但是，家族过度控制也会带来负面影响，体现在

⊖ 泽尔韦格，高皓. 家族企业管理：理论和实践 [M]. 北京：清华大学出版社，2021.

家族过度控制使得家庭关系/家族成员个人因素介入到企业经营、家族大股东侵犯非家族小股东利益等方面。

2. 资源基础理论

家族为家族企业提供能使企业保持长期持续竞争力和业绩的资源。这些资源包括有形和无形两种类型，包括金融资本、人力资本、社会资本、实物资本和声誉。资源提供的方式也有两种：一是家族为企业直接贡献资源；二是家族帮助配置这些资源，包括选择、整合、利用和剥离资源等。

大家可能会认为，家族能为企业提供的金融资本金额有限，除非企业已经上市。的确，这种资源的限制往往是家族企业的局限性。但是，家族性金融资本的优势也体现在金融资本的其他属性，如质量、成本、时间期限和合同条款等方面。

（1）家族愿意以低于市场回报率的成本提供资本，因为其目标不仅与财务相关，同时也包括追求社会情感方面的财富。因为家族投资者通常比非家族投资者更愿意等待长时间获得回报，所以家族提供的资本拥有更长的期限，我们称之为"耐心资本"。家族的金融资本同时会表现出某些特殊的合同特征，比如还款条款更灵活、可以展期、融资条件可以重新协商等。所有这些金融资本的家族特性都可能转化为企业的竞争优势，难以被其他非家族企业模仿。

（2）有观点认为，通过家庭关系任命的家族企业高管能力不足，以及家族企业很难吸引到高技能的人才，这些局限性会影响到家族企业的人力资本质量。但因为家族企业独有的社会情感财富导向，也可以使得一批员工对企业产生高度认同感，能够长期任职并全力以赴。这些因素会提升人力资本的质量。

（3）家族的社会资本具有内部性和外部性。简单说，内部性指的是家族在社会的一个标签，如热衷于回馈社会的家族会被贴上慈善家的标签；外部性指的是家族在社会的关系网络。家族特别善于创造社会资本,并将这些资本提供给家族企业,使得企业从中受益。比如,某一个专注当地省份三线城市房地产开发的家族企业,对于当地市场有独到的理解。由于与地方政府和客户群体关系密切,虽然规模不大,但经营效益非常好。

(4)家族提供的实物资本包括具有独特内在价值的有形资源,比如特定地理位置的物业、工厂或难以被模仿的设备和生产能力等。

(5)家族通常拥有独特的声誉和品牌,比如值得信赖、品牌效应、质量导向等。因为客户看重这些声誉和品牌特征,使得家族企业实现更高的客户留存率和引荐率,这都是一些难以复制的资源。

当然,以上仅仅是列举了一些重要的因素。家族能为企业提供资源的类型远远不局限于这些方面。其他的资源诸如企业文化、组织流程等也很重要。另外,家族不仅是资源的提供者,也是资源的配置者。企业业绩不仅取决于资源的数量,同时还取决于组织有效地利用这些资源的能力。

3. 组织认同理论

组织认同指的是一个组织的成员认为自己所处的组织具有某些独特标签,因此产生集体行为和身份认同,对组织产生归属感。家族内部有家族成员的组织认同,企业内部也会有股东、员工的组织认同。当家族股东强烈地认同他们的家族企业,从而将家族认同和企业认同联系起来,这个认同联结就会形成家族企业的成功基础。

家族的企业认同感会使得家族更加乐意为企业投入其拥有的特殊资源,无论是无形或有形的资源,以帮助他们在企业的成功中收获更多的社会情感财富。这些行为使得企业拥有更低的融资成本(更低成本的金融借贷和更长期限的"耐心资本"),以及高质量的人力资源等,切实地提升企业的业绩。

家族的企业认同感还会使得家族更加重视企业的形象和声誉。

品牌和声誉方面的提升带来客户的满意度、忠诚度和购买量以及持续、可信的客户关系。对于企业形象关注的家族，会更加具备长期视野，投身到企业跨越代际的发展。

境外对瑞士非上市家族企业的研究发现，业绩增长率高的家族企业更重视自己的家族企业形象，同时也更愿意承担创业风险。因此，家族企业和业绩之间关系的影响机制来自两方面：一个是基于企业的过去，也就是家族企业形象；另一个是基于企业的未来，也就是企业家的冒险精神⊖。简单归纳，家族企业的竞争优势之一来自有利的企业形象。

（二）"家族涉入性"的负面影响和应对

家族对企业的涉入产生的负面影响基本上都与第一章中提到的人性挑战导致的"人的关系"处理不当有关。因为家族虽然是代表不同成员的一个整体，但成员之间以及成员与家族整体之间的利益并不永远是一致的。

举个例子，随着家族的演化，家族内部不可避免地会出现具有不同利益诉求的成员。有了解家族企业的经营、关心企业成长、愿意为企业发展付出的活跃股东，也会有只关注财务收益的非活跃所有者。所有者的分化可能会给家族控制权和企业所需的资本带来很大压力。

在一个极端的情况下，假设家族的某一个分支对企业经营毫无兴趣，希望活在当下、享受生活。他们可能会抛售自己名下的家族企业股权，又或者每年要求企业大额派息，这必将导致家族控制权的丧失，或者家族企业经营资本的匮乏。随着家族的代际演化，未

⊖　Memili E, Eddleston K A, Zellweger T M, et al. The importance of looking toward the future and building on the past: Entrepreneurial risk taking and image in family firms [M] //Entrepreneurship and family business. Emerald Group Publishing Limited, 2010: 3-29.

来股东的流动性需求和家族控制权、企业增长资本之间的矛盾会越来越突出。

　　非活跃所有者与活跃所有者之间的矛盾还可能因为某些原因进一步恶化。比如，非活跃所有者因为不参与企业经营，无法获取足够信息，总感觉自己受到忽视，甚至对活跃所有者产生怨恨。因为非活跃所有者无法获得活跃所有者从企业取得的薪酬、奖金、荣誉和地位，他们甚至会怀疑活跃所有者在暗中侵害他们的利益。

　　这就是我们为什么要强调家族和家族企业双重治理的原因。这些家族内部人的关系导致的问题，在企业层面处理无法从根本上起到作用，更需要的是家族内部治理中的家族文化和家族教育的影响。解决问题的手段是培养非活跃所有者和活跃所有者成为家族企业"合格的所有者"。所谓合格的所有者，与一般股东的本质的区别是——合格的所有者对家族企业抱有感情、责任感和使命感，所依赖的不仅仅是成员的天赋和才能，更是成员具备合格的所有者所应具备的责任感和担当。

　　另外，因为"家族涉入性"，许多传统的公司治理机制在家族企业中很难发挥作用。公司治理涉及如何确保董事会、管理层和股东之间的高效合作。关键点在于通过公司治理的金字塔对三者之间的权力和角色进行分配：股东任命董事会，董事会任命、建议、监督并解聘管理层。

　　但在家族企业中这些界限往往是模糊的。家族成员可能同时担任多个角色：家族企业股东可能担任董事，同时又担任高管。当个体同时存在于治理金字塔的多个层级中，可能就会导致很多成员出现身份混淆，不清楚谁该说什么，下一层级也不清楚该听谁的。从而破坏了企业高效运营所依赖的不同角色之间的权利和责任的明确分配。更为严重的是，家族成员不仅拥有正式的权力，同时也会拥有非正式的权力，这使得角色模糊这一问题更加严重。

（三）"家族涉入性"对企业管理目标的影响

学术界认为，除了财务目标（即财务收益最大化），家族企业同时也在追求非财务目标。这个非财务目标是对家族的社会情感财富进行保护。

什么是社会情感财富？理论上，这类型财富被定义为家族对企业施加影响的总量⊖。简单理解为企业在家族心目中的情感价值。这个情感价值来源于四个方面⊖。

（1）家族对企业的控制。一般的非家族企业不存在代际相传的概念，但家族企业会重视将企业传给后代的机会，认为控制权的传承可以产生一种独特的情感效用。某种程度上，可以理解为家族企业创始人希望能够把资产留存在家族手中，形成家族遗产。

（2）和谐的生态关系。这个价值感体现了控股家族对于善意、互相支持和忠诚的生态关系的重视，而不单是冷冰冰的契约关系。这个关系不仅包括家族内部的健康关系，也包括与员工、客户和商业伙伴等利益相关者的良好关系。

（3）认同和声誉。一方面指的是控股家族对于企业的认同。比如，家族成员因为企业在当地的影响力，获得更高的社会地位，所以对企业的认同感就更强。如果家族企业在当地从事很多回馈社会的行为，这个认同感效用也会加强。另一方面，家族也可以从企业的声誉中获益，如果企业是以家族的名字命名，这种效应就更加显著。

（4）感情和满足感。这部分的非财务价值来自家族成员因为拥

⊖ Gómez-Mejía L R, Haynes K T, Núñez-Nickel M, et al. Socioemotional wealth and business risks in family-controlled firms：Evidence from Spanish olive oil mills [J]. Administrative science quarterly, 2007, 52（1）：106-137.

⊖ 泽尔韦格，高皓. 家族企业管理：理论和实践 [M]. 北京：清华大学出版社，2021.

有家族企业产生的愉悦情绪和感觉。比如，在看到家族企业在自己的努力下不断成长的时候，家族成员会有深深的满足感，这些情感往往是非家族成员感受不到的。

社会情感财富这个独特的属性被定义为家族企业的核心要素，也成为帮助我们理解家族企业战略决策制定的一个角度。家族在考虑决策时候，财务视角和社会情感视角都是重要的，但追求的目标不一样。

从纯粹的财务视角来看，企业应该是追求股东价值最大化，达到在给定风险下预期收益最大化的目标。但是采纳社会情感视角的企业追求的是保护家族当前的社会情感财富（如保证企业未来仍然由家族控制），财务业绩只要达到期望水平就够了。学术研究甚至发现，当家族企业必须选择其中之一时，社会情感目标的重要性往往会超过财务目标⊖。

我们通过以下的一些例子来看社会情感财富如何影响到家族企业的经营决策。

在家族企业人事管理上，财务目标导向的企业会倾向于纯粹基于技能来选择候选人，而不考虑候选人是否为家族成员或内部员工。但采用社会情感视角的企业则强调候选人在企业中的资历和经验。从这个角度来看，内部候选人具有更大的价值，因为他更了解这家企业，适应企业文化，而且赢得了他人信任。另外，社会情感目标导向的企业支付给经理人的薪酬水平会更加固定和平均，会考虑到个人业绩与集体业绩的平衡。

社会情感目标导向的企业的决策风格也有所不同。比如，重视社会情感财富的企业更容易妥协、更在乎"面子"，倾向于保持和

⊖　Gómez-Mejía L R, Haynes K T, Núñez-Nickel M, et al. Socioemotional wealth and business risks in family-controlled firms：Evidence from Spanish olive oil mills ［J］. Administrative science quarterly, 2007, 52（1）：106-137.

谐而不是进行对抗。另外，在财务目标主导之下的企业通常风险偏好较高（高风险带来高回报），而在社会情感财富目标主导之下的企业通常风险偏好较低。因为在相同情况下，过高的风险会威胁到现有的社会情感财富。学术研究发现，家族企业中家族持股的比例和企业投入到研发的经费呈负相关的关系⊖，说明更注重社会情感财富的家族企业风险偏好更低一些。

社会情感财富也会影响到企业层面的战略。比如，多元化被认为弱化了企业的形象和声誉，影响到家族成员的身份认同感。经理人也不再像过去那样重视紧密的人际关系，所以会对企业的社会情感财富造成伤害。类似的逻辑也适用于国际化，因为这松动了企业在当地的根基，而且通常牵涉到并不熟悉的地域和人群。因此，学术研究发现，尽管多元化能够实现分散投资，降低财富高度集中在某一家企业的风险，但家族企业的多元化程度与非家族企业相比要更低⊖。

当然，在某些特殊情况下，家族可能愿意优先考虑财务目标，接受社会情感财富的损失。特别是当企业面临困境，业绩下降，威胁到企业的生存的情况下，企业不得不进行变更，通过承担更多的风险来改善自身的处境。比如上面提到的学术研究也发现，当家族企业遇到困境时，控股股东更愿意进行多元化，投入研发和资产剥离，并改变企业的组织形式。

总体来说，社会情感财富这一个视角会帮助我们解释观察到的一些看似非理性的家族企业的战略偏好。

⊖　Anderson R C, Reeb D M. Founding-family ownership, corporate diversification, and firm leverage [J]. The Journal of Law and Economics, 2003, 46（2）: 653-684.

⊖　Chrisman JJ, Patel P C. Variations in R&D investments of family and nonfamily firms: Behavioral agency and myopic loss aversion perspectives [J]. Academy of management Journal, 2012, 55（4）: 976-997.

（四）"家族涉入性"对企业战略选择的影响

"家族涉入性"对一家企业的战略选择影响，通常可以归纳为三种类型○（见表4-1）。

表 4-1　家族企业的三种通用战略

类　　型	家　族　特　征	举　　例
可信品牌	家族身份与企业身份交织在一起 关注家族和企业的声誉 渴望家族的代际控制 家族成员的个人参与 家族对企业的投资尚未分散化	时尚、豪华住宅、酒店/餐厅、酒庄
创新冠军	关于生产流程的知识与经验 客户、供应商、意见领袖的关系网络 耐心金融资本，允许进行长期创新投资 以创新的方式运用传统 资源约束、节俭和风险规避，有效利用投资进行创新	德国中小企业
效率至上	获得金融资本的渠道有限 家族控制力强，管理自有资金 对分红的再投资 节俭型股东 代代相传，股权资本成本低	连锁商超，如欧尚、宜家、沃尔玛等

在这些战略中，有将家族身份和形象认同运用于企业经营的"信誉品牌"竞争，以形成独特的家族企业形象和品牌的战略。比如，境外很多家族拥有的酒庄和餐厅都自豪地标榜自己"家族酒庄"和"家族餐厅"的身份。

也有家族将独特的资源，比如隐性知识、当地的社会资本、耐心的金融资本等资源，运用于家族企业的独特管理方式及开发新产

○ 泽尔韦格，高皓. 家族企业管理：理论和实践［M］. 北京：清华大学出版社，2021.

品的战略中。比如，德国制造业在全球享誉盛名，拥有很多行业的"隐形冠军"。"隐形冠军"用较为通俗的话来说，就是在某行业内占据了领导地位，在行业内很有影响力，拥有该行业绝大多数市场份额，但是在社会上却没有多少知名度的中小企业。这些中小企业大多是家族企业。正因为扎根在某一个细分行业，长期积累生产流程的知识和经验，精益求精，以创新的方式应用于传统的制造业，以及家族耐心金融资本的力量加持，允许企业进行长期创新的投资，最后形成在某一个领域的独特竞争优势。

另外，因为某些家族企业获取外部资源的渠道有限，或者家族股东因保持和延续家族企业控制权而不愿意接受外部投资者，家族被迫在企业金融资本的使用中非常注重效率，如节约资本支出、持续通过分红再投资等习惯，也形成了独特的"效率至上"的竞争战略。采用这种战略的知名家族企业有宜家、沃尔玛等连锁型商超。家族企业的升级转型的战略选择中也会涉及对家族因素的考量。

（五）家族企业的治理模式

虽然关于公司治理的研究有很多，但对家族企业的治理具有非常不一样的挑战性。因为家族的纽带自然地联结了家族成员、股东、管理层，家族企业具有比一般非家族企业更为复杂的关系。特别是随着时间的演变，一个家族的成员结构、家族企业的发展以及家族企业控制权和管理权的结构都会发生变化。根据企业的发展阶段，我们将家族企业治理的模式分为股东管理、兄弟合伙、表亲联营和家族企业四种典型的治理模式○。

股东管理模式通常发生在创业阶段的家族企业。企业的所有权和管理权都在创始人手上。这种模式的优点是对企业的强掌控，决

○ 泽尔韦格，高皓. 家族企业管理：理论和实践 [M]. 北京：清华大学出版社，2021.

策迅速，高效治理。挑战是创始人是否能接受外部独立的建议，并提前做好传承规划。

兄弟合伙的模式发生在中型企业的发展阶段。企业传承到同一分支的兄弟姐妹，他们同时拥有股份，分享企业的管理权。优点是兄弟姐妹之间有共同的价值观和目标，也存在良好的信任。挑战是兄弟姐妹之间竞争上岗，要求责权分配清晰。

到了表亲联营阶段，企业应该进入了第三代，成为中大型企业，通常是来自两个或两个以上的家族支系共同拥有企业，管理权由家族成员和非家族经理人分享。挑战是股东对于家族的身份认同感已经下降，注意力从家族转移到家族企业。

进入兄弟合伙和表亲联营阶段后，我们就要开始考虑在家族层面和股权层面上进行治理。在股权层面，股东协议定义家族股权的进入、转让和退出，让没有兴趣参与家族企业管理的成员拥有退出的渠道，而有兴趣管理企业的成员能有集中控制权。在家族层面，家族定义对企业的共同价值观和愿景，制定家族成员的聘任政策，培养与企业的情感联结和认同感，教育下一代股东，凝聚越来越远离企业经营的股东。

到了家族企业阶段，家族应该从"家族企业"的理念，即一个家族控制着一家传承数代的企业，转变为"企业家族"的理念，即家族通过资本运作控制多元化企业组合，包括自己创办、投资及收购的企业。管理上授权给非家族管理人。这一模式使股东很难对企业产生认同感，因为此时的企业囊括了多种多样、持续变化的业务。通常，除了上述股权治理和家族治理工具之外，家族治理工具还包括家族委员会（由家族成员组成的次级组织，管理企业和股权事务）家族办公室（管理家族财富）和家族基金会（从事慈善活动）等。公司治理、股权治理和家族治理日益复杂。

这三种不同的模式中是否存在"最好的"模式？学术研究发

现[一]，如果以家族股东人数作为一个区分股东管理、兄弟合伙、表亲联营和家族企业这四种模式的标准（这四种模式牵涉到的家族股东人数呈现一个逐步增加的趋势），家族治理模式和企业的财务业绩之间呈现一个 U 形的关系：兄弟合伙和表亲联营模式的业绩表现比股东管理和家族企业模式都要差（见图 4-14）。

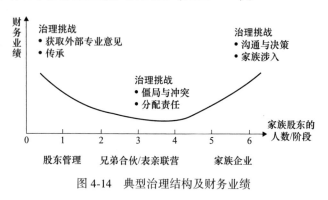

图 4-14　典型治理结构及财务业绩

为什么会是这样呢？企业家普遍偏爱股东管理的模式，因为这种模式给予创始人充分掌控权，实现股东和经理人的利益一致，决策效率很高，因此也会带来显著的业绩优势。但这种模式的挑战是能否找到另一个愿意和有能力接受股东—经理人角色的接班人。

兄弟合伙和表亲联营模式比较脆弱，因为这两种模式面临家族成员的管理角色分配不清晰的问题：兄弟合伙通常由同代的 2 ~ 3 位家族成员组成，都承担管理角色，但角色没有明确的定义，从而导致误解、分歧以及冲突。当家族的规模进一步发展扩大，参与管理的家族成员就会面临一个利益站位的挑战：到底自己应该是为自己小家庭的利益，还是家族分支的利益，又或者是家族的整体利益

　　　⊖　泽尔韦格，高皓. 家族企业管理：理论和实践［M］. 北京：清华大学出版社，2021.

负责？特别是进入到表亲联营的模式，表亲之间的大家族凝聚力逐渐减弱，情感上更多凝聚在家族分支上。对于大家族的认可仅限于作为家族企业的共同股东这个层面上，所以股东间的冲突很容易发生。

大多数企业在家族企业阶段的业绩比兄弟合伙/表亲联营阶段表现要好。因为股权稀释度高，家族股东之间出现僵局的概率下降；有能力的外部专业人士参与企业经营管理；企业内部的治理机制更为规范，明确不同家族成员在企业的不同治理角色。这些管理规范化都会提升企业的经营效益和业绩。这个阶段的挑战是，如何为数量众多的家族成员建立沟通和决策的机制。在这个层面上，家族治理显得尤其重要，如通过家族成员组成的家族委员会，协同到企业的治理机制上来。

在历史的长河中，有些家族企业可能逐步经历上述四个阶段，说明企业顺利传承，"富过三代"。也有些家族企业可能一直会维持较小规模，从一个股东一个经理人传承给下一个股东下一个经理人，也能做到经久不衰。还有一些家族企业在行进的过程中停止了脚步。这里没有一套放之四海而皆准的治理方案能够适合所有的家族企业。但家族企业利用治理机制主要是为了实现三大目标。

（1）家族成员作为企业的最终所有者和决策者，有能力做出符合家族利益的决策。

（2）一个由多位家族成员个体组成的群体能够保持和睦性和一致性。

（3）治理活动有助于股东行使控制权，家族决不能放弃控制权。授权给非家族经理人是为了企业的业务增长，但作为企业最终的所有者，家族不应将控制权完全委托出去。

第二节　非经营性资产的管理

这一节，我们将讨论已经脱离了企业体系的非经营性资产的管理，也就是对从企业体系剥离，并与企业资产进行充分隔离后，以现金、金融产品等形式持有的资产的管理。这是我们常说的家族财富的投资管理。这部分内容涉及家族进行投资管理的方式，如家族应该采用什么平台、方式进行投资？采用什么样系统性的投资流程和决策方式确保投资收益和风险的平衡？同时，我们也会讨论投资中的具体工具和策略，如资产配置如何进行？如何进行一级和二级市场的投资？具体基金经理的选择有什么样的标准和流程？

在此之前，我们再次回到高金—工行的中国企业家财富健康指数报告，简单介绍报告中影响中国家族金融资产健康的因素。

一、中国家族的金融资产健康情况

在调研报告中，受访者认为影响到金融资产健康的重要因素包括资产集中度、投资决策专业性、风险收益匹配度、投资经验和资产流动性等。在受访家族客户中，最为关注的三个因素分别是资产过度集中、投资决策不够专业和风险收益不匹配问题。这三个问题揭示了金融资产的健康隐患来源（见图4-15）。

（一）家族资产配置

图4-16显示了家族受访者配置最多的三类资产。最受家族青睐的前三类金融资产是银行存款和理财产品、投资性房产以及股票。青睐银行理财和同时也被认为风险较低的投资性房产是普遍的现象，配置比例高也体现了家族受访者较为保守的投资偏好。

同时，96%的受访者都把银行存款和理财产品、83%的受访者

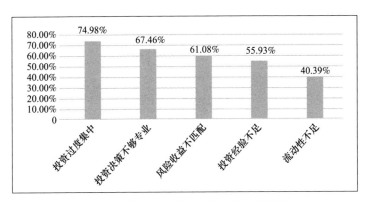

图 4-15 带来金融投资风险的最主要因素

把投资性房产列为配置最多的三类资产，也反映出受访者在资产配置方面相对集中（见图 4-16）。

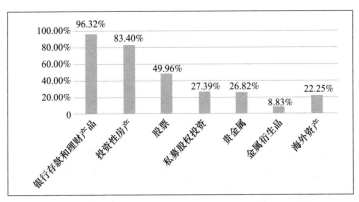

图 4-16 家族可投资金融资产中占比最高的三类资产

（二）风险和收益匹配度

风险态度是对待风险的主观意愿，风险能力是承受风险的客观条件。主观态度和客观配置情况是否一致？期望收益和能承受损失的程度是否一致？调研通过上述两个问题来判断某一个投资者的

"风险和收益"的匹配情况。

　　本次调研中发现，有近 19% 的受访者具有风险厌恶态度，近 47% 的受访者风险态度较为保守。超过 65% 的受访者在投资中态度偏保守，这个比例与受访者在配置中偏好银行存款和理财产品是一致的；近 32% 在本金损失有限的范围内追求一定的收益和成长性，仅有 2.45% 左右希望赚取高回报，愿意为此承担较大本金损失（见图 4-17）。大部分受访者的主观风险态度较为保守，同时匹配了相对保守（预期收益也较低）的产品配置偏好。

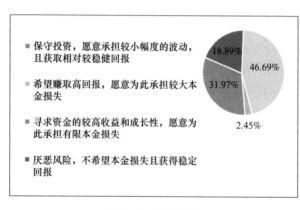

图 4-17　风险态度

　　在期望收益和能承受的损失的匹配上，调研比较了受访者的投资组合的期望年化收益率和自己能承受的最大投资损失比率。如图 4-18 和图 4-19 所示，有约 83% 的受访者认为能承受的最大投资损失在 10% 以下，同时约 72% 的受访者对于收益的期望在 10% 以下。同理，能承担 15% 以上损失的受访者比例只有不到 7%，同时要求预期收益率大于 15% 的受访者的比例也只有约 7%。以上数据显示出受访者的风险承受能力和预期的收益率之间有着较好的匹配，也体现出受访者对于风险和收益的匹配度有正确的认知，有较好的风险控制意识。

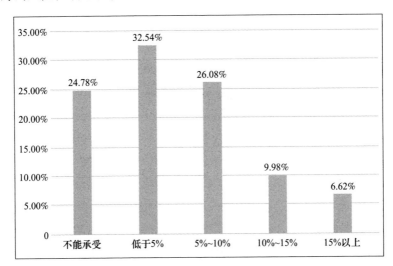

图 4-18　能承受的最大投资损失

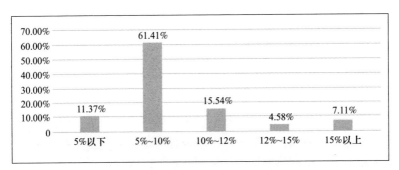

图 4-19　对投资组合的年化收益期望

最后，关于受访者对于风险和收益的匹配度是否有正确的认知。我们调研受访者对于以下观点的认可度："如果一个项目提供高收益，那一定意味着风险也很高，即使短期内这个风险没有暴露。"81%的受访者持完全同意（51%）和部分同意（30%）的态度（见图4-20）。在5分制的评估标准下，这道题受访者的打分为4.2，说明大多数受访者认为项目提供高收益必然意味着高风险，即使风险暂时没有暴露。

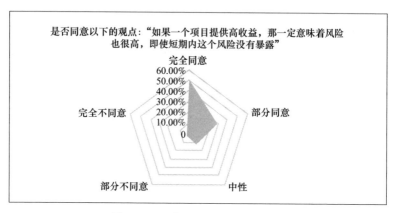

图 4-20　风险和收益的匹配度认知

　　总体而言，本次调研中受访者整体对于风险都有清晰的认知，风险态度和能力相匹配。清晰的风险意识以及风险态度和风险能力相匹配有助于我们在金融资产的选择上保持比较清醒客观的状态，去筛选适合自己家族情况的具体资产类别和产品。

　　（三）风险资产投资专业度

　　风险资产包含了股票、基金、股权投资等非保本金融产品，虽然有不确定性的属性，但对资产配置具有重要的意义。在合理的配置比例下，它可以提高资产的管理效率，提升整体资产组合的收益率。对于受访者而言，在符合自身风险偏好的前提下，可以适当了解和关注风险资产的类别和属性，在专业机构和人士的帮助下进行合理的资产配置。

　　如图4-21所示，具有2年以下风险资产投资经验的受访者仅30%左右，没有经验的占16.6%；具有5年以上投资经验的受访者占近 45%，10 年以上投资经验的受访者占 22.49%。受访家族客户具有一定的投资风险产品的经验。

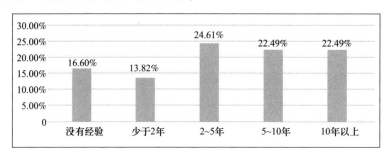

图 4-21　风险资产的投资经验

有 21% 的家族受访者有直接投资（直投）股权项目的经历。有直投经历的受访者中，65.77% 的受访者在做直投决策时会寻求专业人士的辅助，48.46% 的受访者会进行深入的尽职调查，41.54% 的受访者会进行投后跟踪管理，只有 3.46% 的受访者完全不采取任何辅助投资措施（见图 4-22）。这也说明受访者在处理风险投资上有一定的经验或技能。

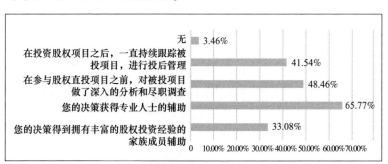

图 4-22　投资股权项目的举措

受访者在投资决策方面并不十分依赖机构。大部分受访者（约60%）选择部分听取机构意见后自己进行操作，有近 13% 的受访者甚至完全依赖自己的判断（见图 4-23）。一方面，受访者配置相对保守，配置最多的是银行理财类资产，在过往的实践中需要专业机构建议的地方不多；另一方面，也提示机构对于资产配置的专业服务和投资者教育可以更加深入，充分体现服务机构的价值创造功能。

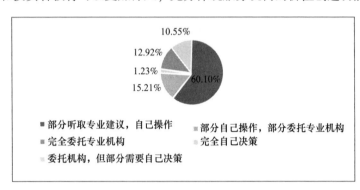

图 4-23　投资决策模式

受访者在投资决策（购买理财产品、投资项目）时，呈现出善于利用机构的资源和帮助的特征。如图 4-24 所示，约 80% 受访者的主要信息来源是专业机构推荐。如图 4-25 所示，大部分的受访者会对受托人的资质和能力进行充分的调查和研究（约 64%），或和受托人保持联系定期获取业绩报告（约 63%）。

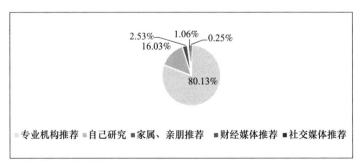

图 4-24　投资决策信息来源

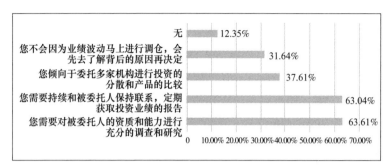

图 4-25　委托人和专业机构情况

最后，我们将投资决策模式分为完全自主决策模式和完全委托专业机构模式两个类型，进一步研究决策模式的选择和客户的年龄、学历及资产规模之间的关系。

完全委托决策模式的选择和年龄之间基本上是负相关（见图 4-26），即年轻的客户更愿意选择委托机构帮助管理其投资。这可能体现在年轻客户理财观念的变化，更加接受委托专业人士的模式；而年长的客户对于自己理财能力的信心更足，更愿意亲力而为。

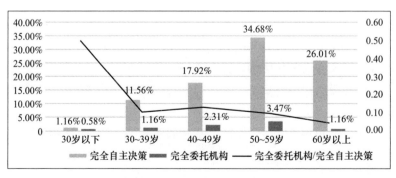

图 4-26　年龄和投资决策模式的关系

客户对于外部机构协助的需求受其资产规模的影响（见图 4-27）：从成本、管理能力、资源匹配等多方因素考虑，选择委托机构管理投资意愿最强的受访群体是资产规模在 5000 万至 1 亿元之间的家族。资产规模大的家族，在投资选择、专业人员、行业资源等方面更加具有优势，对于机构的选择可能更加分散。

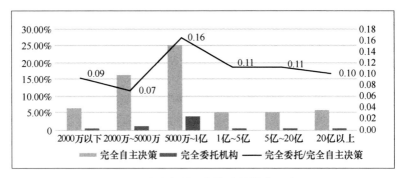

图 4-27   资产规模和投资决策模式的关系

总而言之，家族受访者具有一定的自我投资决策能力，同时懂得适度运用机构资源，体现出受访者在金融投资上的成熟度。

（四）短期流动性

家族在面临外部突如其来的冲击时，重要的应对手段是保留一定的资产流动性。在短期内资产流动性问题上，调研关注受访者一周可以变现的投资品比例。有 36% 的受访者认为他们拥有的一周内能变现的资产比例在 20% 以下，需要更加关注流动性资产的配置情况（见图 4-28）。

这可能跟资产配置中银行理财和投资性房地产比例较高相关。银行理财相对风险低，收益稳定，有一定的固定期限要求，一周内变现相对较难。房地产的短期变现则更困难，流动性受到制约。

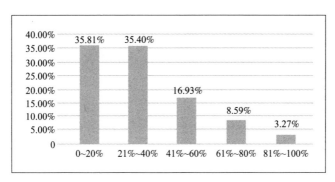

图 4-28　一周内可变现的投资品比例

二、中国家族金融资产的管理

在管理金融资产的过程中，家族可以委托一个或多个专业的金融机构，也可以采用专属的投资平台，对境内外金融市场上的各类金融资产进行配置，并动态地监控、调整家族的投资组合，从而达到资产保值、增值的目的。

对于中国企业家来说，比较常用的方式是委托投资方式，一则因为工作重心仍然在企业的经营管理上；二则家族成员在投资顾问的协助下，对投资理财产品的选择尚可应付，但直接投资单一金融资产/项目所需要的专业度仍然不够。上一部分所呈现的结果分析主要是针对这一类型金融机构的客户。基于这部分投资者的分析，我们只能得到一个大概的投资管理行为的全貌。因为是委托投资方式，我们无法看到家族在具体的投资产品、项目中的决策模式和流程。

另外一个类型的家族，可能是因为资产体量大，也可能是自身具备一定的投资能力的缘故，采用家族专属投资平台进行金融资产的管理。这样的样本不多，但也代表了部分家族的投资需求。

对于这个类型的家族，因为涉及直接进行投资管理，可能需要考虑以下的问题：家族要搭建一个什么样的架构、流程以及治理结构去管理庞大的金融资产？如何搭建团队？采用什么具体的投资策略来确保投资的有效性？这个类型的家族普遍关注风险类资产（如权益类资产）的投资，那么权益类资产投资涉及具体的产品或投资管理人的选择应该如何展开？对于这些问题的回答，恐怕最好的方式是通过一个具体的实践案例来为大家提供一些思路。

以下内容将通过一个典型的、偏好采用专属投资平台进行风险资产投资的家族案例来展开。我们将围绕着这个家族的几个重要的需求点，抽丝剥茧地帮助大家理解家族投资中的投资体系、投资理念、投资功能和人员配置的建立，投资威胁和风险管理的应对，具体的资产配置的决策以及在权益类资产投资中的要点、模式、基金经理的筛选等具体问题。

（一）风险资产投资的家族案例介绍

W 总很早开始创业，是当地最早的工商个体户，多年的打拼下来已经形成以专业市场、商业地产为主的一个庞大商业帝国。W 总一直希望在金融领域进行投资，实现其资产配置的多元化。早期的投资方式主要是，一方面跟着朋友做一些股权投资，但缺乏系统性，基本上是被动式，对于朋友介绍的项目简单判断后就跟投了；另一方面是自己操作股票市场账户，结果往往亏多赚少。

W 总育有一子一女，儿子仍在国外读大学，女儿小 W 从境外留学归来后，先在一家券商工作，后回到家族企业协助父亲在金融市场的投资。因为主营业务增长乏力，2019 年 W 总在集团内部成立了投资部门作为家族资金的投资平台，由女儿和一个投资助手领衔的小团队专门负责自有资金的投资。团队另外依赖家族信任的外部专家指导。

因为主营业务产生的现金流稳定且充足，为家族投资平台源源不断地提供投资资金来源。2020 年后，管理规模从初始的 1.3 亿元资金增加到3.3亿元，在未来的日子仍然可以不断增长。家族对于投资的期限具有很大灵活性，据小W介绍："如果我们认为投资标的质量不错，短期内的波动不会影响我们。我们可以长期持有，因为我们没有现金赎回的压力。"

作为一个处于起步阶段、尚未规范的个人投资机构，W家族投资平台（集团投资部）并没有一个自上而下的投资框架，缺乏预设的投资理念、目标作为指导。投资团队对于市场的变化有大概的判断，但缺乏基于宏观政策变化的研究、对各行业趋势的分析，也没有制定大类资产配置比例和调整的标准，以及对管理人选择的具体流程要求。实践中他们更注重的是特殊机遇的投资，利用圈层、网络、走访管理人等方式寻找潜在投资项目。

他们的投资决策中也强调集体决策、自下而上的决策流程：先由小W及团队分析并做出是否投资的决定，形成报告递交到W总，最终由W总拍板决策。虽然小W并不从投资平台支取薪酬，但根据投资的业绩分成提取酬劳，符合机构投资普遍的激励政策。尽管如此，家族投资平台的成熟度或者说机构化程度仍然是一个具有争议的问题。

以下为2020年W家族投资平台的主要资产配置情况（见图4-29）：归纳下来，W家族投资平台的资产配置特点包括以下四点。

（1）私募股权基金的投资比例高，占总资金的39.29%。但行业主要集中在医疗和医药、大健康，而且资金被分散在10只被投基金中。

（2）只有三个直接投资的股权项目，总金额为1100万元。

（3）总体流动性较好的二级市场配置不足，无法享受多策略的证券投资基金带来的多元化效果。股票配置中定增类资产在总体配置中比例过大（16.32%），整体组合存在流动性不足的问题。

（4）境外配置偏低，需要设计一个境外配置的框架。

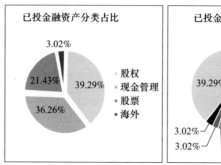
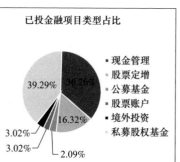

图 4-29　主要资产配置情况

以下部分将结合一些问题帮助 W 家族复盘 2020 年的投资，以及展望 2021 年的发展。

（1）一般而言，家族投资相对于机构投资在金融投资上会有些什么优势？W 家族的投资方式是否充分发挥了家族投资的相对优势？

（2）W 家族为什么要建立家族专属的投资平台进行投资？它与委托大型金融（资管）机构投资的方式相比有什么不同？

（3）W 家族要在它的专属投资平台上建立完善的投资体系，他们应该关注什么方面的功能设计？如何判断投资平台的成熟度是否达到一个专业机构的程度？

（4）一个家族选定的投资组合（策略）为什么能挣钱是家族投资者在投资之前需要考量的问题。一个组合产生超额收益的来源有很多方面。基于 W 家族组合配置的特征，它的主要超额收益来源是什么？

（5）W 家族的初衷（投资理念）是分散投资，所以他们的私募股权投资资金会被分散到众多不同的管理人（GP）。2021 年 W 家族希望继续甄选优质 GP 进行尽调与投资，尤其是硬科技、人工智能、产业物联网以及消费等领域的股权基金，通过不同行业增加多元化。

真正的多元化是否仅仅是不同管理人的分散、不同行业的分散？从其资产配置结构来看，W家族是否做到了真正的分散投资？

（6）W家族投资平台准备在2021年进一步完善团队。通常一个家族投资平台应该配置什么样的功能，应该有些什么人才配置？

（7）鉴于W家族的权益类资产配置多，特别是股权投资，如何投资股权项目和选择管理人？

（8）W家族希望加强挖掘优质项目直接投资机会。相对于委托投资，直接投资对一个家族来说有什么优缺点？

（9）W家族的投资平台可以被认为是一种投资型单一家族办公室，未来也可以延伸成为一个联合家族办公室。目前阶段，W家族的投资平台可以采用什么样的系统性方法帮助身边有投资需求的企业家呢？

（二）家族在金融投资上的优势

一般而言，家族投资相对于机构投资会有些什么优势？W家族的投资方式是否充分发挥了家族投资的优势？

近几年，中国的家族逐渐意识到金融投资的重要性，出现了从单纯实业向"实业+金融"模式转变的趋势。由于金融的专业属性，无论以何种方式进行投资，对于企业背景的家族来说，首要问题都是要聘请到各领域的专业人士对其投资进行管理。为了保证专业性，家族投资平台通常从传统金融机构聘请高端人才，因为这些人才往往聚集在资源更为丰富、薪酬方案更为详尽的大型机构。

与此同时，因为两者的长期目标、阶段性目的和投资限制各不相同，家族投资平台在投资策略和理念上与传统的金融机构存在很多差异。

（1）家族投资者的时间跨度应该比传统的机构投资者更长。巴菲特的成功模式是投资一只股票就是投资一家企业，要找到可长期持有几十年的好企业。一个家族在考虑其投资周期时可以考虑的不仅是 5 年或 10 年，也可以是 1/4 世纪乃至一个人的一生。所以在资产类别选择和资产配置上，他可以考虑更为长期的策略，寻求长期增值的能力。投资理念上更具耐心，避免过度追求短期的终值，寻找长期锁定资本并产生长期增值的能力。

家族的长期类型资本被称为"耐心资本"。较长的投资期限会帮助家族获得独有的投资机会，如低周转率、具有天使投资类型回报的私募股权项目。时间的优势也给予家族投资者在策略选择上明显的灵活度。比如，W 家族的配置中有不少比例是在上市公司股票定增上。股票定增策略往往是通过一定的折扣价格买入具有流动性的上市公司股票，解禁后在二级市场抛售。

但这种策略的风险在于，市场系统性风险导致的市场整体下行。W 家族的策略是在选择定增项目时严格根据基本面分析判断，排除个股风险。这样，如果定增公司的基本面没有发生变化，即便市场下行导致公司股票价格下跌，因为家族资金的"耐心"属性，也并不影响 W 家族定增策略的有效性。

当然，其中的关键问题是如何能够获得足够长期的资金来源来投资长期的项目，避免资金期限错配。巴菲特成功模式的另外一个条件就是要有长期的低成本资金来源。这笔长期资金正是伯克希尔·哈撒韦的保险浮存金。因为 W 家族的主营业务——商业地产产生的现金流稳定且充足，为家族投资平台源源不断地输送投资资金。所以 W 家族才能将大量资金投入到流动性差的私募股权投资项目，同时对退出的需求并不敏感。

对于中国其他的企业家而言，"实业+金融"模式之所以吸引人，是因为实业可以帮助产生稳定、低成本的现金流，用于支持投入一些虽然长期，但具有好收益的项目。这是很多依靠向公众募资的金融机构所不具备的优势。

（2）家族投资相对于金融机构在操作上具备更大的灵活性。这个灵活性可以有效地配合其采用的长期投资策略。在良好设计的激励机制下，家族投资相对传统机构面临更少的业绩考核、资金赎回和经理人就业压力。所以短期的市场波动对于家族投资者的影响明显要小。很多时候，机构明知其投资逻辑是正确的，但因短期内投资者无法承受损失，最后导致机构将重心转向更为短视的目标。这就是耐心资本给予家族投资者的力量。

另外，机构投资者和家族投资者的风险承受能力存在差异。机构投资的要求是在最低程度标准差的约束条件下，达到一个具体收益目标。家族投资者的风险指标衡量种类远比标准差要广泛，最关注的焦点往往是资本的永久损失或某一投资期间的亏空风险。W家族提到："如果我们认为投资标的质量不错，短期内的波动不会影响我们。我们可以长期持有，因为我们没有现金的压力。"这个观点就很好地反映了家族投资在这方面的优势。

（3）家族投资平台没有一般机构体制僵化的限制，无需遵循传统机构投资者必须遵守的严格指令、披露规定、监管和法律规定。一个机构僵化模式的例子是对它们投资固定收益资产的规定：很多机构只能持有投资级别以上的公司债券，因此往往在未考虑公司的基本信用级别变化的情况下，不得不出售所有降为非投资级别的债券。

然而，家族投资者可以充分利用这种潜在的（和频繁出现的）市场错位。W家族投资平台的特色是较少地受到事先约定的投资条件的约束，比如某一类型资产的占比。当然，从不好的一面来看，说明投资平台的纪律性较差；但另一方面也说明其灵活度高，特别在捕捉稍纵即逝的特殊投资机会上优势尤为明显。

正因为具有这样的灵活优势，W家族在新的一年计划将很大的重心放在市场的一些特殊机会上，如对决策时间要求高的直投项目或迫切需要出售的二手基金份额等。比如，W家族将特别关注市场上由于流动性原因导致一些在他们关注的行业中优秀私募股权基金的二手份额（S 基金份额）迫切需要转让的机会。

这些基金已经完成的投资环节，被投项目进展良好，但是原来的基金份额持有人（LP）因为个人流动性的原因，急需提前退出，转让基金份额。此时往往会出现折价出售的机会，但需要接盘人随时保持资金的流动性，在短时间内做出投资决策。这样的灵活度并不是市场上大多数投资机构所能具备的，但这往往是家族投资平台拥有的独特优势之一。

（4）家族投资可以采取个性化、定制式的投资方式，以满足家族个性需求和偏好。我们可以试想一下以下两个家族的投资特征：一个家族的消费相对于其资产规模很高，几乎没有传承目标；另一个家族的消费相对于其资产规模很低，目标是世代相传。

很明显，在 10% 的投资组合被私募股权投资套牢 10 ~ 15 年的情况下，或者周期性熊市使得其股票组合在 6 ~ 8 个月内回落了 20% ~ 30% 的情况下，两个家族的反应是很不一样的，所以两个家族应该采用各自完全不同的资产类别选择和资产配置策略。

一位家族财富管理专家打一个恰当的比喻："也许家族更应该把投资当成用餐一般，他们可以从快餐连锁店获得标准化的食物，也能从小型家庭餐馆购买个性化的定制菜肴。前者提供标准化产品，后者根据客户的准确需求量身定制。"相对而言，机构的个性化需求特质更少，因为它们的动机、方法和限制大同小异，这也反映在它们的投资方式差异不大上。

（三）家族专属投资平台的优势

W 家族为什么要建立家族专属的投资平台进行投资？它与委托大型金融机构投资的方式相比有什么优势？

许多类似于 W 家族的个人超高净值投资者希望通过金融投资管理其财富。获取投资收益的路径有很多，有意于模仿 W 家族模式的家族可能关心的问题是：为什么需要一个专属的投资平台？相比委托一个结构完善、成熟的专业资产管理机构，采用自己平台的方式能在广度和深度上达到怎样的程度呢？

相对于委托投资，家族设立专属平台的一个问题是成本更高。维持一个专属的投资平台需要多大的成本？回答这个问题其实很复杂，取决于平台所提供的服务种类。

对于大部分需求更为简单的家族而言，设立一个可以完全控制，但以投资为主要目的的专属平台的成本并不会很高。他们可以从大型金融机构聘请合适的专业人士管理他们的资金，但他们不需要完全按照大型投资机构耗费巨大的方式和策略进行投资。他们也可以将大部分成本高的功能外包给专业的机构，在家族平台上保留整合资源、信息的能力，协助家族做出投资决策的功能。这些模式都有助于在控制成本的基础上，达到有效管理投资的目标。

当然，从另外一个角度考虑这个问题，成本原本就不应该作为一个重要的因素进入选项，因为如果一定的成本投入带来更大的收益产出，这个成本就不应成为问题。正如笔者在调研一家家族投资平台时，家族的二代控制人分享关于其家族投资平台过高成本的逻辑："我们的薪酬水平和结构都堪比大投资机构，我们在跟投的选择上更加多元和灵活。投资人才上的成本投入坦白讲是很高的，但是因为他们的专业能力能为家族办公室赚到更多的钱，所以这是很划算的投入。"

家族专属的平台更适合将自己价值观、理念直接注入落地的投资执行方案。关于投资，每一个家族有自己清晰明了的理念、目标和偏好，并据此形成自己的投资政策指引。在此框架下，专业人士可以采用他们自己擅长的方式进行投资管理。这样的诉求在大型金融机构的清单上很难找到相匹配的服务类型。

具体来说，家族投资者首先应当根据自身需求做好规划，将自己的可投资金依据投资期限进行划分，在此基础上进行与风险匹配的投资。比如，短期资金需要应对生活中的意外支出或近期可能的其他投资计划，将资金的保值和流动性排在第一位。而对于期限更长的资金，增值的需求则会大大增加。

出于风险控制的考虑，短期资金应该避免较大的权益类产品配置权重，投资组合应以固收类产品（如货币基金、投资级债券基金等）为主；而长期资金为了达到增值的目的，则偏重于配置权益类产品，通过一个较长的期限对冲短期的波动性。这些都是原则性的要求，但具体不同资产配置的比例则是在家族的投资理念的指导下，对目标、风险偏好、流动性等要求进行规划，并根据经济周期变化对组合进行战术调整（见图 4-30）。

图 4-30　资产配置比例考量因素

因为家族在专业性上，相对于机构而言具有天然的劣势，意味着在家族投资中存在信息不对称的问题，即家族并不清楚其委托的机构在投资决策中使用的信息。因为信息不对称产生的"道德风险"和"代理问题"的担忧更为严重，即机构是否真实按照家族的利益最大化的目标管理资金。

W 家族通过由家族下一代控制的专属投资平台管理家族金融资产的方式，体现了减少"道德风险"和"代理问题"的优势。通过专属的投资平台，交由值得信赖的负责人进行投资决策，一方面保持家族对于重大决策的控制权（或者某种程度上满足家族对其资产的控制欲）；另一方面，在某种程度上减少家族对于代理人和管理人利益不一致的担忧。

另外，由能够代表家族利益的专属平台与市场各种投资产品、服务提供商进行接洽，一定程度上在家族和外部产品服务提供商之间建立一道防火墙，减少家族隐私泄露和投资中出现的风险和纠纷传导到家族的可能性，这些因素恐怕也是家族选择专属投资平台方式的一个重要考量。

与其他金融机构相比，W家族的投资平台作为一个非公开募资的投资平台，并不需要受到机构投资者那些必须遵守的严格指令、披露规定、监管和法律规定的约束。这也说明，在遵守合规、监管要求方面产生的成本可以忽略不计。这也是很多重心在金融资产管理的家族选择专属投资平台的重要原因。

（四）家族投资面临的威胁

一个家族在投资中面临的威胁可以归纳为通货膨胀、费用、不良投资标的、投资错配、缺乏多元化、时间成本这几个因素。这些因素给投资带来风险，直接侵蚀投资的收益。

首先，通货膨胀对于一个家族的财富侵蚀效应会远大于一般居民。考虑到通货膨胀对购买力的威胁，所以很多家族是以战胜通货膨胀作为首要的投资目标。保护财富的实际购买力比实现一个回报数字更具有现实意义。虽然感觉这个目标实现起来并不困难，但要在一个长的周期内一直保证投资收益战胜通货膨胀并不是一件容易的事情。

其次，我们在投资中很容易忽视固定费用对财富的长期侵蚀效应。举个例子，假设两个投资产品能长期产生稳定的年化收益率分别是5%和7%，两者之差可以理解为有2%的固定费用差异。那么，在50年的投资期后，通过复利的效应最终会使得第一个产品的本金变为11倍，而第二个产品的本金变为30倍，之间巨大的差距是由2%的费用造成的。

不良投资标的威胁来自于交易对手的风险，体现为无法预知投资标的在业绩、流动性、透明度等维度的风险。解决这样威胁的方式是家族在投资前应该进行充分的尽职调查，投资中持续密切监督，这就需要家族在投资中保持严谨的纪律性。

投资错配的威胁是指市场环境、风险、收益、投资期限和流动性的错配。这里的错配主要存在两种情况，一种是过于激进，通过杠杆投资在市场环境好的时候可以获得超额收益，但在市场环境差的时候会蒙受巨大损失，短钱长投可能导致投资期限和流动性的错配。另外一种是过于保守，过于保守是一种对财富的浪费，因为其投资的潜力没有被充分发掘起来，这是一种损失，也是一种风险承受能力和收益的错配。

缺乏多元化威胁的直接后果是如果把所有鸡蛋都放到一个篮子里，当这个篮子毁了，篮子里的鸡蛋也都没了。多元化并不意味着我们要牺牲收益换取资产的安全，这样的观点其实违背了家族财富管理中"风险—收益"有效交换的原则。在多元化的投资体系中，则是要建立一个量身定制的、进可攻退可守的多元化资产组合。这个组合类似于金字塔形：底层大部分财富是安全、保险型资产，顶层留出少量在冒一定风险前提下可以获得高收益的资产。

最后的威胁因素是时间成本。金融资产的投资只是家族财富管理的一个组成部分，不能因为投资而放弃其他为家族创造价值的部分。经济学上有一个"机会成本"的概念，对于拥有家族企业的家族投资者而言，如果将全部的时间精力都投入到金融投资而荒废了实业，从投资组合层面的收益看来，这也是一种整体家族财富的损失。

要解决家族在投资中面临的种种威胁，最重要的一种方式是建立纪律性的投资体系，就像市场上成功的专业投资机构一样去做投资。纪律性的投资体系包括很多内容。

（1）家族在开展投资之前应该对自己的投资目标和目的有一个明确的认识。确定在风险合适的水平上，可接受的长期回报目标。

（2）家族事先设定投资结构和流程，包括资产配置、资产类型和投资组合的构成，描述投资标的、基金经理的筛选标准和应该遵守的各种限制；给出投资计划的实施管理过程，管理效果如何评估，评估的标准和时间维度。

（3）家族事先定义好决策过程当中所有参与方决策的责任、遵守的规定和要求，确保投资过程当中各方的有效沟通渠道。

这些投资纪律可以凝练后以书面化的形式呈现在家族的投资政策声明书上。这是家族的一个纪律性的投资指导，提出投资的长期目标，用于规划和实施家族的投资计划。由此引导出投资管理的框架，投资组合的结构、内容和执行方式。

所以，一个家族在投资之前先设定投资目标和建立一个系统性的投资理念非常重要。这个话题看起来可能和具体的投资标的没有直接关系，所以往往会被迫不及待进入市场的家族投资者所忽略。

（五）家族的投资流程

我们从案例介绍中可以看到，W家族在投资的规范性上已经迈出了一大步，从最开始的被动接受其他人推荐的项目，向建设自己的投资团队、主动寻找项目的方式进行转变。事实上，目前中国很多家族还停留在第一步。

家族在建立专属投资平台管理金融资产时，需要聘请专业投资人士或与其进行合作。为此，家族需要为其投资平台设定一个战略框架，然后让专业人士在这个框架内操作，并根据阶段性目标与预设参数持续地评估考核、监督专业投资人士的进展。

要达到这些目的，家族投资平台需要有一套流程化的投资机制。虽然每个家族办公室都与众不同，但在实施投资功能上大多数采用类似的流程。这个流程往往包括三个步骤。

（1）第一步是在充分考虑了法律和合规的限制后，制定统一的投资政策以及投资目标。这一步骤可确保家族投资有明确的方向和具体执行的准则，并能与家族价值观和家族的长期目标保持一致。

（2）第二步是根据家族的需求创建一个投资组合的模型，这个投资组合可以是战略性的也可以是战术性的，或两者的结合。比如，对于一些不愿意在自己擅长领域之外进行多元化投资的家族来说，家族可以考虑一种相对"产业限制的组合模型"。这种模型的创建理念是只投资在熟识的领域，将家族的大部分资产集中在一个专注的行业或领域。希望足够多元化的家族可以采用"机构型多元化组合模型"。这种模型在考虑到家族的短期、不可预测的收入或者现金需求基础上，践行一个长期投资的理念。一个典型的模型是核心/卫星投资组合——这意味着 60%~90% 的核心资产配置到如债券、现金、股票、ETF、公募基金等传统资产中，其余的是私募基金、私募股权、不动产或商品资源类等另类资产。介于这两种模型之间的是"混合式模型"。家族可以投资 15%~35% 的资金到特定产业组合，投资 65%~85% 的资金到多元化组合。理论上讲，这使得他们能够在自己熟悉的领域寻求超额收益，同时避免所有资金集中在单一领域的风险。

（3）第三步是家族办公室的投资分析师或首席投资官对各种各样的投资机会进行全面的分析和研究，报告交由投资平台负责人，如投资委员会或类似机构来决策。家族专属投资平台的投资流程中很重要的一环是投资委员会（投资决策机构）。投资委员会的作用在于帮助制定战略投资决策，评估或者选择基金经理，讨论投资组合构建和风险管理的方法和施行，还有确保对投资政策的执行。

（六）家族投资的风险管理

每一次金融市场的动荡，因为缺乏风险意识（如大量使用杠杆投资和投资过于集中）和缺乏恰当的风险管理手段（如没有预设和严格执行止损），很多企业家的个人投资和私人投资平台都蒙受了巨大的损失。这些投资遭遇的重大亏损其实就是投资风险管理的失败。

作为一个家族的金融投资功能的执行者，投资平台是否应该通过资产配置功能达到家族保全和增长财富的目标，同时采用风险管理手段减少达到这些目标的不确定性？一个投资平台的风险管理体系应该考虑什么因素？

一般而言，家族投资平台的风险管理体系包括三大部分：风险测量方法，风险管理手段，风险管理流程和治理。

风险测量是一个识别、估算和评估潜在投资风险的过程。在这个过程中，家族需要清楚地了解投资项目的投资目标和可能出现的风险参数。风险测量应该考虑到包括市场风险和信用风险等在内的各种风险类别，风险测量同时应该设置风险升级后的应对措施。比如，在重大市场变化或影响到家族投资的不利事件发生后，要有明确的止损点的设置。这些风险测量的内容和方法应该注明在家族投资平台的投资风险策略报告中，以正式文件形式呈现，并指引家族的投资决策。

如果我们能够辨别和测量潜在的风险，风险管理手段可以帮助我们有效地调整投资组合的风险以达到与家族投资目标相匹配的水平。这个过程从详尽的尽职调查入手，以期尽可能减少交易对手的信用风险；到充分了解家族投资者的风险容忍度，从而与投资组合的构建相匹配；再到备用的解决方案，以应对可能出现的风险继续恶化的情况。

要确保风险管理手段的实行，家族投资平台需配置一定的基础设施，即一套包含风险分析、数据库和与其他系统（如会计和合规系统）相兼容的复杂的风险管理系统。系统可以提供组合风险的评估，这个风险评估体系可能包括各类资产的风险水平计算要素，如风险影响（某一特定投资仓位对总体风险有多大影响）、多元化效益（投资组合有没有得到足够的风险分散）、风险级别（在投资组合中，各个投资仓位具有怎样的风险）和组合相对于市场组合的风险系数计算，以及场景模拟的压力测试等功能。

压力测试用于在各种类似于金融危机、股市崩盘等极端不利的市场条件下，以评估投资组合可能面临的最大的损失程度。管理资金规模足够大的家族投资平台可以聘请风险管理方面的专业人士帮助设计和建立一套符合自己需求的系统，也可以通过外部专业公司的风险管理系统帮助其达到风险管控目的。

之前我们提到过，要在投资中获取收益，家族需要冒一定的风险。不过这些投资产生的风险可以通过规避和降低风险影响两种方式来控制。除了通过降低资产集中度来管理家族财富风险，也可以选择不改变这种风险的同时，考虑保持充足的现金/流动性资产来维持家族的目前和未来的生活水准，将金融财富与其他风险资产通过家族信托等方式进行充分隔离，家族也可以选择将部分风险通过金融工具转移出去。比如，通过衍生产品的设计和购买各种保险来降低当风险产生时对家族造成的损失。

与家族在投资决策中使用的决策流程和治理机制一样，风险管理也需要健全的管理流程和治理机制。没有这套机制，家族投资平台将无法在瞬息变化的市场环境中迅速地、果断地处理突如其来的不利事件，成功管理投资风险。在治理方面，家族最好有一个风险和投资决策委员能定期回顾家族投资组合的潜在风险，评估和调整风险参数，检查和评审家族的投资方案和投资风险。

虽然家族在投资中不应该将收益和风险分开进行考量，但在寻求外部的风险管理协助时，可以选择与家族投资标的或基金管理人无关的外部咨询机构。也就是说，家族在寻求外部专家建议的时候，可以将投资咨询和风险管理咨询尽量区分开。主要的原因有两条。

（1）对于希望持续帮助管理家族投资和收取管理费用的机构来说，很难要求它们能够提供独立的、没有偏袒的风险管理建议。

（2）基金经理和投资顾问并不一定具备投资风险管理领域的直接经验和专业技能。

（七）家族投资体系的成熟度

专业化的投资体系会给家族带来什么好处？如何判断一个家族投资平台的成熟度是否达到了专业机构的程度？

虽然家族专属的投资平台普遍从传统的投资机构挖人，模仿机构的投资方式，但从某种程度上看，这些家族投资平台的机构化特征又不太明显。比如，家族对决策具有过多的控制权、缺乏投资流程的内部治理、投资组合的多元化不足、内部的辅助功能配套不齐全等。诚然，家族投资不能完全按照大型机构的方式进行，但家族平台是否也需要正式的投资和管理流程、机制？如何衡量一个家族平台的专业成熟度？这一部分内容将展开探讨这些问题。

判断一个家族投资平台的成熟度主要看平台是否具备机构化的特征，简单说，家族投资平台能否系统性、纪律性地去做投资。所以，家族投资平台的机构化指的是一个流程导向的投资决策过程。一个家族投资平台（如单一的家族办公室）在发展历程中，它的机构化程度可分为三个阶段。

（1）初生阶段：在这一阶段几乎没有流程导向的投资决策，第一代财富创造者主导决策，投资组合比较集中，因此投资收益波动非常大。

（2）中间阶段：已经具备初步的投资流程，有专业投资人士参与管理；具备一定的风险意识，尝试在资产保值和资产增值之间获取平衡；具备流程导向的投资决策，因此减少组合集中现象和收益的波动。

（3）高级阶段：具备专业资产管理经理的特征，由专业投资人士主导的严谨投资流程；以资产保值为主要投资目标，并聘请特定的投资领域专家参与决策；已经开始从其他投资者群体募集资金，逐步转向联合家族办公室的模式。

根据法国欧洲工商管理学院（INSEAD）关于包括亚洲、大洋洲在内的家族办公室的一份研究报告显示[⊖]，机构化的演变虽然不一定能帮助家族办公室获得更高的收益，但投资业绩更为稳定。

如图 4-31 所示，伴随着家族办公室越来越成熟，从阶段一发展到阶段三，投资业绩表现趋向稳定，体现在收益的波动幅度开始变窄。这是因为对投资机会审核更加严格，对投资组合进行多元化，使得组合收益的波动性下降，最终满足家族的持续性稳定收入和资产保值的需求，达到世代相传的目标。

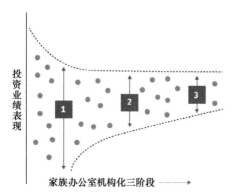

图 4-31　家族办公室的三阶段机构化程度以及相应的业绩波动幅度

关于如何判断一个家族投资平台是否具备机构化的特征以及机构化成熟程度，欧洲工商管理学院的报告分为六个维度：家族控制程度、治理结构、组合多元化、风险管理、费用和内嵌功能配置。

在一个家族办公室的初级阶段，家族投资平台往往具有这些特征：所有决策都掌握在家族家长/创始人的手中；投资组合集中在

⊖　Zeisberger C. INSEAD - Pictet Report on The Institutionalization of Asian Family Offices. 2015.

家族熟悉的行业和投资渠道，缺乏风险管理意识；家族控制费用，经营粗糙；以投资为核心的平台。

到了中间阶段，职业经理人开始介入管理减轻第一代的决策压力，减少代际之间的矛盾以及吸引外部专业人士参与；投资组合开始配置相关性低的资产，关注单一资产的投资风险，缺乏全盘考虑，主要通过多元化控制风险；投资平台在原来基础上增加部分税务规划、慈善和管家功能。

高级阶段有点类似有限合伙制，专业人士负责日常的投资决策，家族提供战略和监督指导；资产配置有不同的资产类别、不同的地理区域、不同的主动/被动策略等，形成多元化的组合；采用系统性的风险管理系统；虽然投资平台重点关注投资，但具备一体化的、整合的解决方案提供能力，通过外包的方式，把相对弱的增值服务功能外包出去。这些特征体现的是家族控制和治理结构维度的机构化。

一个家族办公室在三个机构化阶段的特征如图 4-32 所示。

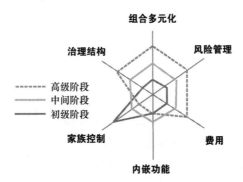

图 4-32　家族办公室在三个机构化阶段的特征

（八）家族投资平台的投资功能和模式

家族的专属投资平台一般需要配置什么样的功能？需要配置什么样的人才？

　　家族专属的投资平台采用多种多样的投资方式，对应平台配置的各种执行功能。投资平台一般需要配置什么功能？这些功能又可以归纳为什么类型的投资模式？这一部分的内容为有意于在金融市场投资的家族提供一些思路。

　　家族投资平台的核心投资功能一般包括以下六个方面[⊖]（见图 4-33）。

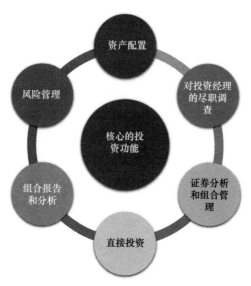

图 4-33　家族投资平台的核心投资功能

　　（1）资产配置。选择和分配资金到不同资产类别。资产配置设定了投资策略的一个大致的方向和范围，最终使得家族的目标收益和风险容忍度达到平衡。

　　（2）对投资经理的尽职调查。通常为了分散风险或受限于专业

⊖　Stephen Martiros, Family Office Investment Models, https：//www. martiros. com/_files/ugd/ba7a8c_3c5f3dc0a68542f489d17c8b3c24ba83. pdf.

度，家族投资平台会将管理资金分开委托多个投资经理管理，家族需要根据设定的标准对管理人进行尽职调查、遴选和监控。

（3）证券分析和组合管理。这是投资经理的最重要的职责——评估单一证券，构建一个风险和收益均衡的组合。

（4）直接投资。直接投资指的是对初创企业的风投，投资运营中的企业和不动产项目以及一系列如酒店等一次性交易的投资。

（5）组合报告和分析。家族需要对其拥有的资产、所投资的项目、未来的规划充分了解。组合报告和分析功能可以提供足够的信息。

（6）风险管理。

为实施这些投资功能，家族投资平台一般采用四种投资模式[一]（见图4-34）。

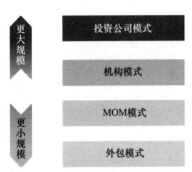

图4-34 家族投资平台的四种投资模式

第一种是外包模式。这是一种将主要的投资功能外包给独立的联合家族办公室和资产管理机构，由后者提供核心投资服务，如资产配置、基金经理的选择、业绩分析和报告等投资功能的模式。在

⊖ Stephen Martiros, Family Office Investment Models, https://www.martiros.com/_files/ugd/ba7a8c_3c5f3dc0a68542f489d17c8b3c24ba83.pdf.

这种模式中，家族除了偶尔会保留的直接投资功能外，基本上会将其他所有功能外包给专业的投资机构。这种模式特别适合资金体量不大的家族。

第二种是"管理人中的管理人"（Manager of Managers，简称MOM）或"基金中基金"（Fund of Funds，简称FOF）模式。家族投资平台将资金配置给不同类型的资产管理人或者基金产品，由资产管理人或基金经理实施具体的证券选择和组合构建。FOF模式是指以"基金"为投资标的，家族投资平台通过一个投资账户持有多只不同基金。与投资单只基金相比，FOF模式是"基金的组合"。MOM模式是指家族投资平台委托至少两个第三方资产管理机构（投资顾问/基金管理人）就平台的资产提供投资建议，并将资产分到至少两个资金账户，每一个账户按规定单独设立产品，形成一个"基金经理的组合"。简单来说，FOF投资的是优质基金产品，MOM投资的是优质基金经理。

MOM或者FOF模式的潜在优势在于，它们通过优化资产配置可以实现更优的风险收益比。MOM或者FOF模式设置了投资的大部分功能，但因为将单一证券的分析委托给单一管理人，所以不需要证券分析和组合管理功能。

第三种是机构模式。家族投资平台聘请独立的投资顾问（如私人银行等）给予资产配置、投资经理选择等功能的建议，家族实施自主决策。这种模式实际上等于将资产和管理人选择的这部分研究功能外包给私人银行，资产配置和风险管理是平台保留的主要功能。作为一个延伸，家族也可以将资产配置和风险管理委托给一个独立的第三方，类似于境外的外部资产管理人（External Asset Manager，简称EAM）模式。在境外（如香港），EAM模式指客户把其在私人银行的账户授权给EAM，使其作为第三方代执行资产配置和风险管理功能。

　　第四种是投资公司模式。这种模式提供一个功能齐全、一体化的投资平台,具有内嵌的投研团队、不同资产类别的投资团队以及风控团队,它们通常以一个私人投资公司或大型对冲基金的形式存在。投资公司模式配备了所有的核心功能。

　　关于中国的家族对于这几种模式的选择,在瑞银集团、上海高金金融研究院和财策智库做的中国单一家族办公室的调研中,大多数的中国家族偏好母基金模式:50%的家族办公室选择把握资产配置的方向和风控,而将资金配置给多个基金产品或管理人,类似于母基金的管理模式(见图4-35)。在访谈中,有家族办公室负责人坦言,这种模式有助于他们兼顾收益和成本。内部投资团队通常会把握配置的方向,例如股权偏好的细分领域,从中去寻找该领域最好的基金管理人,然后成为他们的LP。

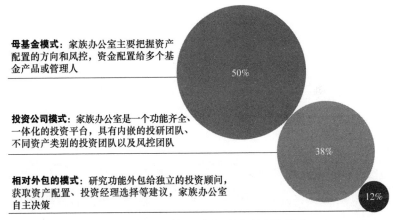

母基金模式:家族办公室主要把握资产配置的方向和风控,资金配置给多个基金产品或管理人　　50%

投资公司模式:家族办公室是一个功能齐全、一体化的投资平台,具有内嵌的投研团队、不同资产类别的投资团队以及风控团队　　38%

相对外包的模式:研究功能外包给独立的投资顾问,获取资产配置、投资经理选择等建议,家族办公室自主决策　　12%

图 4-35　中国的家族办公室偏好的投资模式

　　38%的家族办公室的投资模式被设计为功能齐全、一体化的投资公司模式。这些模式具有内嵌的投研团队、不同资产类别的投资团队以及风控团队。至于选择这种模式的原因,如部分家族办公室负责人所言:"如果投资是家族未来安身立命之本,那投资的能力就必须长在家族成员身上。作为家族成员，他们会站在家族利益的角度来投资，立场是与家族利益一致的，所以不倾向外包。"

其余 12% 的家族办公室则倾向于将研究功能外包给独立的投资顾问，获取资产配置、投资经理选择等建议，然后由家族办公室自主决策。投资模式和人力配置、成本、风险控制程度等因素相互影响，存在一定的平衡。

投资模式的选择，取决于家族在投资理念、管理资金的规模、人才储备、成本等方面的考量。虽然目前我国半数家族办公室青睐母基金模式，但在管理资产规模超过 50 亿元的家族办公室中，大多数的家族办公室（67%）选择自行成立功能齐全、一体化的投资平台，具有完善的投研团队、不同类别的投资团队及风控团队。这种模式对于成本的要求更高，需要较大的管理资产规模与之相匹配。

各项投资功能在采用不同模式的家族投资平台的配置不尽相同，表 4-2 更加详尽地描绘了这几种投资模式中配置功能的差异⊖。

表 4-2　不同投资模式中配置功能的差异

	外包模式	MOM 模式	机构模式	投资公司模式
资产配置	无	有	有	有
投资经理的尽职调查	无	有	无	有
证券分析和组合管理	无	无	无	有
直接投资	偶尔有	偶尔有	偶尔有	通常有
组合报告和分析	无	有	无	有
风险管理	无	有	有	有

⊖ Stephen Martiros, Family Office Investment Models, https://www.martiros.com/_files/ugd/ba7a8c_3c5f3dc0a68542f489d17c8b3c24ba83.pdf.

从功能的齐全和完善程度来看，家族平台对投资模式的选择受到两个因素的影响。一是管理资产的规模，其与运营的成本相关。维护一个小规模专业投资团队每年的费用假如是 100 万元，管理的家族可投资资产规模在 1 亿元左右的话，每年的固定管理团队费用就是 1%，但这并不包括其他如后台、技术、会计、法律等费用。如果管理的家族可投资资产规模在 5 亿元，那么管理团队费用率就只有 0.2%。所以规模越大，经济规模效益就越明显。

另外一个因素是家族对投资核心业务的处理偏好。家族需要决定资产管理是选择在内部执行还是交给外部的投资专家。比如，即便是采用机构模式，是否由家族自己执行资产配置和风险管理功能，抑或交由境外的外部资产管理人来执行，这体现出了家族不一样的偏好。

（九）家族投资平台首席投资官角色

在这一部分，我们讨论在家族平台主导投资事务的负责人这一角色，或者称之为"首席投资官"（Chief Investment Officer，简称 CIO）。为什么 CIO 对于一个家族投资平台来说重要？胜任 CIO 的角色需要什么样的素质才能？家族如何在市场上挑选合适的 CIO？

1. CIO 角色的素质才能

我们通过一个投资型的家族办公室小案例来说明 CIO 的角色。这是欧洲的一个家族办公室。主要功能是投资，其他服务（法律、税收、遗产规划和慈善）全部外包，其投资方向是公开市场交易证券。家族办公室的投资目标是资产保全，目标收益设定在超出股票市场指数 2 个百分点。

家族办公室设有一位 CIO，是唯一的全职外部员工，一位家族成员担任 CEO，两者形成紧密的合作关系。两人每周开会讨论整体投资策略、具体投资项目、分析报告以及资产配置决策，每季度会有一个正式的投资业绩回顾会议，其他时间 CIO 则完全独立行使其职责。CIO 基于家族的独特需求构建家族办公室的投资策略，CIO 认为，他与家族成员之间的"投缘"是家族办公室成功的关键。家族成员 CEO 在采访中认为，家族办公室的成功依赖一个强有力、专业的 CIO 维持其投资功能，CIO 的工作成效建立在其与家族之间的良好关系和信任之上。

实际上，一个合格的 CIO 必须是专业的，这是基础要求。但与此同时，获得家族的信任也是一项必备条件，这点和专业的投资机构选择 CIO 的标准有所不同。应该说，信任相对于专业而言，可能在家族心目中更重要。但是，获取家族信任的原因千奇百怪，很难系统地归纳，但专业角度的素质要求相对比较容易总结。那么，一个好的 CIO 需要什么样的素质呢？

虽然每个家族投资平台的 CIO 角色定位也会根据家族的规模、复杂性、投资理念和目标而有很大差异，但我们可以从境内外的实践经验中提炼出一些共性的特征。CIO 在一个家族投资平台中可能会担任如下的角色（见图 4-36）。

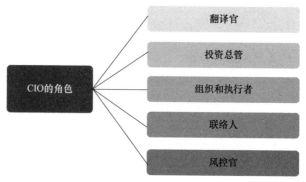

图 4-36　CIO 在家族投资平台中担任的角色

"翻译官"的角色

家族投资平台的 CIO 需要根据家族的需要创建并严格遵循一系

列的投资策略和目标。因此，CIO 首先要了解家族委托人的需求，对于利益、生活目标、社会影响的看法，以便能制定适合家族价值观和愿景的投资目标和执行策略。CIO 必须全面了解家族的资产情况以及投资偏好和方式，并考虑到投资中面临的税收、法律、风险管理和流动性的限制，负责将家族的既定投资目标和理念转换成以结果为导向的规范化投资策略。

有时候，CIO 可能是最了解家族投资需求的唯一人，这里的"唯一人"指的是包括家族成员在内的唯一人，因为有时候家族成员也没有时间或能力了解他们的具体需求，所以需要外部的某个人来开发和总结他们的真正需求。

"投资总管"的角色

CIO 是家族投资事务的"总管"。这个角色不仅提供战略咨询或全局性思维，同时也深入到标的选择的战术层面。CIO 与家族的沟通，为家族提供资产配置的战略咨询；了解到家族的需求之后，通过具体的资产配置方案来达到家族的投资目标。CIO 需要充分了解市场上各类资产的优缺点、特性和与所服务的家族的匹配程度，并对投资的结果负责。

"组织和执行者"的角色

CIO 制定投资决策的管理流程和投资政策声明，并将主导遴选和监控基金经理的流程。这就要求 CIO 具有一定的专业度，但这个专业度不应该是一个狭隘的定义，不需要具体到单一的证券、股票策略的深入分析，更多是在管理人层面的挑选和监督。

"联络人"的角色

优秀的 CIO 需要帮助家族建立与投资圈和资本市场的联系并保持良好关系，发挥他们人脉资源的优势；对投资趋势的变化有深刻理解的同时，也能寻求具体的产品或策略的外部资源合作。

家族投资常常分为直接投资和间接投资。间接投资是指家族通过投向专业机构、基金管理人来实现收益。在市场上遴选优质的、符合家族文化的投资机构和管理人，是 CIO 的工作内容。因此，CIO 通常需要非常熟悉所覆盖的市场，和投资机构、顶级管理人保持良好的沟通和关系，保持对市场趋势和策略变化的敏锐度。在直接股权投资市场中，通常只有顶级私募股权公司或投资人才能优先获得一些稀缺的交易机会。这意味着许多家族投资平台需要进入到这些顶级的圈层，与顶级私募股权、风险投资、资产管理公司保持良好的关系，才有可能在早期发现和分享最佳的潜在投资项目。

"风控官" 的角色

因为家族的首要目标是保持和增长现有财富，风险管理是投资中最关键的职能。CIO 需要组织和执行投资，同时管控风险。根据对家族客户的需求判断来平衡风险和收益的关系。"帮助客户继续保持富有" 而非一味追求 "为客户赚更多钱"。

2. 如何挑选合适的 CIO？

对家族投资平台 CIO 的角色定位进行充分了解之后，家族将面临如何挑选优秀 CIO 的问题。

首先需要明确的是，CIO 的标准因为每个家族的目标、投资规模、复杂程度等的不同而有很大的差异。比如，有的家族投资平台偏好间接投资，几乎将所有的资产都委托给第三方顾问来管理，而有的家族投资平台会将直接投资作为自己的重心。这两种平台对于 CIO 的选择标准存在巨大的差异。而 CIO 自身的经验和背景也将决定他们的投资风格和类型。家族投资平台应该根据自身的特点和需求，找到经验和背景与家族的投资策略匹配的 CIO。

许多家族，无论规模大小，都没有直接投资的偏好，他们聘请的 CIO 更像是资产配置专家，负责监督战略的执行、外部顾问的选择、提供报告、评估绩效并建议组合再平衡。这种家族通常都将策略的执行权委托给银行、经纪公司或资产经理（通常是三者结合）。

这些家族聘请的 CIO 多半有管理投资组合、资本市场或金融服务行业"卖方"工作的丰富经验。这类 CIO 非常了解其他富裕客户或机构如何管理其资金，并了解金融服务公司的优缺点。他们可以帮助家族选择合作伙伴，评估优势和劣势、付费的合理区间等。这类 CIO 堪称资源整合和资产配置的专家。

而另一部分家族倾向于直接投资，自己管理大部分或所有资金。这些家族因为种种原因更加希望自己拥有投资的决定权，这样的家族更需要的是投资专家。也许属于基金公司、机构投资者和资产管理人的专业投资人士更适合这种家族。

但这样的 CIO 的招募是竞争非常激烈且成本高昂的，因此家族必须审慎地评估个人"能力风险"——CIO 候选人的投资能力和经验是否能持续地满足家族的投资期望和符合家族的投入成本。这种方式的优势是，家族投资具有更高的灵活性，并且未来有成长为联合家族办公室或独立投资机构的可能；而 CIO 可以分享共同成长带来的红利，比如获得业绩分成或股权收益等。

另一些家族可能乐于采用混合投资方式，直接管理部分投资组合，将剩余部分外包。这类家族的 CIO 通常在直接投资领域和投资策略方面具备相关经验和背景，在核心竞争力以外的领域通过间接投资和外包的方式来进行投资。

总而言之，家族的投资模式决定了 CIO 的选择标准，而家族的投资模式服务于家族的长期战略。除此之外，我们也需要考虑 CIO 与家族文化、价值观的契合度，以及与家族成员之间、与市场合作伙伴之间沟通合作、建立信任的能力。因此，家族 CIO 的选择需要经过审慎、相对长期的过程，并留有一定的磨合空间，最后才能达到"让家族继续保持富有"的目标。

（十）家族投资组合的多元化

"不要把鸡蛋放在同一个篮子里"被很多人视作配置个人资产的

千金要诀，通俗地说就是我们千万不要将资金集中在单一资产类别中。进一步思考，即使我们把鸡蛋放到不同的篮子里，如果这些篮子都在同一辆车上，那和鸡蛋放在同一个篮子里，又有什么区别呢？

分散化投资并不是资产的简单分散化，而是底层风险因子的分散化，这才是真正的"免费午餐"。也就是说，如果不同的资产类型都受到同一个风险因子的影响，一个简单投资于很多不同类型资产的组合也很难享受到多元化的收益。延伸一步来考虑这个问题，我们是否应该"把鸡蛋放到不同的篮子，不要把这些篮子都放在同一辆车上"？因为这一辆车子就是影响到所有篮子的同一个风险因子（车翻了所有篮子也就毁了）。那如何能够做到不把篮子放到同一辆车上呢？

随着全球一体化进程的深入，能够完全互相不影响的投资标的几乎不存在。而中国投资者能做的，就是尽量降低投资标的间的互相影响。

跨境、跨市场的投资是一大秘诀。也许中国的资产和美国同类资产的收益驱动力是类似的，但两个国家保证这些收益的底层市场基准条件肯定不一样。因为两个国家的宏观经济情况不一样，受到全球政治环境影响的程度不一样，我们把资产同时配置到中国和美国的股市就能在一定程度上起到对冲的效果。

另一种方式是寻求资产回报影响因素的多元化。即使在同一个市场环境下，对于投资策略的多元化的选择也能达到分散投资、降低风险的效果。比如，在 2008 年金融危机时，一个资产分散但都是多头策略的组合会亏损严重。因为在危机当中，所有资产除了美国国债和国际债券之外，无一例外都在大幅下跌，持有多头头寸的策略面临集体下跌的局面。但是，如果依据策略的不同收益驱动力（策略赚钱的方式不同）进行设计组合，多元化的效果要远比简单的大类资产分散配置好得多。

总结而言，多元化的效果其实最终取决于所配置不同类型资产之间的关联性。资产间的关联度越低，资产组合的多元化效果就越好。这个关联性很多时候会被大家认为是一些表面的特征或历史的收益率，更少的人关注资产的回报驱动力。股票以及债券的回报驱动力都是企业盈利能力的增加以及估值的提升，影响它们收益的底层市场基准条件是正常运行的宏观市场环境。牛市是一荣俱荣，熊市则是一损俱损。这不难理解为什么在经济下行区间，股票亏钱，债券亏钱，甚至是其他投资（如信托产品）也会踩雷，因为我们的投资都在同一辆车上。

在多元化资产配置的时候，我们切记不可在不同的大类资产之间进行简单分配。我们要了解资产底层的盈利逻辑和维持这些盈利的必备市场环境并据此进行分散，才能真正做好多元化配置。具体来说，跨境、跨市场的资产配置，并寻求资产回报影响因素的多元化，这才是真正的多元化投资理念。

（十一）家族投资组合的超额收益来源

一个家族选定的投资组合（策略）为什么能挣钱？一个组合产生的超额收益有哪些主要来源？

资产配置的超额收益有三个基本来源。

（1）我们只能冒风险，即通过持有风险资产才能获得超额收益，这个收益也被称为风险溢价。

（2）在关联度不高的资产之间分散投资可以分散风险因子的影响，所以带来额外的收益。

（3）投资组合的回报可以分解为两部分：配置中资产类别的被动指数回报（即跟随市场的走势获取的收益，也被称为 Beta 收益），以及通过积极管理（选择管理人和择时）产生的收益（即超越市场走势后的超额收益，也被称为 Alpha 收益）。

那么，对于一个能获得超额收益（即 Alpha 收益）的家族投资组合，我们也可以把收益的来源分为四个部分分别管理。

（1）主动管理产生的 Alpha 收益。通过对被投证券、基金管理人和项目的挑选与战术性调整的主动能力产生的超额收益。一个简单例子是，同样都是投资我国 A 股市场，为什么有些私募基金赚钱，有些亏钱，因为挑选股票和调仓的主动管理能力不一样。

（2）基于杠杆和非流动性产生的 Alpha 收益。股权投资的预期收益为什么要比股票投资的预期收益要更高？一个简单的原因是，这类资产的风险更高。为什么风险更高？因为股权投资流动性更差，甚至基本上没有流动性，所以市场的有效性更低。一般投资者既不愿意又无能力处理非流动性，所以这类型资产要提供更高的收益来吸引投资者；反过来，持有这类资产就会产生超额收益。同样的道理也可以应用到使用高杠杆的投资品种。

（3）多元化产生的 Alpha 收益：多元化能够改善投资组合的特性，因为它能使投资者在给定的风险水平上获得更高收益。组合多元化的优势：当多个不同类型的资产处于同一个组合，同一程度风险下的收益会提升，风险—收益关系越来越趋于更有效的区间。

其实，二级市场的宏观对冲、CTA、市场中性量化、另类策略与其他资产的相关度低，也可以产生 Alpha 收益。对于中国企业家来说，经营企业需要承担巨大风险，适当地配置些不同行业的股权投资，可以分散一些主业的风险。

（4）税负、费率筹划产生的 Alpha 收益：在投资中，很多人不会太注重一般私募基金收取的 2% 费用，以及投资产生的税负对财富长期侵蚀的效应。实际上，我们要记住税负和费用是固定的支出，而对应比例的预期收益需要冒风险才能获得。

税负在某些类型的投资中特别明显。股权投资项目在退出时都会面临 20%～40% 的税负，额外的税负就是对收益的侵蚀。家族投资股权项目是否考虑过税负的作用？虽然直投项目可以降低费率，但通过专门机构认定的创投基金投资是否比通过有限合伙企业方式直接投资股权项目产生更大的税筹空间？因为我国二级市场的投资没有资本利得税，增加二级市场的配置是否可以产生更多的税收优化空间？

(十二)　家族的权益类资产的投资

1. 权益类资产的偏好

类似 W 家族这样的中国家族投资者对权益类资产有天然的偏好，无外乎几点原因。首先，权益类投资往往连接成长型底层资产，能提供较高的预期收益率。其次，虽然成长型资产伴随的是较高的不确定性，但以企业家背景居多的家族投资者通常有较高的风险偏好，能够接受配置一部分资金到"高风险—高收益"的资产。最后，权益类投资背后对应实业资产，同样具备实业经营背景的家族投资者对资产涉及的行业、商业模式、盈利结构会更容易产生共鸣。

事实上，瑞银集团、上海高金金融研究院和财策智库做的调研发现，中国家族偏爱权益类资产，此大类资产的平均配置比例接近 57%，其中，股权类资产占比为 39%。在 2021 年各类资产的配置中，最受单一家族办公室青睐的资产是直投的股权项目，84% 的受访者资产配置中包含该项资产，平均配置占比约为 21.5%；排在第二位的是国内市场的股票，72% 的受访者资产配置中包含该项资产，平均配置占比约为 18%；排在第三位的是私募股权基金，76% 的受访者资产配置中包含该项资产，平均配置占比约为 18%；排在第四位的是投资性房地产，56% 的受访者资产配置中包含该项资产，平均配置占比约为 11%。

权益类投资分为二级市场投资（或股票投资）和一级市场投资（或股权投资）。两个市场最大的区别在于一级市场因为流动性差、信息不对称，所以市场有效性比较差，因此如果某一策略具有特定优势的话可以获得较高的超额收益；相反，二级市场信息高度公开、流动性好、市场竞争充分、有效性高，使得任何一个策略都很难长时间获得超额收益。

从组建投资平台团队的角度看，二级市场基金经理的核心竞争力是投资经验和投资能力，其他外部资源并没有太多稀缺性，因此只要业绩好，基金经理很容易自立门户成立自己的私募基金。但是，一级市场对于产业背景要求更高，基金业绩需要长时间体现，所以面临的募资压力要比二级市场高。

恐怕最重要的一点是两个市场的投资逻辑并不一样。一级市场的投资更依赖对行业、商业模式的判断，具有实业背景的家族自认为更能看得懂。如果项目出现什么问题，投资人可以通过董事会、股东会进入项目企业的管理。家族产业可能与一级市场组合的项目产生互动，和家族的产业布局形成互补和协调效应。而在二级市场投资时，家族持有公开市场的交易品种和家族的产业关联性、协同性都低很多。

2. 股权基金投资

在我们的调研统计中发现，中国家族偏爱权益类资产，特别是喜欢股权投资。除了委托专业基金进行投资外，一部分拥有自己的私募股权基金，或者成为一个私募股权基金的联合 GP，或者通过简单的投资平台持有股权项目。这一部分内容将讨论选择基金管理人，委托专业基金进行股权投资的方式。我们将结合国内家族对于股权基金管理人的一些普遍偏好进行重点分析。

（1）对首次募集基金的偏好。不少家族对首次募资的基金有特别的偏好，理由是"创业"的管理人有强烈的动机把首只基金做成一个优秀业绩记录；另外，首只基金投资覆盖的项目通常是管理人为自己"创业"积累的精华。这些动机使得首只基金的业绩通常很优异。

不过并非所有的首次募集基金都能创造优异的成绩。首次募集基金可以分为两类，一类是没有股权投资经验的团队，如投行、咨询、二级市场或产业背景的团队。这些团队通常很难从机构手中募集到资金，所以高净值个人的资金是被追逐的对象。其中例外的是有产业背景的团队或者由成功创业者转型而来的团队，因为他们有深厚行业背景，知晓行业的难点、痛点，也了解被投企业对于投资人的诉求。

另一类叫分拆基金，指的是在投资机构中工作过，现在决定出来自立门户的创始团队。这类基金的创始人既有专业训练经历和投资记录，又有一定的行业人脉和品牌。他们决定自立门户，所以比其他成熟基金更有动力和意愿证明自己，因此更具创业精神、行动更迅速，也愿意承担更多风险，有获取更高收益的可能性。特别是一些出身知名机构、年富力强、投出过明星项目的投资人，通常会受到投资者的追捧。对于家族投资平台来说，这种类型的第一期基金可能是优先选择的对象。因为对方是新基金，家族在条款、投资量、跟投额度等方面的谈判上还能获得更多空间。

同时，家族也要注意分拆基金存在的一些风险。比如说，创始人在原来平台的贡献是否被夸大了？离开原来大平台的支持之后，创始人还能否在项目源、投资支持、投后管理资源上得到充分的支持？如果没有，将会影响到后面投资的业绩。另外，作为原有平台合伙人和自立门户的创业者，两个角色要求的能力是不一样的。创业者是否具备凝聚团队、运营基金、管理方面的能力？这些问题在基金尽职调查中可以涉及。通过对于个人、团队和组织的了解，家族可以规避这些潜在风险。当然，部分风险厌恶的家族投资者可能宁愿接受成熟基金中庸的业绩，也不愿意投资新基金的潜在高收益。这个选择取决于家族本身的投资偏好。

（2）对大公司专属基金的偏好。专属基金是指一些实业或金融集团旗下的股权投资基金，比如腾讯、阿里巴巴、复星、新希望等集团下都有它们的股权投资团队。这些团队可以充分发挥母公司的行业资源、影响力和资金优势，在项目源可得性、谈判中的议价权、投后管理的资源整合以及退出渠道的多样性等方面都有独特的优势。投资到这些基金或获得跟投项目的机会，对于家族来说具有比普通市场化基金更强的吸引力。

但是这些大公司的专属基金也存在一些问题。比如基金与 LP 的利益一致性问题。这些有产业背景的基金的首要任务是服务母公司产业，所以除了获取财务回报以外，还需要结合母公司发展的战略综合考量，所以与 LP 普遍追求财务回报的目标存在冲突。另外，因为有母公司的资金兜底，募资压力小，这些基金通常薪酬激励不如市场竞争对手。这些问题也可以通过尽调中去了解。

（3）对使用基金组合配置的方式。家族通过 MOM 或 FOF 模式配置股权投资基金/管理人的时候，需要考虑一个综合配置的策略。一般来说，不同基金形成的组合应该遵守分散化的原则，在年份、行业、公司层面保证一定的分散化。比如，如果投资两只不同基金，但它们的组合项目都是来自同一个行业，甚至都重仓了同一个项目的话，分散化的效果就无法实现。

与此同时，我们要避免组合的过度分散，如果投资的股权基金过多，基金组合的整体特性会接近于指数。因为投资私募股权基金会面临高昂的管理费用，去除这些费用后，收益很难超越二级市场股票的指数回报。

（4）对跟投机会的利用。家族以 MOM 或 FOF 模式投资到单一股权基金的时候，可以要求管理人提供后续部分项目的跟投机会。跟投项目的好处有很多，比如费率会大大低于投资基金产品，甚至可能不收管理费和业绩提成，对于注意控制成本的家族来说非常有吸引力。同时，单一项目的投资对于有直接投资意愿的家族也有吸引力。

市场上有些家族将资金采用 FOF 模式投资到不同的初创阶段的"黑马"基金，目的是为了给后续的更多跟投资金创造机会，所以对于 FOF 模式的每一个被投的基金，家族都会要求项目的跟投机会。另外，家族参与跟投的过程也是了解基金团队投资能力、获取一手经验的好机会。因为跟投工作的技术含量也高于基金选聘，家族也可以将跟投项目作为培养家族投资平台中的家族成员、员工的一种渠道，满足家族参与投资流程的兴趣。

（5）对二手基金的偏好。二手基金也被称为 S 基金。这种投资方式的存在有它的经济逻辑性。因为在所有大类资产中，股权投资是流动性最差的类别之一，在投资后的 5～10 年间，基本没有流动性。在此期间有些 LP 投资后遇到现金流问题，会考虑折价出售其持有的基金份额。

二手基金额度具有一些独特的优势。首先，家族可以通过打折价获得一些好的基金份额。其次，这些基金往往都是已经完成或接近完成投资流程，一方面可以根据投资标的评估基金的价值，相对于投资一个盲池基金面临更少的信息不对称；另一方面还能加快股权基金配置的进度，在一个更短的时间内完成投资。但特殊机遇型的机会往往需要家族保持充裕的资金流动性，短期内做出快的决策，这是很多机构投资者无法比拟的优势。

3. 直接股权投资

直接股权投资是指一个家族通过其控制的投资平台直接投资或持有一个私人的企业或项目，比如对初创企业的风险投资，投资到运营中的非上市公司和不动产项目以及产生良好现金流的一次性的餐厅、酒店等。从投资模式来说，家族的直接投资相比通过私募股权基金方式有什么优势？

（1）因为更低的管理费用和不需要后端的业绩分成，直接投资可以提升家族投资的回报率。

（2）对于绝大部分的中国家族来说，相对于委托第三方投资，直接投资模式可以达到对项目的控制和提升投资透明度的目的。

这两点是家族热衷于直接投资的最主要原因。如果操作得当，基于以下原因，直接投资模式也可能提升投资的效率。

（3）家族的直接投资在投资的标准、方法和交易结构上具有更高的灵活度。私募股权基金更受制于很多投资的约束，而家族资金并没有这些约束。比如，家族可以设计更灵活的交易结构，也可以维持深度管理参与的能力。家族资金也没有如投资规模、治理与信息要求、特定投资领域等结构限制。这些灵活度也使得家族资金对于某些投资标的来说更具吸引力。

（4）家族通常会有一个更加灵活的投资期限，不像一般的私募股权基金会面临退出的压力。对于寻求产生稳定现金流回报的商业项目，有能力、有意愿在一个更长的时间周期内去持有一些增长型企业的家族而言，"耐心资产"的威力是巨大的。比如，对于具有愿景的创业者来说，与长期投资者合作是一个很有吸引力的选择；另外，家族投资者个人作为曾经的成功企业家的故事很容易与被投企业创始人产生共鸣。如果家族具有对某一个行业的深入了解更是一个加分项，被投项目（企业）会将家族视为战略合作方，相信其能为新生代的创业者传授经验、提供指导，并相信其能将行业专业知识和资源带入目标企业，因此能够产生协同效应。当然，被投企业也会视部分拥有企业的家族投资者为潜在的未来的收购者。所有这些因素都能帮助家族直接投资吸引到好项目。

（5）直接投资可能还会给家族带来一些投资收益之外的好处。直接投资允许家族将投资项目纳入到其投资平台的整体投资组合，成为它的税收和遗产规划的定制解决方案的一部分。直接投资允许家族成员直接参与到创业企业的成长之中，使家族成员积累管理与家族企业背景相关的项目的经验。对于能够做出承诺、坚持到底的家族来说，直接投资应该是一种具有吸引力的投资方式。

尽管如此，中国家族投资者进入直接投资领域也会面临一些挑战。

（1）如何获取有价值的投资机会？家族投资平台和市场成熟的、具有品牌的大型专业基金相比，往往并不占上风。家族投资平台缺乏私募股权基金所具备的品牌的认可度，建立项目来源网络最重要的因素是过往的交易成功记录。

（2）如何吸引优秀人才？市场上具有品牌或者运行良好的私募股权基金在吸引优秀的基金经理方面更具优势。但从募资角度看，具有长期、稳定的资金来源的家族投资平台也可以吸引具有某种需求的优秀基金管理人。职业发展是人才重点关注的。

（3）如何进入交易的细节？如果不是纯粹的跟投机会，直接投资需要非常细致的工作，寻找交易项目、项目尽调、执行交易以及退出和套现等。直接投资需要资源的投入和对商业项目的法律环境，以及会计财务准则等的深度理解。控制权获取也会面对公司治理的挑战。这些要求都考验家族的专业度或能否找到具有专业度的人才代为履行这些职责。

所以对于有意进行直接投资的家族，可以将进入直接投资分为循序渐进的三个阶段来实现。最开始，碍于缺乏专业技能的局限，家族可以将资金委托市场的私募股权基金管理，担任 LP。第二阶段，家族可以学习和模仿基金经理的投资，参与对目标行业的分析、进行尽职调查和决策等，通过其资金实力成为基金的双 GP。最后的阶段，在完善自己的投资体系和团队后，直接投资将融入家族办公室或家族投资平台，成为后者的一个重要功能板块。严格来说，家族将成为自己资金的大 GP，管理众多投资在不同行业、市场的基金。

4. 家族共同投资

中国家族喜欢采用直接股权投资的方式，但遇到的突出瓶颈是项目的来源和对项目的判断能力的缺乏。在实践中，中国家族投资者也在摸索采用不同模式来突破这些瓶颈。

一个例子是一家国内联合家族办公室的起源经历。该家族办公室源自一群拥有项目资源和资金的投资人。这群人中包括财务顾问公司（FA）创始人、上市公司股东、投资基金创始人和创业成功者。平台创建的初衷是为了在圈子内分享一些独特的投资项目，从最开始的股东之间的"共投"，最后延伸到以股权投资为主的联合家族办公室模式，以母基金、专项基金的形式管理 20 个左右的国内企业家的资金。这种"共投"模式在国内家族投资者中具有一定的普遍性。实际上，"俱乐部"式或者是"家族共投"式的投资圈子在其他市场同样被超高净值的家族投资者普遍选用。

家族可以通过朋友圈或者俱乐部的方式，共同对一些股权项目进行投资。"家族共投"的好处有很多。

（1）"家族共投"可以规避在直接投资时面临的项目来源单一方面的约束。共同圈子里的家族具有可以分享独特信息的优势。一般来说，优质项目永远是直接投资之中最稀缺的资源，形成稳定的共同投资圈子，比起单一的家族投资平台，显然可以更大幅度地扩展每一个家族潜在的社会资源边际。

（2）"家族共投"可以规避在直接投资时缺乏对项目评估能力方面的约束。共同投资圈子里的家族可以分享独特的专业资源。由于规模的限制，单个家族投资平台无法大规模设立全行业的投资分析团队，也不能做到对于尽职调查的面面俱到。通过共同投资的形式组建并分享家族办公室的资源网，充分发挥每一家的专业领域优势，有助于找到最优质的项目，从而实现更加优秀的投资业绩。

此外，家族可以通过共同投资圈子克服大型项目的规模障碍。

某些融资金额较大的项目，单一家族可能无法募集全部份额，通过共同投资的方式也更加便于募集份额。这些都是共同投资较单一投资平台的优势。

（3）家族可以通过共同投资的模式分散投资风险。即便家族的资金量允许消化某一大型项目，家族也可以将单一项目的投资份额再次分散化，通过分散化的方式降低投资组合的风险。

当共同投资圈子建立之后，出于持续获得优质项目的动机，参与共同投资的家族必须提供自身所能获得的最优秀项目以维持共同投资圈子的运作。这一动机使得会员的筛选非常重要。另外，推荐项目的家族办公室的领投机制也十分重要，如果连自己都不进行投资，又如何说服其他家族办公室参与共同投资呢？

在获得了信息优势、专业资源以及分散化的效果之后，结合圈子的限制和项目推荐领投的机制设计，"家族共投"模式能够取得更高的投资回报以及更多的超预期投资表现。根据瑞银集团在 2018 年出具的全球家族办公室报告，通过"家族共投"模式进行的家族办公室直接投资的年化收益率表现是最好的，共同投资项目的平均年化预期收益率高达 31%。

第五章
家族财富管理的核心价值之"传"

第一节　传承的概念

　　虽然家族企业以其数量、规模和影响力，在所有的经济体中都发挥着举足轻重的作用，但家族企业如何能够做到长期可持续发展，却是一个世界性难题。家族企业是以家族血脉为纽带的企业组织形式，但并非家族血脉不断，企业就能永远蓬勃发展。比如，普华永道针对全球家族企业开展的调研《全球家族企业调研报告》显示，家族企业从创业者到第四代的存续比例逐代下降，家族企业传承到第四代时，仍然成功存续的只约占 16%。

　　家族财富传承的话题并不局限于家族企业的交接班。我们需要考虑的是家族各类型财富在代际之间的全面传承。其困难度在全球范围内都得到普遍认同，所以"富不过三代"这句谚语在不同文化背景下有多种语言的表达方式，但本意基本上都是描述家族财富发展的一个普遍的规律：一个"奇迹、失误、破落"的过程——因为奇迹而创造财富，发生失误而失去财富并导致破落，家族财富在三代以内即挥霍一空。

传承失败不仅影响到某个家庭、家族的长期持续发展。实际上，传承失败也会给整个社会带来一定的连带成本。中国企业家的财富能否平稳、有序传承，不仅关系到这些小家庭、民间财富的稳定和持续发展，更是关乎国家经济增长、扩大就业、民间投资以及发挥三次分配作用、促进共同富裕等一系列必须面对的重要问题。鉴于这个问题的重要性，我们将在这一章集中讨论家族财富的传承中遇到的挑战和应对，为希望保持长期持续发展的企业家族提供一些可借鉴的经验和路径。

一、家族传承的挑战

在中国企业家财富健康指数报告中，我们看到家族受访者将家族传承的规划和安排列为最关注的问题。不可置疑，这代表了这些人士在达成了保全和管理家族财富的短期目标后，开始放眼更长远的目标，确保家族的基业长青、源远流长。

要达成家族财富传承的目标，我们一般会面临什么挑战？家族传承会有什么样的共性困难点？首先，家族财富管理的"传承"核心价值和其他核心价值最不一样的地方是在时间维度上，这是一个超过我们预见的超长期工程。这个长期的概念可能是在几代人的时间窗口内考虑一个财富延续的问题。一般来说，"富不过三代"有可能隐含的信息是不肖后代挥霍掉了由第一代创造的财富，所以财富没法传下去了；也有可能是即便后代没有任何不良嗜好，但因为缺乏创造财富的能力，财富在逐渐变得数量庞大的家族成员中被稀释掉。所以，家族财富的代际传承不应该仅仅是考虑传承已经取得的财富，还包括传承创造财富的能力。一个健康家族的延续不光延续财富，还需要延续和开发家族的人力资本。

随着时间推移，下一代的创业精神和企业经营管理理念在变化。同样，家族企业所拥有的特殊资源也在丧失，出现一代不如一代，这是全世界范围内的普遍现象。所以一个健康延续的家族和之前讲到的"奇迹、失误、破落"的过程刚好相反。应该是第一代创造财富，为子孙后代奠定财富基础；第二代的重心是通过建立财务和非财务的专业管理平台，保全家族财富，同时进行人力资本培养；到了第三代，家族的人力资本得到充足的增长和发展，家族的创业精神得到延续，家族财富再次得以积累。这就是我们在这一章的家族财富管理核心价值中所希望达成的目标。显然，我们要考虑管理的不仅是有形财富，也包括无形的财富。

当然，三代人的时间周期对于我们大多数人来说有点太长了。如果我们仅仅考虑的是两代人的传承呢？同样，由于两代人的年龄和成长过程所限，家族财富传承的系列活动也并不是一蹴而就，可能需要在好几年的时间内完成。因此我们还是必须用系统思维和长期观点来看待传承这个问题。不能简单地把家族企业传承看作在某一个时间点上企业股权和管理职位的换人，或者物质财富传承中的财富所有权的经手，这种观点并不健康。

对于中国的家族来说，其面临的短期挑战大概有以下六个。

（1）财富传承内容具有多样性和复杂性。企业家不仅需要考虑企业接班人的传承，同时需要规划金融资产的传承，以及家族的精神文化和社会资本的传承。

（2）相对于西方的家族企业和财富经历了3~5代的传承，绝大部分中国民营企业家是第一次传承，本土没有太多的成功经验可以借鉴。很多人认为传承就是职位的换人，因此缺乏足够的重视，也缺乏前瞻性，很少提前做出系统性的传承计划。

（3）中国企业家面临的另一个现实状况是，家庭人口规模普遍不大，可以备选的接班人数量有限甚至没有。即使有备选的接班人，两代人要获得有关家族拥有和经营企业的共识也很困难。家族企业无论是家族内还是家族外，都将面临人才匮乏的困扰。

（4）中国社会在这几十年时间的发展和迭代太快了，使得一代和二代之间出现前所未有巨大的差异。很多差异来自于他们的成长经历、教育背景、国际视野等因素，导致他们中很多人对于财富的认知出现冲突，在企业传承中对企业的战略方向、经营理念以及用人政策，也都存在方向性的差异。

（5）中国家族企业的传承中还有一个非常独特的挑战，就是不但中国企业家正处于传承高峰，企业也正在需要进行现代化转型的时间点。理论研究与国外经验都说明，家族企业经过转型之后，完全可以形成一种家族控制和职业化管理相结合的现代管理模式。当然，形成这样一种现代家族企业管理模式并不是一件容易的事情。根据境外的经验，一般现代化转型发生在从家族企业第二代到第三代之间的传承。而中国境内家族企业需要在第一代到第二代传承的过程中完成这样的转型。可见压力之大。

（6）中国地广人多，地域文化差异大，而且传承讲究的是个性化，要充分考虑到每个家族的具体情况。这样也就很难找到一套放之四海而皆准的模式。这些约束条件都降低了他人成功的传承经验的可借鉴性。

二、家族传承的原则

要应对以上的传承挑战，做好传承规划，我们需要遵循几个重要的原则。第一个原则是从心理上承认传承是一件很难的事情。它并不是简单地将企业或财富的所有权交到下一代的手中、在某一个时间点财富的换手或一个职位的换人。我们需要具有一个系统性的思维和长期的观点，一个具体的传承规划，这个规划的制定、调整、实施需要长期，甚至上十年的时间。这里也不存在放之四海皆准的法则，我们需要梳理好自己的财富种类、面临的问题之后，根据自己家族的特性设计一套适合自己的方案。

我们通过一个简单的家族演变历史理论来分析一下为什么传承规划需要建立在一个长期的观点基础上。家族传承的目标之一是打破"富不过三代"的魔咒。为什么富不过三代？是否因为财富在三代人的经手中被稀释或分配掉，又或者被挥霍或无谓地损耗掉？不一定。即便不考虑财富本身的问题，家族作为一个整体也会因为到了第三代，内部关系动态演变到一个分裂的临界点。图 5-1 是一张家族演变的过程图[○]。

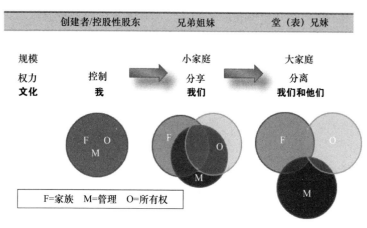

图 5-1　家族演变的过程

通过上面的家族演变过程图，我们看到第一代往往是以"革命的"方式创办企业和建立了小家庭。在这一阶段，一个人拥有所有控制权，核心资产是创办人的个人能力和个性。所以家族的文化是"我"的文化，也就是说"我就是家族"。

然后，第二代的权力基础从控制结构变为共享模式。因此，家族的文化从"我"的文化变为"我们"的文化，也就是说"企业

○　施瓦茨，希勒斯特罗姆，库克，等．家族传承：智慧财富 [M]．钱峰，高皓，译．上海：东方出版社，2013．

是我们大家的，谁更胜任谁来管"。对于家族企业的传承，并不意味着一种管理模式的变化，它伴随着企业文化的变化。从一代到二代，标志着从掌控一切的"我"的文化到"权力共享"的"我们"的文化的转变。因为"我"的文化是这家企业唯一的经历，其中的风险很可能是下一代兄弟姐妹还没有对有效的"权力共享"结构做好准备。很多的例子是，老一辈突然去世，没有留下遗产规划安排，之后儿女之间的冲突就爆发了。

到了第三代，就是很明显的代际临界点。体现在家族成员的多样性、差异化大，堂兄堂弟、表哥表妹都参与到企业，所有权分散到不同的支系。这时候，家族股东曾经一度强烈的家族归属感被进一步转化为对企业的关注。大家可以想象到，表兄弟的感情肯定是不如亲兄弟的感情，所以家族的文化变为"我们和他们"的文化。因为亲情减弱，关注点不一样，所以往往矛盾就会产生，危险就发生了。

如果我们作为老一辈家族创始人预见到这一情况，那么在今天设计传承方案的时候，是否可以把这些隐患提前考虑进去？处理第三代家族分裂的问题有两种基本的方式。

第一种方式是可以"修剪家族股权树枝"，也就是形成内部股权交易、退出渠道，买下其他有不同理念家族成员的股份，留下一套完整、容易形成共识的堂（表）亲合作伙伴。

第二种方式是通过治理的方式。因为企业是凝聚"我们和他们"的关键因素，所以家族企业需要有健全的正式治理结构。比如，我们可以通过家族信托，将家族资产的使用权、收益权、处分权，各自归属不同权利人，明确权属，减少纠纷，以达成资产保全与传承的目标。通过信托架构巩固企业经营权同时，解决不同家族成员的利益分配和退出机制问题，将利益长期固化下来。在家族内部设计正式章程和办事流程，确保家庭和企业内部的透明度，减少家族成员之间的互相猜忌。

另外，非正式治理方式则是提前建设家族文化，并将这些家族的精神传承下去。特别是通过家族内部的价值观形成，寻找到凝聚"我们和他们"的认同点，这点非常关键。因为到了第三代，各个支系都有各自的"家"，大的"家"已经不能光凭感情凝聚大家，大家族的向心力的建设就显得很重要了。这个传承方案应该是理性与感性的结合。

第二个原则是家族沟通的重要性。传承过程中遇到困难时别人帮不了忙，只有家族成员自身努力才有可能解决，解决过程中需要保持家族成员的沟通顺畅。前文已经提到一个观点："60%的财富转移失败案例是由家族内部缺乏沟通和信任造成的。"传承过程中的沟通，包括集体讨论、协商、妥协，甚至是部分家族成员的利益牺牲都是不可避免的。

第三个原则是传承需要做事先规划。传承最大的挑战是家族、家族企业因交接班而衰败。对于希望将家族基业代代延续下去的老一辈企业家来说，事先规划是至关重要的工具。比如，找到一个合格的、有能力的接班人是所有上一代家族领导人的期望，但几乎没有一个家族领导人或企业家是天生的，这个角色的成长需要很长时间的培养。无论是从能力上、意识上还是责任感上的培养，都需要时间。没有事先规划，接班人的培养就变成了一句空话。

强有力的上一代家族领导人退出后，家族往往失去或者说在一段时间内失去核心。家族凝聚力减弱，很可能导致家族人心无法继续凝聚在一起而散掉。特别是如果传承存在一定的突发性，家族、家族企业在心理上、能力上和路径上都没有做好必要的准备，因此家族陷入混乱，甚至会出现非正常的分家、分产现象，家族分崩离析。但是，这些风险可以通过有效的事前规划和安排进行防范。我们只有未雨绸缪，走在时间前面，基于提前规划形成一套有章可循、有理可依的传承流程和方案，在突发危机面前才能游刃有余。

中国企业家可能基于一些原因不愿意提前做规划。比如，企业家会认为因为不确定因素的存在，规划最终会是一无是处。或者，企业家会认为，规划会带来灵活度方面的限制——他们会被禁锢在自己的承诺中，而维持一种模棱两可的状态，能最大限度地保持灵活性。实际上，规划会提高灵活性，因为规划只不过是一张路线图。如果出现了新的障碍，我们可以绕道而行或者画一条新的路线；如果出现新的机会，规划可以给我们提前预备的应对方案。

也有很多人对规划抱有抵触情绪，一方面认为家里边目前一切正常，没有必要提前去考虑一些只有意外发生之后才需要考虑的问题；另一方面是恐惧，或者惧怕面对敏感的问题——传承是身后事，提前规划不吉利。特别一些老一辈的人不愿意在年轻后代面前谈论与生死相关的话题，认为不吉利，更不要提什么财富传承规划了。这些都是家族长辈对于后代不负责任的行为。因为没有提前规划，很多时候留给家里人的不是关爱和幸福，而是更多的麻烦。

大家可能都听说过这样类似的案例，某一位企业家突然因病离世。因为没有提前财富传承安排，其巨额财富只能根据法律规定由法定继承人分配。合法的继承人包括他太太、儿子以及已经80多岁高龄一直在重症监护病房的母亲。这个局面是太太不愿意看到的。婆婆继承先生的财产，最后会分给其他另外两位子女。如果主要的财富是企业的股权，那造成的问题更大，因为遗产继承产生的股权分割、稀释最终会影响到家族对于企业的控制权。

所以我们一般将家族传承分为两种。一种是规划下的传承，上一代家族领导人根据规划意愿，将权杖移交给下一代。而另一种是领导人突然去世或丧失能力，继承人非正常接班。非正常接班基本上都是事后传承，此种类型的接班相对而言无序且缺乏必要准备，失败的案例颇多。无论是权杖移交还是非正常接班，家族财富及企业接班人都会面临挑战，但导致的结果却天差地别。

第四个原则是传承需要一个流程化管理。我们要注意仔细谨慎地使用规划工具，以及传承关键人物、时间点和策略的使用等要素。中国企业家的财富积累主要是在第一代，绝大部分人从来没有经历过传承，并没有太多的传承经验。中信银行和胡润研究院在2017年的中国高净值人群财富管理需求白皮书提到，中国企业家们在家族传承方面的困扰包括家族传承经验和计划的缺乏，即"对于家族传承的知识和认知不完善"（回应占比为28.5%）和"传承计划的方向不明确，不知道如何制定"（回应占比为27.2%）。所以家族的传承规划最好有专业人士的协助。

专业人士在家族传承规划中使用到的一些具体方法包括：家族企业必须构建有效的所有权结构，完善家族企业的权益配置，合理配置保护结构、控制权结构和传承结构；家族企业应当通过有效的家族治理促使家族初步积累必要的文化资本、人力资本和社会资本等家族特殊资产，整体提升家族应对危机的能力；家族建立必要的风险与危机管理机制，构建完善的家族风险危机管理体系等。使用到的工具包括金融工具、结构化工具和法律工具等。在后面的章节，我会更多地介绍传承的流程、规划工具的使用，以及专业人士在这个过程中的作用。

三、传承规划的内容

归根到底，传承规划要应对的问题其实就是传承中的几个关键点（见图5-2），即：传什么？传给谁？怎么传？家族传承的内容包括家族拥有的各种类型资产，这是"传什么"。考虑到家族企业和财富传承牵涉的不仅是不同的家族成员，还可能涉及企业管理层，或者其他利益相关者，那么这就是"传给谁"的问题。当然，最重要的是如何在所有这些利益相关者之间达成平衡，使得家族各项资本保持持续的生命力，那就是要考虑"怎么传"了。

图 5-2　传承规划的关键点

　　我们通过简单地回答"传什么"这个问题，为下面的内容做一个铺垫。在稍后的章节中，我们将对传承的讨论按照资产类型进行分类，以案例作为辅助，同时探讨传给谁和怎么传的问题。

　　因为"传什么"涉及家族拥有的财富，所以我们首先要定义家族财富的类型。前面的内容提到过，一个家族的财富可以分为金融资本、社会资本、人力资本和文化资本。金融资本包括经营性资产，如家族企业、商业主体以及非经营性资产，如各种类型的金融工具产品和不动产等。金融财富因为往往是有形资产，可以给大家带来最直接的感觉，所以大家更加关心。

　　很多数据显示，中国的高净值、超高净值人群在考虑传承时，对于除金融资本之外的其他类型资产的传承其实更加重视。民生银行和胡润百富的调研报告对平均资产规模 5 亿元以上超高净值人群提问到他们家族传承的关注点时，回应集中在"价值观的传承"，比例占到 48%；其次是"企业经营理念的传承"，占到 24%；"财富传承"和"社会关系的传承"各占 14% 和 11%。

　　我们可以看到，物质财富传承并不是最受关注的点。招商银行和贝恩公司的报告对 1000 万元规模以上可投资资产的人群提问"最值得传承的内容是什么"，位居首位的是"精神传承"，占据 65% 的回应，"物质传承"位居其二，占比为 58%。由此可见，在中国家族的传承中，（物质）财富传承并不一定是最重要的因素。只有价值观和企业经营理念这些文化资本得到传承，财富才能得以顺利传承。

林则徐说过一段发人深省的话："子孙若如我，留钱做什么，贤而多财，则损其志；子孙不如我，留钱做什么，愚而多财，益增其过。"这话说得何其透辟又何其超脱。子孙如果像我一样卓异，那么我就没必要留钱给他，贤能却拥有过多钱财，会消磨他的斗志；子孙如果是平庸之辈，那么我也没必要留钱给他，愚钝却拥有过多钱财，会增加他的过失。

家族财富的传承不仅考虑到为子孙后代留下一笔有形的资产，同时应该考虑到创造财富能力的传承。这种创造财富能力的核心就是对家族的人力资本的培养和发扬光大，这既是一种多代人为家族积累人力资本和财富的行为，又是一种家族的文化和传统。2003年摩根大通私人银行总了几条家族长期成功的原则，其中就包括"培养创业优势"和"帮助家族成员拓展技能"。其中的道理很简单，仅仅依靠一位或一代创富者的成就来维系财富代代相传是很困难的。要打破"富不过三代"的魔咒，我们必须要鼓励家族各代成员参与到财富创造的过程中，使得家族永远处于一个"创业"的阶段。

第二节　家族企业的传承

在这一节中，我们将聚焦在家族传承中比较引起中国企业家关注的部分——家族企业的传承，围绕企业传承中传给谁、怎么传这两大问题进行详细分析。在中国家族企业中，企业资产往往是家族财富积累的来源，也是确保家族基业长青的重要基础，所以企业家对于家族企业的传承给予的关注度往往也较其他类型的资产更多。

同时，学术界对于家族传承这个话题的研究集中在家族企业资本的传承上，而业界对于传承的关注点却又多在金融资本及其他资本的传承上，这彰显了在家族企业传承中将理论基础和实践经验相结合的重要性。

一、传给谁

（一）中国特色传承对象选择

传给谁这个问题在中国民营企业家群体中是一个非常有中国特色的问题，受传统文化的影响非常大。中国企业家在传承对象这个问题上具有一些共性的选择偏好：不管能力强弱，更多基于血缘关系；传男不传女；长幼有序。一项对中国温州家族企业接班人的选择倾向的研究发现[一]，53%的企业主在选择首要接班人时考虑的是子女，18%选择家族其他成员，10%选择职业经理人。

为什么接班人选项中首选子女？其背后恐怕首先是非常复杂的社会学问题，血缘关系是建立信任的根本基础。费孝通先生提出的"差序格局"理论描述了中国社会中亲疏远近的人际关系格局。在差序格局下，每个人都以自己为中心结成网络。这就像把一块石头扔到湖水里，以这个石头（个人）为中心点，在四周形成一圈一圈的波纹，波纹的远近可以标示社会关系的亲疏。

自己总是这种关系的中心，一切价值是以"己"作为中心的主义；离自己最近的一圈是由血缘或婚姻关系组成的小家庭的家人关系；接着往外的是由亲戚关系形成的大家族；再往外的是由乡里、同学、校友、同事等形成的熟人关系；最外围的是陌生人。大家千万不要轻看了这个"差序格局"概念，这决定了在中国很多办事、

［一］　杨龙志. 家族企业代际传递的原则及其实证研究［J］. 经济管理，2004（12）：43-50.

重要决策和为人处世的原则。

　　家族传承中接班人的选择安排也回避不了特定文化背景的制约与惯性，比如对于"家"定义的理解。"家"定义的差异影响到"家文化"的差异。中国和日本传统文化都受儒家思想影响，中国的"家"的定义是一般意义上以血缘为纽带的家族，是以夫妇为中心生儿育女、传宗接代，以家庭生产和消费为基础功能的社会末端单位。

　　但是在日本，"家"是一个拥有经济实力，以家产的永续传承为目的的经营体。另外，中国和日本传统家文化都强调"忠"与"孝"，但是中国文化强调的是孝为先，这是因为中国的家是以血缘为纽带的社会单位。而日本文化强调的是忠为先，因为日本的家是一个永续的经营体，是以职业、事业为核心，首先强调的是奉公。

　　因为对"家文化"的理解差异，所以在日本可以拥有各种名目的养子制度，"女婿养子"的传承方式在日本也非常流行。所谓"女婿养子"，就是创始人会在企业的年轻人中物色一个能力最强的小伙子，先把一个女儿嫁给他，婚满一段时间后，再通过仪式把女婿正式收养为自己的儿子，让其改姓成为创始人的"养子"。这个养子就成为家族的掌门人，正式掌管企业。

　　比如，松下电器公司创始人，被称为"经营之神"的松下幸之助在1961年让位于婿养子松下正治（本姓平田）；丰田汽车公司第一任社长丰田利三郎（本姓儿玉）是丰田家族第一代业主丰田佐吉的婿养子。这种养子养父关系成为日本家族人力资本的调节器，但中国家族基于对"家文化"的不同理解，很难接受这些观念。

　　关于传承对象的选择，传统的"重男轻女"思想也扮演着重要的角色。在中国，"重男轻女"思想在大部分地区的文化中根深蒂固。从家族企业传承来看，由男性后代继承家业可能是受两方面因素的影响。首先，社会文化传统和行为规范对女性的角色认知依然存在一定的刻板印象，比如"男主外，女主内"的性别分工，女性"贤妻良母""家庭主妇"的身份定位。家族企业的管理显然是一个"主外"的岗位，与对女性身份定位的传统认知期望存在脱节。

另一方面，中国传统的"男尊女卑"的伦理次序孕育了社会与家族领域的"重男轻女"的性别认知，也使得在中国传统的家庭财产继承权处理中，女性和男性并非被视为同等。中国历史上，历朝历代的家族继承人身份几乎为男性所独有，女性无缘继承家族。在多子女家庭中，为避免矛盾，家族财产"诸子均分"这种传统相沿不改，但外嫁女通常不作为财产分配的对象。

结合以上的原因，当选择女性扮演非传统的社会角色（如家族企业的继任者）时，继任者可能因缺乏组织对其身份的认可，从而导致继任者的合法性大打折扣。

（二）传承对象的可选项

如果把家族企业的传承等同于上一代将所有权、控制权和管理权全部转移给继任者，在给定的社会文化影响下，中国企业家好像只存在传给有血缘关系的男性一个最优选项。但是事实上，传承可以根据对象，或根据控制权和管理权的设计（控制权和管理权可以分离的原则），存在很多不同的选项。在一些国家和地区，由于社会制度、文化背景的原因，子（女）承父业并非一个绝对的选项。

比如在欧洲和美国，子（女）承父业这种方式的占比就比中国低很多，大约在30%~50%。普华永道对美国家族企业的一项调查显示，近半数的家族企业领导者希望家族成员继续管理企业；25%希望把企业传承给下一代，但雇用非家族经理人代替家族管理企业；另有将近20%选择卖掉企业。

关于"传给谁"这个问题，如果把控制权和管理权的转移对象作为传承的重要因素，我们使用一个二维的矩阵来区分不同的传承对象的选择⊖。除了传统的控制权和管理权都保持在家族内部的选项（第一代转移到第二代）之外，家族仍然有很多灵活的选择。所以继承人（继承对象）的定义可以拓展到一个家族成员以外更广的范围（见表 5-1）。

表 5-1　控制权和管理权的二维矩阵

		管理权		
		家族内部	混合	家族外部
控制权	家族内部	家族继承	混合管理	职业管理
	混合	合伙人或私募基金	混合的管理权和股权（如上市家族企业等）	金融投资
	家族外部	传承后持续的家族涉入		转移给员工、管理层收购、出售给其他股东、财务投资者或战略投资者、清算

假设家族希望控制企业，股权都保证持有在家族内部，我们看到管理权可以和非家族成员分享（混合管理），或者将管理权移交给非家族的职业经理人（职业管理）。为了流动性需求或者作为对特定群体的激励，家族也可以考虑放弃部分股权给非家族成员。这时候股权和管理权既可以保持私有化的形式和家族并购基金、管理层共享，又可以像上市公众公司一样和高管、外部公众投资者以及机构投资者共享。

当然，家族也可以考虑将股份出售来换取流动性。出售对象除了家族成员，也包括非家族成员，如出售给现有的管理层（我们称之为管理层收购），出售给新的管理层（我们称之为兼并或收购），出售给财务投资者（如股权投资基金）。这种情况下，家族成员可能参与部分的管理工作，但也可能完全脱离家族企业体系。

⊖　泽尔韦格，高皓．家族企业管理：理论与实践［M］．北京：清华大学出版社，2021．

这些选项取决于很多复杂的因素，较为重要的因素包括企业的发展状况、家族和外部合作方的意愿，以及行业和制度环境。比如，对于规模较小的企业，可能内部转让、转让给员工或者完全出售比较常见；企业发展的规模越大，全部股权都在内部传承的难度就越大。企业治理制度越规范，控制权和管理权的分离就越可行，这时候对于家族内部成员接班的意愿就会下降。

这种情况下，家族可能更关心的是股权在下一代成员中的分割，管理权转移到最有能力的一方。另外，企业的经营状况也是一个重要因素，比如处于亏损状态的企业就很难寻找到外部的选择。

家族的意愿也是一个重要因素。家族可以全部退出，也可以保留部分股份成为小股东，又或者出让小部分股份让外部股东参与，甚至只是出让管理权。这些选项都取决于家族认为对其而言最大的利益是什么。

行业制度环境的影响来自单个企业经营的行业趋势和资本市场的环境影响。对于一个处于不可逆转下行趋势的传统行业，可供选择的灵活度就低多了。资本市场的发达也为家族企业转让给非家族成员的参与方提供了很多灵活的便利，如通过上市引入外部投资者，上市后企业控制权和管理权的有效分离，结合传承安排设计的并购基金的参与等。

(三) 传承选项的优缺点

如果要在以上的传承对象选择模型中寻找一个选项，我们该如何决定？因为每个家族所处的情况不一样，这不是一个容易回答的问题。应该说只有最适合的，没有最好的选项。总体来说，企业家如果能自由地考虑不同选项，排序大部分都是：家族内部传承，股东、联合创始人或其他家族成员，员工，战略投资者或财务投资者。这几种选项都有些什么优缺点呢？

决定是否开放股权和管理权给非家族成员是一个重要的起点。

从财务角度看，这也许对家族是有利的。但是，从情感角度看，这可能对家族来说是不利的，比如，企业控制权的失落、股东之间的和谐、家族对于企业的情感依赖等负面情感影响，使得家族成员很难马上接受非家族成员股东和非家族成员管理者。所以，我们需要首先考虑到家族的情感因素，尽管它和潜在的经济效益之间很难比较清楚。

如果我们选择家族股权和管理权的内部传承，无疑是一种无缝对接的方式。这种**"家族股权—家族管理权"**的模式不仅保留了企业的独立完整性，也保持了家族事业的延续性，情感上是正面的。但问题在于能否找到有意愿、有能力的继承人，两代人之间的合作能否做到亲密无间和沟通顺畅。这两点都需要长期规划和培养。如果条件能满足，这个方案仍然是中国家族企业最优的选择方案。

我们也可以在保持股份不变的情况下，引入非家族成员进入企业管理层，与家族成员一起经营企业。这种方案被称为**"家族股权—混合管理权"**，是下一代因为年纪轻、经营经验不足，所以尚未准备好全面接管企业的一个过渡性方案。缺点是如何找到合适的经理人，经理人和家族成员管理者之间如何形成信任和合作，管理团队的身份认同等都是挑战。

同样，如果保持持股结构不变，家族不对管理层做任何股权激励，而选择将管理权完全让渡给职业经理人，这也不是一个可取的长期方案。这种**"家族股权—外部管理权"**模式很显然因为缺乏利益捆绑，在家族成员和非家族成员管理者之间在风险承担、长期目标、个人承诺和认同方面必然存在不一致。股东和经理人之间很容易产生代理问题。

如果需要一个更为长期稳定的管理制度安排，我们可以考虑一个保留家族的控制权基础、出让部分股权的方案，这种方案可以有几种不同的形式。首先，形成**"混合股权—家族管理权"**的模式，也就是仍然保留家族管理上的主导作用。这样的好处在于"修剪家族树",为部分家族成员退出提供方便,有助于企业的治理结构优化。

同时,为了企业的成长、优化财务结构或分散风险,引入外部的投资人。不利的地方在于家族股东和外部股东之间可能会出现分歧,这些分歧体现在企业发展的战略、利益的分配等方面。因为家族股东和非家族股东(特别是财务投资人)对于企业的收益预期会有非常大的差异,比如家族股东可能会保持更长期稳定的收益预期,而财务投资人追求的是短期、高倍数的收益。如果这些矛盾不能很好地解决,可能会导致企业管理层的内讧甚至投资人夺取企业的控制权。

其次,采用**"混合股权—混合管理权"**的模式。从金融资本和人力资本上都增加外部性,增加新的动力,但也会产生家族股东和外部股东、家族管理人和外部管理人的优先排序上的潜在冲突。在这种模式的管理下,家族管理人的定位模糊,职业经理人不会得到完全的授权,即使采用了股权激励,管理提升的效果也有限。

相对来说,另外一种**"混合股权—外部管理权"**模式的效果会更明显。给予职业经理人股权激励主要的动因是为了更好地利用其专业技能,使得家族从经营责任中解脱出来。在没有合适的家族内部继承人的前提下,将企业交予更加专业化的人管理无疑是一个合理的选择。

这种模式特别适合一家治理较为规范的大型企业(如上市公司)。职业经理人获得管理权的同时获得股权激励,增加其长期责任感,保持管理动力。但对于家族而言,不利因素是家族逐渐失去对企业的影响力,与职业经理人在决策中出现分歧的话,可能带来潜在冲突。

在实际操作中,这种模式存在的最大挑战是如何处理经理人的激励和控制的"量"的问题。如果出让少量股份,可能收益有限;

股份过多又影响到家族的分红和控制权。如果完全移交管理权，家族会失去对企业的影响；如果没有足够的管理权力，又无法达到维持管理动力和发挥职业经理人专业技能的目的。

由此可见，这种"混合股权—外部管理权"的模式的成败取决于两点：一是职业经理人的专业度在多大程度上保持独立性，二是家族出让多少股权给管理层。

我们分别采用一个失败和一个成功的案例来说明这个问题。一家从事饲料和养殖最后发展到食品加工的上市公司因为业务发展受滞，希望采用一种新型的合伙人制度为企业找到新的管理突破点。企业大股东找到一个国内行业龙头的高管团队，给予一定（但比例不高）的股权激励，并将管理全权委托给职业经理人，希望借助他们的专业度和能力完成企业的转型。

但很遗憾，这样的合作关系仅维持不到两年的时间便宣告失败，主要的原因在于管理层并没有得到充分的信任，大股东不断介入企业的重大决策。管理层虽然拥有股份，但没有相应的控制权，所以管理权也无法有效地实施。

在中国，将管理权交给职业经理人并充分激励他们，顺利完成两代掌舵人交接最成功的案例之一应该是美的集团。这家由何享健创立的企业完成家族企业管理向现代企业管理制度转型，更为国内民营企业做了示范，家族财富的传承不一定要靠二代接班来实现。以方洪波为核心的美的职业经理人团队，多是在美的集团工作20年、从事业部业务线上提拔起来、与美的一起成长的悍将。方洪波持有美的上市股份的市值以2020年6月的股价计算，使得他成为国内身家最多的职业经理人。虽然何氏家族少有人参与企业的具体经营，家族在企业的控制权上仍然留有余地。一方面，家族持股保留对企业的最终控制权；另一方面，儿子和信任的元老仍然担任公司董事，在重大决策上对董事长方洪波形成制衡。

　　介于"混合股权—混合管理权"和"混合股权—外部管理权"两种模式间的一种特例是**企业上市**。上市意味着外部资本的进入。企业管理变得更加专业化，也使得家族获得了退出机会，可以"修剪家族树"。但缺点是这个方式需要背负一定的上市成本，存在不确定性。同时，成为一家公众企业使得家族和家族企业的信息透明化；受制于资本市场的短期业绩压力和企业文化的改变；股份的流动性同时使得家族控制权面临威胁。

　　当然，这种方式的传承对于中国的家族企业来说无疑是一种最优的选择。一方面家族的资产通过资本市场得到大幅增值；另一方面成为一家上市公司后，规范性使得家族在选择管理接班人时处于一个更有利的地位，进可攻、退可守。

　　以上提到的第一大类是保持股份和控制权不变，出让部分或全部管理权。第二大类是控制权不变的情况下出让部分股份，选择内外共同管理或完全外部管理。第三大类是出让更大比例的股份，保留或部分保留控制权，家族不参与或部分参与管理。出让控制权也可以根据对象不同进行分类。一类是转让股份给员工或管理层，这种方式的好处是企业交给与自己有相同价值观的利益相关者，家族会从情感上更加放心。

　　另外，员工和管理层对于企业的了解使得传承顺利衔接，而他们成为企业大股东更有利于业绩提升。但缺点是因为内部管理人对于企业的了解程度，家族很难获得较高的出售溢价，而且对于买方来说，收购所需要的大笔资金没有外部融资很难实现。

　　另一类是出售给外部的战略投资者或财务投资者。两者最大的区别在于一个是基于更长期的目标，而另一个基于更短期的目标。但两种对象参与方式的优缺点类似。优点是存在大量的收购方，更容易实现价格最大化。家族套现后可以专心开创自己感兴趣的新事业。缺点是家族将完全丧失企业的控制权，也丧失了家族事业的基础。

最后的一个方案是企业的清算。可能对于一些家族来说，选择清算或出售看起来是一种失败，但对于处于衰退期的企业，一代处于退休年龄但找不到感兴趣的接班者，通过清算及时出售也许比被迫维持经营是更合理的选择。

（四）家族企业规划图

家族企业的传承需要提前做出规划。但是，这并不意味着有一套"放之四海皆准"的办法。实际上，传承规划的细节很大程度上需要和家族的需求、特征结合起来。不同的家族、不同的企业类型都有不同的特点，所处的政策、市场环境又不一样，需要去规划不同的传承道路。

本部分重点介绍一套系统的家族企业传承规划方法，以帮助家族企业根据自身不同的特点寻找一种适合的模式。这套系统的家族企业传承规划方法就是中国香港的范博宏教授和丹麦的莫顿·班纳得森教授提出来的家族企业规划图（The Family Business Map）模型[⊖]。

家族企业的传承必然会涉及企业的所有权、控制权、管理权和收益权的变化。依据这些权利的变化，家族企业规划模型把传承分为四种模式（见图5-3）。

第一种模式是子承父业。子女从父辈那里接过领导权，继续经营父辈的事业，企业治理涉及的四项权利都没有发生变化，企业实现了家族内部传承，称之为"封闭型"模式。

第二种模式是企业在父辈退休后交给职业经理人管理。子女只是继承股权的所有权和收益权，管理权交给职业经理人。企业的治理模式因此转变为家族所有、职业化管理，称之为"家族驱动型"模式。

⊖　Bennedsen M，Fan J P H. The Family Business Map：Family Assets and Roadblocks in Long Term Planning［J］. 2014.

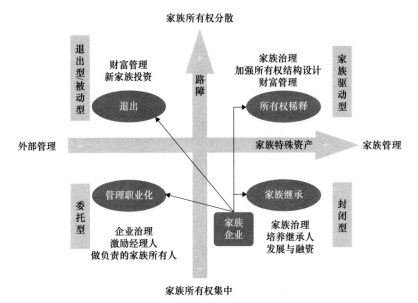

图 5-3　家族企业传承的模式

　　第三种模式是家族通过股票上市或股权转让逐渐把股权稀释，变成小股东、交出所有权和控制权，但家族成员仍然参与企业的经营管理。企业的治理模式转向外部所有、家族管理，称之为"委托型"模式。

　　第四种模式是家族放弃企业的经营权和所有权，彻底退出。企业也因此变为公众企业，称之为"退出型"模式。

　　在这个模型中，路障和家族特殊资产是两个关键因素，形成了家族企业规划图的横轴与纵轴。根据家族和家族企业的特点，将家族企业在传承后的发展战略放置于四个象限中，以决定家族企业应该选择哪种所有权结构和传承方式，甚至选择退出。

　　也就是说，家族特殊资产和路障两个因素决定家族企业所有权是分散还是集中，管理权是选择外部管理还是家族管理。家族特殊资产较强的家族企业通常是封闭型或家族驱动型企业，家族成员主动参与企业管理。在路障较大的情况下，家族往往主动或被动选择所有权的稀释甚至退出。

家族特殊资产为什么是规划的关键因素？学术界有很多关于企业传承的实证研究显示，家族企业交接班会给企业带来巨大的损失，比如股价和企业的价值都大幅下跌。到底企业发生什么了变化，让其价值在这么短的时间内急剧下滑？实际上，企业看起来没有什么大的变化。市场、客户依旧，企业的经营也没有变化，唯一可以看到的、最直观的变化，就是创始人的离开，换上了一个新的掌舵人。但是对于家族企业来说，创始人的身上凝聚了太多企业的核心竞争力。

权杖的交接意味着企业的管理方式、战略、依附在创始人身上的一些无形资产，以及资本市场对于接班人的信心等都发生了变化，所以出现连锁反应并引起企业经营行为的变化。这说明什么呢？说明家族特殊资产应该是一个规划时的重要考虑因素。

家族特殊资产包罗万象。家族文化、家族精神、企业品牌、涉及的特殊技能，以及秘而不宣的竞争优势都算是家族特殊资产。除此之外，企业领导人的个性、特殊才能，人际关系也是家族特殊资产。然而，很多特殊资产的一个重要属性是无形，不是看得到的资产，交接起来非常困难，所以这也成为家业传承的一大挑战。

那什么是路障呢？企业在一个社会和市场环境中运营，同时也会受到外部环境变化的影响，这些影响我们通称为"路障"。这些影响可能来自企业家的家族内部，来自行业、市场，或者来自更上一层的制度因素。家族路障主要集中在三个方面：家族壮大、家族冲突和对核心成员的依赖。

比如，家族的规模过大，必然会导致人多心杂，很容易对家族企业的发展、分红、所有权结构设计、企业治理和职业发展产生影响。由此引发的家族冲突/内斗很可能让家族企业受到重创。对核心成员的依赖体现在企业的内部接班人没有太多的选择上，同时因为关键/唯一的继承人没有接班的意愿，使得家族企业无法实现家族内部的传承。这些因素都是家族的路障。

家族企业面临的最大市场路障是转型升级，这是因为竞争和发展、行业变化及全球化等因素使然。第一个层面是家族企业如何能转型升级，第二个层面是家族企业如何培养转型升级的关键能力。比如，家族企业的行业路障体现在所处的行业高度竞争，不存在品牌、特殊技能或者秘而不宣的优势能够保证家族企业在竞争中处于不败之地。

另外，在社会环境、政策制度层面上，法律法规、税收、金融、环保、劳务等政策的变化，都可能对企业产生冲击，形成企业发展的各种阻碍。这些因素都可以归类为制度路障。

因为家族企业的传承主要是对企业的所有权和管理权的规划，家族特殊资产和路障就决定了家族企业所有权是选择分散还是集中，家族企业管理权是选择外部管理还是家族管理。随着家族特殊资产由强转弱，家族企业将会由家族管理过渡为外部管理。随着家族企业的路障由小变大，家族企业的所有权将会由集中转为分散，进而决定了家族企业传承后所处的相应状态。

所以，家族企业选择四种主要传承形态之一，封闭型、家族驱动型、委托型和退出型，主要受到家族特殊资产的状况以及路障两方面因素的影响。具备较强的家族特殊资产的企业通常选择封闭型和家族驱动型交接班模式，总体都是采用家族管理。再基于路障大小选择是稀释所有权还是家族继承所有权。如果家族的下一代很好地继承了特殊资产，但是企业要面对的阻碍很多，那么家族继续经营企业但让出控股权是一条适合的路。若家族既能保持特殊资产，又有足够能力应对路障，那么保证家族所有权集中的家族内传承就是最佳的传承模式。

若是家族并不具备太多的特殊资产，不能为企业的发展注入太多的无形影响力，而企业面临的路障又比较小，那么家族继续控股，让职业经理人来接手经营会是最好的选择。家族已经不能为企业贡献什么无形资产，企业和家族内部又要面对重重路障，此时家族出售企业、退出经营，就是最明智的选择。

一个家族选择了其中一种路径之后，它对应的家族财富管理的重点是什么？封闭型模式面临较少的家族路障，主要得益于有足够的接班候选人，且其有长期培养的接班意愿，可以保持家族内部团结的文化和价值取向。如果选择了企业的所有权和经营权在家族内部传承的方式，家族应该重点关注的是内部治理。家族治理的目的就是希望家族能够达成共识，整个家族能够在统一的价值观下维持团结，共同努力使得家族基业长青。

在退出型中，家族选择退出不见得是被动，有可能是一种主动选择。家族关注的重点有两个方面：第一方面是家族财富管理如何将经营性资产转化为金融资产、不动产等非经营性资产，并对这些资产进行保全、管理和传承；第二方面是新家族投资。这些投资应该理解为对经营性资产领域的投资。通过新的经营性资产投资，构建新的商业体系，这也是家族财富延续的根本。

家族驱动型最典型的例子是上市公司，在家族所有权逐步被稀释或分散后，家族应该关注三点：一是财富管理；二是加强所有权结构，在所有权稀释的情况下，如何继续保持控制权，这需要多个层次的所有权结构设计；三是家族的治理。

委托型让家族保持企业的控制权，家族让渡管理权后，关注的重点是企业的企业治理和职业经营团队的培养、激励。如何构建完善的治理结构和治理机制，保持企业的治理水平？企业治理的主要内容包括职业经理人的聘任、升迁、激励和监督，企业接班人的培养，家族与职业经理人的分工合作，企业董事会及其职能的设置，企业的组织架构应该怎么设计，财务、会计应该如何透明化等。

简单来说，就是要达到"制衡"和"透明"的目的。很重要的一个具体工具是股权设计。分配股权的目的，很重要的一点就是能够对家族成员和非家族成员形成激励，整合各方的意见，化解分歧，平衡企业成长与家族控制。另外，家族成员即便不参与企业管理，也要练习如何做负责的家族所有人、合格的股东。

二、内部传承中继承人的意愿

（一）接班人意愿的影响因素

在众多家族企业传承对象的可选项中，大多数家族通常会把内部传承列为优选项。在理性状态下，家族都希望从自己的下一代中找到一个合适的接班人。如果一个家族选择的是内部的控制权和管理权传承，接班人的意愿和能力就至关重要。

影响到下一代接班意愿的因素有很多，可以涵盖个人、企业、家族和社会等多个层面。个人层面的因素比较好理解，明显与个人的兴趣、对家族的情感依赖相关。很多下一代对潜在接班机会排斥，一方面可能并不完全了解自己的兴趣，对不同于家族企业所处产业的创业尝试充满兴趣；另一方面或者因为年轻缺乏责任感的培养，或者没有建立与家族企业的情感纽带，缺乏感情承诺，等等。

一项境外的研究对下一代接班意愿的个人、企业、家族和社会等多个层面的影响因素进行了深入研究⊖。在个人层面，研究发现下一代对自己创业的潜力越有信心，接班意愿就越低；个人的性格也有影响，比如相信命运由自己而不是别人或运气掌握的人的接班

⊖　Zellweger T, Sieger P, Englisch P. Coming Home or Breaking Free?: Career choice intentions of the next generation in family businesses. Ernst & Young.

意愿更低；另外，下一代与企业的情感关联越积极，接班意愿越高。这说明很多企业家从小将小孩带到企业参与董事会，建立他们与企业的感情联系的方式是不无道理的。

家族层面上，如果下一代认可家族传统的重要性，他们的接班意愿更强。令人惊讶的是，家族凝聚力并没有像我们期待的正面效果，家族给予下一代过多的压力会适得其反。下一代的兄弟姐妹越多，接班意愿就越低。这个结果与出生顺序相关，往往是老大更可能遵循父母的意愿接班，而更年轻的下一代则选择在家族企业之外工作。

在家族企业层面，企业的规模越大，家族控制的企业数量越多，对下一代而言，接班的吸引力就越大。这反映出来某种程度的不确定性规避：企业规模越大，不确定性越低。同时，家族控制企业数量多也意味着下一代可以在此基础上获得更大的自主权，留下不同于父母的个性烙印。

家族企业所处行业也很重要。在中国，很多下一代不愿意接班处于较为传统行业的家族企业。中国很多进入传承期的民营企业都受到当时的经济格局的局限和影响，集中在传统行业，如传统制造、建筑、房地产等行业，属于科技含量较低的劳动力或资金密集型行业。随着如今高科技、互联网、新媒体等新技术新行业的发展，实体经济的利润渐渐下滑，在传统行业实现财富增值和传承更加困难。

同时，下一代的接班人大多数受到境外留学氛围的熏陶，他们中很多选修了金融、经济、财务等相关专业，自身学历和资源的积累也都促使他们倾向于排斥传统行业的接班。

接班人的个人特质也会影响到其接班意愿。接班家族企业通常意味着尊重家族的传统，有责任将企业持续经营下去，但个人主义对年轻人的影响之一就是不愿意承担社会或群体赋予的责任。这项研究同时发现，在个人主义社会中长大的年轻人更倾向不接班。比如，相对于中国、日本、新加坡这些集体主义文化更强的国家，成长于个人主义文化的国家（如英国、法国、荷兰、比利时）的年轻人，更愿意在家族企业之外工作或创办自己的企业。

家族企业所处的地区经济发展状况也有影响。年轻人对于在相对经济发达地区就业或创业要比加入次发达地区的家族企业工作更感兴趣。在一项国际研究中⊖，发现了类似的结果。研究者采用26个国家和地区的数据，发现国家或地区的 GDP 与潜在继任者的接班意愿之间存在一个类似于 U 形的曲线关系，但总体经济发达国家比经济欠发达的国家的接班意愿要低。

比如，在经济欠发达的国家像巴基斯坦、智利等国家，下一代更愿意接班家族企业。在新加坡、卢森堡和列支敦士登等发达国家，接班意愿也相对较高。但是，人均 GDP 处于上述两类之间，但往往是市场经济发达的国家如英国、法国、德国等，下一代的接班意愿相对较低。对于这些结果，研究者的解释是：在经济欠发达国家，在不发达的劳动力市场就业或者市场经济不发达、资本市场不完善、产权保护薄弱的环境创业，还不如加入家族企业工作。

相反，在 GDP 不是很高但市场经济发达的国家，潜在继任者通常会找到相对于接班家族企业而言更加有吸引力的工作。非常富裕的国家往往是国土面积较小，劳动力市场规模也较小，接班家业的选择也更有吸引力。

（二）接班人意愿的质量和承诺

当下一代选择接班之后，影响到家族内部传承成功与否的重要因素是接班人意愿的质量和承诺类型。为此我们需要了解下一代加入企业的动机，因为动机会影响到他们对于这份工作以及对家族企业的热情和投入程度。

⊖ Zellweger T, Sieger P, Englisch P. Coming Home or Breaking Free?: Career choice intentions of the next generation in family businesses. Ernst & Young.

学术界将下一代加入家族企业的动机分为四大类，即情感型承诺、规范型承诺、精明型承诺以及强制型承诺[⊖]。这四种类型的承诺在很大程度上影响到下一代进入家族企业后的主动行为，也就是他们是否愿意在职责之外多为企业做贡献。

如图 5-4 所示，情感型承诺是基于为家族为企业奉献的渴望，对企业有着坚定的信念和认可，而且这样的职业规划与其本人的兴趣是一致的，也就是说下一代是真正"希望"去做这件事情。所以具有这样承诺的接班人有最强的意愿为家族企业做出职责之外的任何贡献，对于接班人的主动行为的正面影响最显著，因为他们个人的兴趣和企业是相匹配的。

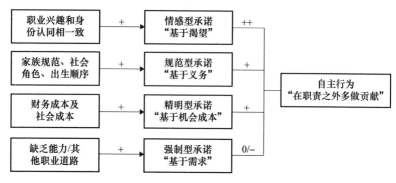

图 5-4　接班人承诺与自主行为

规范型承诺是指下一代有良好意愿去接受父母的想法，感觉到有义务将自己的职业生涯与家族企业联系起来。这种类型的接班人认为"应该"去遵循家族的传统。这些承诺往往是在家族的规范环境中形成的，比如长期接受长子继承、男性或独子接班等传统的熏

⊖　Sharma P, Irving P G. Four bases of family business successor commitment: Antecedents and consequences [J]. Entrepreneurship theory and practice, 2005, 29 (1): 13-33.

陶，以培养这样的义务感。规范型承诺也显著地对于接班人的主动行为产生了正面的影响。

精明型承诺的下一代可能对不同的选择进行了充分的评估和计算。他们意识到如果不选择参加家族企业工作，可能会承担一个巨大的机会成本，比如在家族企业之外工作薪酬更低、工作更辛苦、成就感更低。基于这样的机会成本考虑，精明型承诺的下一代感觉他们"必须"选择接班家族企业。精明型承诺同样正面地、显著地影响接班人的主动行为。但是，由规范型承诺和精明型承诺驱动的接班人对企业的参与程度较低，因为他们参与企业的原因是由外部因素而不是内部因素驱动的。

强制型承诺基于接班人没有兴趣，怀疑自己是否有能力胜任其他工作，总之受到压力被迫接班。高度强制型承诺的接班人认为别无选择，最后"需要"接受这份工作，因此他们对于提升企业效能的参与度最低，甚至是负面影响。

家族内部传承成功不仅取决于接班人的意愿和承诺，同时也取决于接班人是否具备管理家族企业的必要能力。我们可以把接班人的承诺意愿和接管职位的能力要求进行组合划分为四个象限（见图 5-5）[一]。

当然，最理想的状态是接班人的意愿和能力都很高，这样可以明确其进入企业的职业路径。但是这种理想状态在现实中是非常难得的，在大多数情况下，接班人要么是缺乏意愿要么是缺乏能力，至少有一项不尽人意。

对于有能力但对接班企业不感兴趣的下一代，他们个人的兴趣、激情与家族企业的岗位不匹配，因此接班人很难产生情感承诺，这类接班人在家族企业之外工作的效果会更好。对于有能力的

[一]　泽尔韦格，高皓. 家族企业管理：理论和实践 [M]. 北京：清华大学出版社，2021.

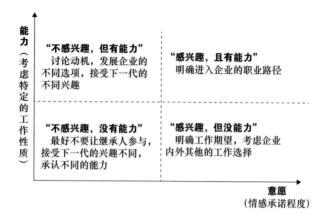

图 5-5　接班人的意愿与能力

下一代，家族上一代可以通过安排其到企业实习，接触企业的上下游，在日常交流中分享自己创业的心路等方式来培养、激发下一代接手企业工作的意愿。同时，家族上一代也要接受下一代对企业兴趣不大，并无条件支持其在外面寻找职业发展的意愿。

感兴趣但能力不足的，也不是理想的接班人。父母可能出于爱的缘故，会低估或高估子女的能力。关于下一代资质和能力的评估，我们不能独立地展开，应该结合到企业的实际情况。首先，我们需要明确企业面临的挑战类型，应对这些挑战需要什么样的技能；其次，才是评估子女的资质是否具备这些必要的技能。

客观事实是，伴随着传承，创业激情和能力都会出现衰减，大多数的中国企业家不得不接受下一代或者意愿不强或者能力不足的现实。"感兴趣但没能力"和"不感兴趣但有能力"的接班人是最常见的类型。这时候，家族面临的选择是："对于企业来说，传承给意愿不强的接班人或能力不足的接班人哪个更糟糕？"如果要在提前培养潜在接班人的接班意愿和能力之间做一个选择，恐怕接班意愿和承诺的培养更难，需要更长的时间去规划准备。

三、内部传承中的传承流程

(一) A 家族企业传承案例

A 家族企业主要向公众提供医疗相关的服务。企业集团下属的医院从发展初期至今面临过多次转型，开办过综合性医院、门诊医院、整形美容医院等。

A 家族企业股东由 A 氏兄弟姐妹四人（大哥 A1、二哥 A2、三姐 A3、四妹 A4）组成，其中四妹 A4 及其丈夫为企业的主要创始人，占家族企业的股权比例为 60%；三姐 A3 占股比例为 30%；而剩余的股权由其他两位兄弟均分。各个股东的企业股权所占比例为该股东在企业下属所有的医院持股的加权平均值。企业的董事长一直由主要创始人四妹 A4 担任，主要负责企业的主要决策等。而三姐 A3 的丈夫担任企业的总裁，负责企业下属医院的日常运营管理。

近期，A 家族发生了代际传承。与其他家族企业不同的是，A 家族传承的触发原因是一代创始人突发的身体状况恶化。由于时间的仓促，二代继承人几乎在没有任何相关传承计划的前提下就接管了企业。目前，继任企业高管的二代继承人有两位，分别是四妹 A4 的大儿子 B1，他从境外留学回来接任集团董事长一职；三妹 A3 的女婿 B2，他接任集团总裁一职。然而，两位继承人此前从未服务过家族企业，且两人中仅 B1 有在其他医疗机构一年左右的工作经验，而 B2 虽无医疗相关行业的经验，却有从事金融服务等相关工作经验。

由于传承仓促，一代创始人尽管从管理岗位上退了下来，但并没有完全将企业的决策权交给二代继承人；相反的，一代创始人仍然在幕后参与企业的一些重要决策。

二代继承人受西方资本市场的熏陶较多，且对于现代金融工具的了解也相对较多。二代继承人认为，上市融资的"利"远大于"弊"。因此曾多次考虑上市融资以拓展企业规模（开设新的医院）。但是，初步引入外部投资人的计划在二代董事会达成决议以后，董事长 B1 在与父母的一个长假期之后很快改变立场，彰显一代退位之后仍然干涉企业的日常运营和重大决策。推翻决议没有惩罚机制，董事会、高管的沟通没有正式化和专业化，缺乏完善的公司治理。

而在这一意见分歧中，一代的观点是传统的医疗服务行业是以"轻杠杆"的运作模式著称，因此不通过任何方式融资成为行内的一个惯例。目前，虽然行业内已经有两家民营医疗机构开始了融资的试点，且完成了两轮的融资，但是从结果来看，这两家医疗机构的现状却是大相径庭。这一不确定性成了一代创始人同意家族企业向外部融资扩张的一个阻碍。更重要的是，一代创始人在进行职位的传承后，并没有将企业的决策权完全地传承给二代继承人；相反的，一代还存在对二代继承人管理的"不信任"。二代继承人 B1 在多次自主想法被母亲打回之后，感觉很灰心，开始不愿意过多过问企业的事情，而把时间放到自己的股票投资上。

对于企业下属的各家医院的院长来说，目前所管辖的医院基本上都已步上正轨，经营处于一种稳态。但是，随着民营医院的竞争激烈，企业旗下的医院的经营状态并不如医院初创期好。五年前，旗下医院在当地的民营医院中排名在第一梯队（前三），而目前这些医院的排名已经落入第二梯队（前十）。这对于家族企业的股东来说，这是极其不愿意看到的结果。创始人曾试图改变这一状态，但是由于存在情感因素等种种的原因，并没有取得实质性的经营结果的改善。

代理人问题延续到二代继承人的管理上。二代继承人急于想证明自己的管理能力，也希望通过自己的努力改变企业下属的医院经营状况不佳的现状。问题在于如何调动这些医院"元老"们的积极性，如何解决职业经理人（医院的院长）与股东（家族成员）之间的代理问题迫在眉睫。

（二）传承阶段的划分和两代人的角色

企业交接班的时间点是影响到家族企业长期延续的重要问题。一个人对家族、对企业的贡献，是会达到一个峰值后又下降的。如何选择一个合适的点去交接班呢？如果太早，本来还有很多贡献可以去做的，那就浪费了人才；如果太晚也不行，因为接班人可能都过了最好的接班时机了。

关于传承的时间点，有学术研究基于父子两代的生命周期，将家族企业的传承过程划分为四个不同的阶段：创始人管理企业阶段、子女的培养和发展阶段、父子合伙阶段、权力传承阶段[⊖]。

第一阶段：创始人管理企业阶段。此阶段主要是创业企业家自己经营管理企业的时期。

第二阶段：子女的培养和发展阶段。此阶段主要是从孩子出生到大学阶段的学习，包括子女的各种社会实际工作的时期。

第三阶段：父子合伙阶段。此阶段主要是子女参加企业经营管理活动，创业企业家从各方面继续培养孩子，并和孩子一起经营企业的时期。

第四阶段：权力传承阶段。此阶段主要是创业企业家把所有权和经营权分阶段地传承给子女，自己退出企业经营的时期。

如图 5-6 所示，此模型把家族企业传承过程中企业家何时传承和接班人何时接班，以及企业家离开企业的时期逼真地刻画了出来。

⊖ Churchill N C，Hatten K J. Non-market-based transfers of wealth and power： A research framework for family businesses ［J］. American Journal of small business，1987，12（2）：53-66.

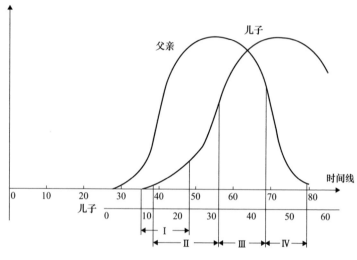

图 5-6　父子生命四阶段模型

　　从父子生命周期模型图可以看到，企业传承的时机也需要恰当地考虑。按照父子生命时间的重叠，权力传承最佳时机是在父辈 50 岁以后，子女在 30 岁左右，因为这段时间双方重合期最合适，子女通过教育和一点的社会经验积累准备接班，父辈也尚有足够的时间和精力扶携接班人一程。

　　实际上，关于传承的时间点，中国的很多民营企业家并没有遵循生命规律进行提前规划。比较普遍的现象是很难在心理上准备好放手。一方面绝大部分的企业家作为事业的创始人和奠基人，企业就是他的生命，很难想象他的生活中缺少了企业参与会变成什么样。另一方面，受历史文化因素影响，中国企业家具有很不一样的对权力的欲望和对安全的敏感性，也可以说是一种"帝王情结"，很难让他们从根本上做好心理上放手的准备。

　　所以，中国企业家很多时候根据自己身体因素，包括脑力和体力的质量，选择传承的时间点，大多等到干不动了或者身体出问题之后才想起来要安排交接班。这就很容易错过传承的最佳时机。案例中，A 家族传承的触发原因是一代掌门人突发的身体状况恶化。由于时间的仓促，二代继承人几乎在没有任何相关传承计划的前提下就接管了企业。使得下一代在接班的过程中处于一种不利的境况。

伴随中国经济结构转型，企业家的自我能力是很多家族企业发展到一定程度停滞不前的主要原因，但企业家一般是不会认识到这一点的，他们对自己的能力充满信心，不愿去否定自己。

案例中，同样出现这种情况：两代人对于企业应该内生式增长还是借助资本市场的力量发展存在分歧。一代不愿放弃民营医疗服务行业是以"轻杠杆"运作的传统观点；也看不到外部融资进入后对于企业管理规范、改变企业的"家族式"治理结构的潜在好处。一代固守境外的成功经验，不愿意接受市场的改变，同时也阻碍下一代接班人尝试改变的意愿。

种种原因使得中国有很大一部分企业家年龄很大，但至今仍然没有安排传承。根据同花顺数据显示，A 股市场至少有 10 位八旬董事长，这明显是个问题。家族企业家应该根据企业发展的状况以及管理者的生命周期来适时进行企业传承安排。

如果我们将家族企业的代际传承视为一个创始人与下一代家族成员的角色调整过程，一代创始人完成领导人、统治者、监督者到顾问的角色调整；而接班人则经历无角色、协助者、管理者到领导人的角色调整⊖。一代创始人在传承启动之初是唯一的权力拥有者。接班人开始进入发挥协助作用，意味着创始人应当适时出让某些权力，逐步过渡到统治者的角色。

⊖　Handler W C. Succession in family firms: A mutual role adjustment between entrepreneur and next-generation family members [J]. Entrepreneurship theory and practice, 1990, 15 (1): 37-52.

　　上一代的现任领导的支持使得下一代接班人获得安全感，更愿意站到前台成为管理者，也使得现任领导继续把更多的职责授权出来，并逐渐转为监督者的角色（见图5-7）。之后，上一代转为顾问的被动角色，只在继任的领导人寻求帮助的时候才提供建议。

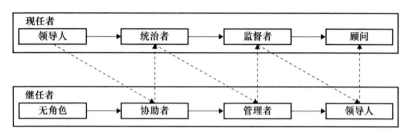

图 5-7　传承流程中的角色调整

　　在我们的案例中，一代在交接班之后应该进入监督者的角色，二代接班人进入管理者的角色。但这个角色的转换没有实际意义：一代仍然扮演"垂帘听政"的统治者角色；接班人没有获得真正的权力，自我价值没有得到体现，自然很容易感觉沮丧，甚至自暴自弃。

（三）传承中权责交接的规划

　　传承的过程非常耗时。研究发现，不同传承选项耗费的时间不等：家族内部传承平均为 6.5 年，转让给管理层/员工平均为 3.3 年，出售企业平均为 1.6 年[一]。如果家族不能完成首选的传承项，需要重新选择另一个选项或者从头开始传承流程，因此需要提前做好传承的安排。

　　当传承在家族内部进行的时候，权力的移交阶段的时间通常都较长。虽然上一代可以借此将知识和人脉等家族特殊资产慢慢传给

　　[一]　泽尔韦格，高皓. 家族企业管理：理论与实践［M］. 北京：清华大学出版社，2021.

下一任领导者，但现任者和继任者同时管理企业，股权没有进行移交，家族成员、高管员工和其他的利益相关者可能对过渡期中现任者和继任者并不清晰的角色和职责感到迷茫。很多中国的家族企业都符合这样的特征。A 家族的案例也说明了这个问题。

现实中，管理权和股权应该如何交接？是按顺序还是同时交接？有些家族采用的是管理权先于股权转让的方式，有些则是管理权和股权（至少一部分股权）同时转让。哪一种模式更加被普遍使用？瑞士圣加仑大学的一项研究发现，在瑞士，内部传承和转让给管理层/员工的两种模式中，"管理权和股权同时转让"的方式占比略高于"先转让管理权再转让股权"的占比。

但是对于中国家族企业，可能因为老一辈不愿意放弃控制权，又或者是为了对下一代接班人的测试，"先转让管理权再转让股权"是更为普遍的方式。如果继任者被授予企业的管理权，但股权转让的时间遥遥无期，继任者很容易感到沮丧，打击其工作的积极性。

所以，为了减少传承中的不确定性，家族需要对传承中的职责和交接时间做出一个规划。比如谁拍板？现任者和继任者分别负责什么？何时移交控制权？这些问题应该被提前讨论，并取得一致的同意。

这个规划涉及一个过渡时间长度的问题。交接时间长点更有利还是短一点更有利？有观点认为，交接时间越短，成功的概率就越高。理由是权力的真空不能长时间存在，各方的利益需要尽快达成一致。另外，继任者长时间处于试用期，价值不能体现，考虑到职业生涯的机会成本，他们可能会选择离开或者懈怠。正如我们的案例中所述，在长时间没有得到对其价值的承认的情况下，接班子女选择懈怠企业管理，自己开始忙于炒股。

在实践中，大多数的传承都需要耗时数年才能完成。即便所有的职责都已经转移完毕，现任者留在企业的过渡时间都不宜盲目地为了缩短而缩短。方太厨具的创始人茅理翔总结了方太传承的"带三年、帮三年、看三年"的"三三制"。权力移交阶段的时间长短要看二代企业家的成长情况。

（四）传承中的职业经理人涉入

1. 职业经理人涉入模式

家族企业完全由家族成员来控制和管理，这是每一个家族的最理想选项。但这个选项取决于如前文提到的接班人的意愿和能力。当下一代无意愿，或接班后无法达到预期表现，家族企业则不得不接受传承解决方案中的另一选项——与外部管理人分享管理权。

这个选项在传统所有权、控制权和管理权合一的思维下是不现实的，但多几个层次的考量，将企业经营管理与拥有控制进行适当的分离，事情会变得相对容易解决。

随着家族企业达到一定规模，或者在面临传承中困难的时候，必定需要有更专业的职业经理人加入，家族经理人与职业经理人共治的模式是一个大的趋势。

但是，如何引入职业经理人？什么样的职业经理人合适？职业经理人和家族成员之间如何分工？如何有效地发挥职业经理人的优势，同时保障家族的利益？这些问题的解决，本质就是通过顶层的所有权结构设计，对所有权、控制权、经营权和收益权四大权利进行配置，再通过有效的家族和企业的双重治理来实现。我们首先回顾几种不同的职业经理人参与的模式。

第一种模式是职业经理人和家族经理人共同控制和管理的模式。

第二种模式是所有权和经营权分离的模式。

第三种是两者相互混合的模式。

还有一种美的集团的模式，这是一个例外。美的一个典型的去家族化例子，因为职业经理人担任公司董事长，何氏家族少有人参与企业的具体经营，但在企业的控制权上仍然留有余地。首先，美的集中家族的股权，虽然不参与日常经营，也保留家族对企业的最终控制权。其次，第二代和信任的元老仍然担任公司董事，在决策方面，也对董事长方洪波形成制衡。美的模式不同于把职业经理人当作外人，通过控制权的设计时刻提防，其实是通过股权激励使得职业经理人也成为美的集团的股东。

学术界也曾经提出过家族和职业经理人分别管理不同资产的理论，让家族经理人传承家族特殊资产，让职业经理人传承家族特殊资产以外的资产，以此实现家族经理人和职业经理人的分工和平衡。但这种方法的难点在于，如何确定家族特殊资产是什么？

总体而言，家族经理人和职业经理人同治是可行的，而且同治的方式多种多样。首先是核心思路，家族企业控制人在传承中不能固执地坚持所有权和经营权合一的观点。如果我们把传承方案放到一个所有权和经营权分离的大框架下，思路就开阔了。

其次，无论采用什么方式，最终家族对于企业的控制权是重要的基础。所有权的大小并不等于控制权，如果一个家族从股权比例上控制了企业，但从来不参与企业决策和管理，是否就理所当然地拥有对企业的控制权？反过来，控制权也不一定意味着需要很大的所有权。通过所有权结构设计，掌握控制权的方法还有很多种，例如一致行动人协议、股权代持、科创板的 AB 股结构等。

家族经理人与职业经理人共治的模式本质就是通过顶层的所有权结构设计，对所有权、控制权、经营权和收益权四大权力的配置，确保家族对企业的完全控制。同时通过有效的家族和家族企业的双重治理，使得职业经理人和家族形成利益共同体，共同致力于企业的长期发展。

2. 家族与职业经理人共处

虽然在职业经理人制度完善的市场，对于经营规范的大型上市公司，所有权和经营权完全分离的传承模式有它的独到之处，但是对于职业经理人市场发展并不很完善，公司治理普遍不规范的环境，许多家族认为职业经理人难以信任，只能共享富贵，而不能共担风险。

事实上，在境外的华人社会，所有权和经营权完全分离的家族企业也并非主流模式。大量境外华人家族企业已经经历了二代、三代的发展，创业家族依然积极领导和参与企业经营管理。而在境内家族企业普遍在一代、二代之间传承，在职业经理人市场不完善的情况下，也许一个过渡阶段模式更适合，比如家族在坚持绝对或相对控股的同时，家族成员继续拥有企业的主要经营权，只在部分权力上与职业经理人分享。

但是，随着中国民营企业管理专业化、规范化程度不断提升，中国企业家需要学习如何引入优秀的职业经理人并与其共处。首先，要承认家族与职业经理人共处的模式带来的潜在弊端，然后学习如何克服这些弊端。其次，在越来越多优秀的职业经理人参与中国家族企业管理的趋势下，家族成员也需要学习如何做好一个称职的家族企业大股东，与职业经理人共处。

作为一个家族的利益相关者，如果不能成为一个优秀的企业管理者，那应该学习如何成为一个合格的家族企业股东和管理职业经理人的称职"管理者"。我们可以通过所有权设计、制度的安排，即便不参与企业的经营也能最大程度保护股东的利益。家族成员在这方面的能力和素质需要通过培养建立。以下的几点建议可能对大家有所帮助。

（1）一个好的家族企业大股东应该清楚了解自己的权利，也要知道权利的边界，更要知道如何行使权利。这就避免很多在民营企业中存在的因为"家企不分"导致的风险传导、职务侵占等现象；也可以避免"家族—企业"界限不清晰，不适当地干预职业经理人，打击职业经理人的积极性等现象。要避免这几点，制度安排是最好的工具。

（2）一个好的股东应该去学习如何设计一个好的所有权结构。所有权结构设计对于家族企业的安全至关重要。比如，有的家族企业没有对股权设置相应的锁定机制，可能会导致家族控制权的丧失；有的家族企业喜欢在家族成员之间进行股权平均分配，从而引发家族成员之间的内部斗争；也有一些家族企业没有选择合适的主体去持有股份，导致风险的传导等。学习好的所有权结构设计，也就是学习如何去分配企业的股权。一个好的所有权结构对于"家族—职业经理人"的良好合作模式也是至关重要的。

（3）一个好的股东还应该懂得如何通过所有权结构设计充分激励职业经理人。合理的股权结构能制衡各方利益，保障企业重大战略决策的高效制定，是企业平稳发展的基石；充分激励下的优秀职业经理人拥有强大的管理能力和执行力，可推动股东决策的顺利落地，同时不易受制于平衡家族内部利益的干扰。

在上海高金和工行私人银行的企业家财富健康调研中，我们发现绝大部分家族企业（84%）仍由一代创始人管理，13%由核心的下一代接班人管理，2%由多个下一代家族成员共同管理，仅不到1%由职业经理人管理。将管理权交予职业经理人的家族企业比例非常低。但是在已经选择了职业经理人管理的家族企业中，近54%并没有对职业经理人进行适当的激励，也没有考虑过对职业经理人权力的制衡，如重大决策需要董事会决定等机制。从这些结果可以看到，中国企业家在考虑"家族—职业经理人"共存的传承模式时欠缺相应的股权激励和制度保障上的支持。

沃尔玛的拥有者沃尔顿家族虽然不出任企业高级管理职务，将管理权交由职业经理人行使，但并不意味着家族就对企业撒手不管了。相反，通过一系列安排，家族不仅要尽到股东的责任，保障沃尔玛股东的利益最大化，也将这种责任作为家族传承的一部分，代代相传。家族成员从理念上要做负责任的股东，有强烈的责任感与沃尔玛维持密切关系，培养对家族企业的感情。从实际上，密切观察企业发展，比如董事会永远都会有家族一个子女担任董事。所以，沃尔玛对于中国家族企业的启发是，应该在家族成员内部，特别是年轻一代，有针对性地开展股东教育，学习行使各种股东权利。目的是培养所有家族成员，无论接班与否，都能成为合格的股东。

第三节　家族人力资本的传承

要打破"富不过三代"的魔咒，一个家族不仅需要传承财富，同时需要传承创造财富的能力，因此人力资本的传承可以帮助家族实现创造财富能力的代代相传。

家族人力资本的传承需要在保持充足人力资本的基础上，对下一代进行持续、积极的培养，使得家族人才辈出。有接班意愿的家族成员参与家族企业的经营管理，而希望实现自我的成员到体系外进行创业，助力家族企业长久不衰，实现家族财富的持续性。

一、家族人力资本的培养内容

下一代成员的教育问题往往被中国企业家放到一个非常重要的位置。可以说"不惜血本"也不为过。同时下一代的培养也是企业家们"痛中之痛"的困扰。中信银行和胡润研究院 2017 年发布的白皮书提到，中国企业家们家族传承的困扰首先集中在"培养成功的接班人"资质这一问题上，在优越生活条件下成长的二代们，在社会中所拥有的能力或获取的信息无法支撑他们在激烈市场竞争环境里经营或持续发展一家企业。因此企业家们担心"子女无法胜任"的比例最高，达 29.5%。

对于家族中人力资本的培养，我们可以从多个维度进行考虑。

（1）从培养的目标维度来说，对人力资本的培养不仅是把下一代培养成合格的企业（财富）的接班人，或者成功的创业者，同时也要围绕着家族社会资本传承的目标，把下一代培养成合格的社会公民、能为社会创造价值的人才。

（2）从培养的时间维度来说，对家族接班人的培养不仅包括进入家族企业后的培养阶段，还包括进入企业之前的早期能力和态度的培养阶段。人力资本的培养需要提前规划，以及具备长时间的耐心。

（3）从培养的范围维度来说，对家族接班人的培养不仅包括了如何使其成为企业领导人，还包括了如何成为合格的家族股东。在培养接班人的过程当中，我们必然会有调整或选择，有些成员表现突出，被增选入培养计划，有些不合格的则逐渐退出培养计划，使其成为管理层的普通一员，甚至退出家族企业。因此股东教育——了解自己的权利以及权利的边界，学习如何行使股东的权利——的目的是培养所有家族成员，无论接班与否，都能成为合格的股东。

（4）从培养内容来说，对家族接班人的培养不仅局限于正式学业教育上的规划，也不局限于与自己家族企业相关的技能培养，这部分的实践经验往往通过参与家族企业的运营管理来获得。如果要做一个概括，应该包括为家族各年龄层的成员提供任何有助于家族财富的可持续发展的指导、教育和意识培养。

实际上，更重要的是能让下一代家族成员全面理解如何担当家族财富的共同所有者。没有这方面的准备，家族成员就无法胜任共同做出风险决策的任务。家族人力资本培养计划的内容将着重于培养家族企业家、企业合格股东，增进家族成员的知识、忠诚度和凝聚力，提升家族成员的参与感和主人翁意识，维护家族财富，鼓励家族成员参与慈善活动，并为下一代成功挑起家族财富管理重任做好准备⊖。

家族人力资本的培养不是一蹴而就的，而需要长期、持续教育。家族可以联合外部专业机构（如家族办公室），通过了解家族的关注重点、愿景、目标、策略规划和商业策略来评估其当前的教育需求。此外，家族还要测试家族成员的技能、专长、态度和行为，以便确定潜在的不同教育需求，然后在此基础上制定全年的教育目标。

比如，通过更加灵活的方式如私人董事会对真实案例的研讨，或者所谓的"寓教于乐"场景学习方法来教育家族成员，以提升学习体验。举一个例子，某一联合家族办公室与专业活动筹划公司联合举办了一场以家族财富为主题的大型场景互动学习活动。现场的案例分析安排得很连贯，中间允许暂停以便观众参与评论舞台上正在演示的家族情景。参与人员既能身临其境，又能静下心来想象和思索这些有关财富的社会和情感问题在自己家族上演时的情形。

摩根士丹利和 Campden 财富管理公司的一项研究表明，42%的富豪家族通过家族办公室为子女提供理财教育。一些家族办公室希望创建一个培养家族成员的参与习惯的过程；家族办公室能为青少年制订并跟进个人教育计划。理财辅导经常会有家族成员和家族办公室顾问的参与，有些家族办公室还从外部引入下一代教育专家，或将其子女送到相关的训练营。

这些例子都是家族持续性人力资本培养的一部分，目的是为家族不同年龄层的未来接班人提供全方位的教育和培养。

⊖　Family Office Exchange.《家族教育指引》. 研究报告，2012.

二、家族企业接班人的培养规划

"凡事预则立，不预则废"，家族企业接班人的培养需要提早规划和安排。除了以上提到的各种技能的培养，家族企业未来接班人的责任感的培养更需要预先规划。

很多年轻一代之所以不愿接班，其中一个原因是从小没有形成与父母、家族企业强有力的纽带。因此他们对于接班企业、延续家族事业没有强烈的责任感。下一代因为成长环境和过程，往往难以深刻地理解自身即将面临的责任，更难以理解上一代的艰辛。这就需要上一代从情感层面出发进行教育，责任的承担需要个人情感的投入。

企业家创业初期太忙，没有时间和子女进行交流沟通，也很难安排一起花时间留下共同经历。当然，随着子女年龄的增长，特别是当他们组建了自己的家庭，为人之父、为人之母后，对他人负责任的感受开始逐渐建立起来，这时候他们会更好地理解父母创业的艰辛，以及作为家族一员去维持和延续家族事业的意义和责任感。但是，这个过程显然有点漫长。

共同体验是一种有价值的、可以预先安排为企业接班人展开的持续教育，能让家族代际建立起难以割裂的情感纽带。比如，很多企业家在创业的时候，便有意识地安排自己的子女从小去工厂帮忙，提供一些力所能及的支持。比如，男孩子跟着父亲一起搬运货物，在这个过程当中，子女自然可以看到父辈创业的艰辛，体会到父辈的不易。

而随着子女学习的丰富及眼界的开拓，当他们看到父辈所面临的时代局限时，基于早期的体验，子女也能够更多地给予理解，自然形成对企业的责任感。所以才能看到，在企业面临困难时，有责任感的下一代能够坚定地留在企业，与家族其他成员共渡难关。

三、家族企业接班人的培养方式

当下一代成年后，学有所成，如何进入家族企业，成为一个合格的企业接班人？这是一个更为突出、更具挑战的问题。

家族企业接班人的培养方式可以简单划分为内部培养和外部培养。内部培养是一种"干中学"的方式，主要是通过二代在企业的各个部门工作历练，同企业共同成长，最后管理家族企业。

如果是外部培养的方式，那就是一种"学会了干"的方式。二代进入家族企业之前，要在一些外部的大企业，或者政府机构，或者金融单位，去学习相关的工作和管理经验，去掌握一些社会资本，甚至是人脉关系，然后再回到家族企业去接班。

这两种方式对家族企业有什么系统性的影响呢？有一项关于中国上市家族企业不同培养背景接班人对企业业绩影响的研究⊖。研究将家族企业二代接班人根据受到培养的方式分为两组：一组是企业内部成长的接班人，一组是海归的接班人。结果与境外研究结论一样，中国上市家族企业在二代接班后都呈现业绩下滑的现象。但是，内部培养组的企业业绩的下降速度很慢；海归培养组的业绩下降速度更显著。资本市场对内部培养接班人相对于海归接班人的满意度也更高，这也在企业股价上有所体现。

为什么会有这样的结果呢？从理论上讲，接班人对家族企业的情感承诺和组织认同是传承成功的关键。具有高度认同感的接班人的合作性、利他性、不求回报的特征更明显，他会积极克服困难，帮助企业达到目标。国内培养使得接班人及早与家族企业接触，在长期的实践中明确责任、建立信任，更易建立对家族企业的情感认同。而境外培养的接班人由于受教育环境影响，或早期就业环境受

⊖ 朱晓文，吕长江. 家族企业代际传承：海外培养还是国内培养？[J]. 经济研究，2019，54（01）：68-84.

境外管理实践的影响，他与企业相处时间较短，在认同父辈创业理念和家族企业价值观方面处于劣势。这就造成了接班后对家族企业业绩影响的不同。

但是，这些差异源自哪些方面呢？或者说，海归接班人做错了什么，使得企业业绩下跌更显著？这些不良的业绩变化是短期的还是长期不可逆转的？作者认为，相对而言，内部培养的接班人因为对企业有更好的情感和认同，更不愿意去变更企业的主业，更愿意传承家族企业的优势，以及维系家族与原高管的关系。但是，境外的学习开拓了二代接班人视野的同时，也使得他们更具有创新的意愿和精神。所以，海归接班人更愿意改变主业，或者进行企业并购，而这些行为短期内对企业的业绩具有负面的影响。

实证结果验证了这点，二代接班后，样本中将企业主业改变的有 10 家，其中 8 家属于海归培养组。改变企业主业是导致业绩下降的一个重要原因。但也有海归接班后业绩变好的企业。在 34 家海归接班的企业中，有 8 家在传承以后业绩变好了。这些海归接班人的共同点是在接班前，平均在企业历练了 5 年左右，并且都是高学历的人。这些结果提出了传承中如何平衡业绩与创业、创新精神的问题。

从结果来看，外部（特别是境外学习）培养似乎有助于下一代的创业和创新行为。至于这些行为是否对企业的业绩有负面的影响，可能仍有待时间来检验。企业创新对企业的短期业绩不好，长期会不会好呢？需要更长期的研究。

如果选择的是内部培养的方式，下一个问题是：下一代进入家族企业应该是先从基层做起，还是直接进入高层？在和一些二代接班人的交流中，有这样的反馈："如果父亲希望你从担任他的助理开始，千万不要接受，因为你注定是一个'背锅侠'，无法体现你的价值。"虽然这个说法有点偏激，但也体现下一代希望突出自己应有的价值，而不是做一个无名小卒。如果接班人直接从最高的管理层开始做起，他们很可能无法获得资深的非家族高管的尊重。特别在一些"诸侯分割"明显的企业，对于工作经验有限的接班人，非家族高管可能不愿意承认其接班的合法性。之前提供医疗服务的 A 家族企业的案例就很好地说明了这点：年轻、没有业绩的接班人无法让长期为企业效力、一刀一枪打出地盘的"老臣子"信服。

考虑到两种路径都存在某些缺陷，分阶段的企业外和企业内培养结合是实践中效果更好的方法，特别是对于中大型的企业。正如某知名家族的"家族宪法"中明确规定：欢迎家族成员进入家族企业工作；但要先在家族外的企业工作 3~5 年，才能进入家族企业；应聘的程序和入职后的考核必须和非家族成员相同。

企业外和企业内结合培养的模式分为三个阶段。第一阶段，接班人在家族企业外工作，特别是在投资、投行等能够开阔眼界，培养视野的岗位。使其尽可能地多获得对宏观局势、不同行业的了解，以及专业技能的培养。当随后进入家族企业时，这种外部工作经历能够向不同的利益相关者传递职业履历的信息，特别是具备非家族高管往往没有的履历和知识体系。第二阶段，接班人进入家族企业，先接受企业及接班的内部专题培训，然后在关键部门轮岗（如分别在财务、生产、销售等不同部门工作几个月的时间），以熟悉企业的运营和人事等情况。第三阶段，接班人在企业中担任高管职位，这个任命取决于职位的空缺和其他高管的职业规划，逐渐升到最高职位。

图 5-8 为香港某一家族设计的巧妙内外结合、学习中培养的机制⊖，帮助下一代家族成员首先通过家族支持的分拆创业项目在企业外培养，然后回到总公司任职。这样除了可以实现人力资本培

⊖ 泽尔韦格，高皓. 家族企业管理：理论和实践［M］. 北京：清华大学出版社，2021.

养、家族企业的代际领导力的传承之外，还能通过家族企业体系的分拆创业为家族寻找新的业务发展点。这样的安排要比下一代独立在企业外创业成功概率高得多。

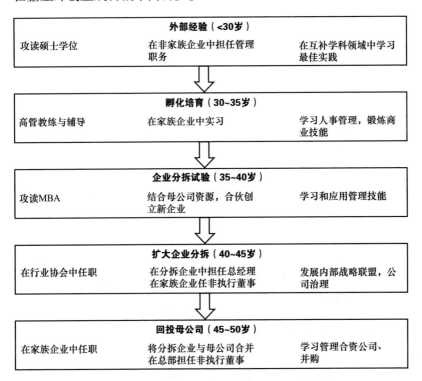

外部经验（<30岁）		
攻读硕士学位	在非家族企业中担任管理职务	在互补学科领域中学习最佳实践

孵化培育（30~35岁）		
高管教练与辅导	在家族企业中实习	学习人事管理，锻炼商业技能

企业分拆试验（35~40岁）		
攻读MBA	结合母公司资源，合伙创立新企业	学习和应用管理技能

扩大企业分拆（40~45岁）		
在行业协会中任职	在分拆企业中担任总经理在家族企业任非执行董事	发展内部战略联盟，公司治理

回投母公司（45~50岁）		
在家族企业中任职	将分拆企业与母公司合并在总部担任非执行董事	学习管理合资公司、并购

图 5-8　香港某家族企业下一代成员培养流程图

第四节　家族金融资本的传承

一、有形财富传承的步骤

如果一个家族传承的是有形财富（如股权、不动产和金融资产）的话，有很多工具可以使用。但不同家庭拥有不同类型的财富，处于不同的法律体系下，在不同关系构成的家族成员之间进行分配，确实是很难一概而论。不过，我们也可以参考一些相对固定的步骤和原则。有形资产传承可以分为三步。

第一步是对家族的财产进行系统的梳理，确定财产权属状况。很多中国家族内部财产关系不太明确。所以家里有多少财富，财富的种类和持有这些财富的方式，是否存在产权纠纷的可能性，这些信息需要先搞清楚。

财产梳理清晰后，根据传承目标对实物资产进行分类。比如，资产可以区分为流动性资产和非流动性资产，前者通常指现金、银行存款，具有很强的流动性和可分割性。后者是不易分割的资产，如房地产和未上市公司股份，同时也缺乏流动性。资产也可以分类为退休储备资产和传承资产，前者用于长辈养老目的，而后者归纳为可传承到下一代的资产。

第二步是准备财产协议，确定家族财产归属与边界。家族财产协议事实上有两大类：一类是家族财产归属协议，一类是家族财产管理协议。家族财产归属协议可以分财产协议与代持协议两部分。财产协议通常是解决家族内部财产关系、边界及归属问题，包括财产共有协议、财产分割协议、夫妻财产协议等。

比如，夫妻双方各自持有一家企业的股权。但是名下的股权到底是个人财产还是夫妻共同财产？如果没有约定或者约定不明确，那就应当依法认定为夫妻共同财产。代持协议主要解决名义权益人与实际权益人不一致的问题，如股权代持协议、不动产代持协议。比如，家族成员名下的资产并不是个人的，而是家人共有或者其他成员的，都必须通过财产协议、代持协议的方式厘清。

财产管理协议解决的是家族共有财产的管理原则、管理方式、利益分配等问题，这对于拥有较大规模共有财产的家族而言很重要。比如，一个家族拥有无法分割或者分割成本很高的资产（如商铺、股权），可以通过财产管理协议厘清如何管理这些资产、收益如何分配等问题。所以财产协议解决的是分清的问题，财产管理协议解决的是管理的问题。

第三步是做出意愿安排，表达基本意愿与财产分配安排。最简单的方式是遗嘱安排。但遗嘱只能是基础安排的工具，而不能是唯一的家族财富传承工具。因为在遗嘱继承的过程中实在太容易发生纠纷，几乎每年都有豪门争产的案例发生，争议的焦点几乎都在遗嘱上。

这归根到底是人性使然，在面对巨大的财富的时候，心里觉得吃亏的那一方一定会尽全力去争取，而遗嘱继承程序本身的特点恰恰提供了这种争取的机会。只要继承程序中有一个继承人对遗嘱提出异议，继承程序就要停下来，财产的归属也就处于一个悬而未决的状态，接下来就是长年累月的争辩、协商和诉讼。所以在基础安排之后，家族仍然需要通过其他的工具调整与优化所有权结构，同时通过家族内部治理机构与管理规章的完善把矛盾消灭在前端。

意愿安排应该以家族产权梳理、家族财产协议和遗嘱作为传承规划的起点，然后还要考虑其他种类繁多工具的使用。比如，我们除了遗嘱、家族协议等法律工具之外，还可以使用保险、基金等金融工具，以及家族信托、家族控股公司、家族有限合伙等结构性工具。像拥有庞大财富的家族，其背后涉及的财产极其复杂，加上复杂的家庭内部关系，一纸遗嘱很难交代清楚。

况且，遗嘱工具并不适用于经营性资产传承，对于"权杖"的交接，遗嘱是先天不足的。经营性资产除了财产以外，还涉及组织和个人的关系问题、规则与机制的合理性问题。更为重要的是，经营性资产的传承涉及太多"人性的挑战"，而遗嘱作为生前订立，但身故后才生效的意愿安排，是无能为力的。在经营性资产传承中，有效规划与安排、结构性工具的导入是必要的。

另外，在之前的内容讨论过，传承工具的使用应遵循一定的顺序原则。家族财富传承方案的设计遵循以结构性工具、金融性工具为主导，以意愿安排与家族协议为补强的原则；遵循以生前安排为主、身故后安排为辅的家族财富传承规划的原则。

二、有形财富传承的工具

在家族财富传承中，大量有形财富以不同的形态需要进行转移、换手，这个过程非常复杂、充满变数。如果我们不提前做好规划安排，不依赖工具的使用，可能无法保证家族传承的意愿顺利完成。我们可以使用法律工具，典型的代表是遗嘱，也可以使用保险等金融工具，以及家族信托、家族控股企业等结构性工具。这一部分的内容会简单介绍几种常见的传承工具，包括遗嘱、保险、家族信托、保险金信托的传承功能和使用场景。

（一）遗嘱工具

遗嘱继承具有很多优点。比如，遗嘱可以直接传达遗嘱人的意愿；遗嘱设立形式简便，只需要满足法定形式要件和生效条件。另外，遗嘱对财产类型和价值没有限制，具有很广泛的应用场景。

遗嘱的局限性也很明显。比如，国内相关立法的滞后导致的效力风险。一些条款在出现纠纷的时候，指定客观条件的举证面临障碍，如条款代书遗嘱、录音遗嘱和口头遗嘱应当有两个以上无利害关系的见证人等。

另外，遗嘱执行立法缺位。《中华人民共和国继承法》没有明确规定遗嘱执行人和遗嘱执行的具体程序和保障。比如房产和银行存款，继承人必须开具继承权公证书。它需要全部继承人（无论其是否为遗嘱继承人）共同配合前往公证处进行继承权公证，领取继承权公证书后才能继承财产过户。在整个继承权公证中，只要有一位继承人不予配合，就根本无法办理继承过户手续。结局多是，亲人互相起诉到法院，进行旷日持久的继承诉讼大战。

遗嘱工具在使用中还存在一些其他情况可能诱发风险。比如，出现以不同形式设立或者在不同时间设立但内容相抵触的遗嘱情况。另外，遗嘱无法隔离遗嘱人生前的负债，继承的遗产应该以扣除缴纳税款和债务之后的实际价值为限。还有在使用遗嘱工具的时候，遗嘱人无法达到遗产信息保密的目的。一般是在遗嘱人去世后，遗嘱须在继承人之间公开。

（二）保险工具

对于有传承需求的企业家来说，保险工具具有包括风险隔离、节税、保密性等方面的功能。

因为保险合同规定保险金的索赔权已经归属受益人，实现被保险人债务、税款的隔离，所以被保险人的个人风险不会传导到保险资产。比如，《中华人民共和国公司法》中规定，人寿保单不纳入破产债权；合同法中规定，受益保险金不用于抵债；《中华人民共和国保险法》中规定，保单是不被查封罚没的财产。同时，保险工具也可以隔离婚姻风险，起到财产保全功能。《中华人民共和国婚姻法》规定，购买的人寿保险属于个人财产，不记入夫妻双方财产。拥有财富较多的一方，家庭将财产传承给后代时可以通过购买保险、指定受益人的方式，可以避免遗产在夫妻双方感情破裂时被分割，影响家族财富的传承。

保险也可以达到节税的作用。税法中规定：保险赔款收益免纳个人所得税。虽然我国目前还没有征收遗产税，但一旦未来征收遗产税的话，按照《中华人民共和国保险法》规定，被保险人死亡后，没有明确指定受益人的，保险金作为被保险人的遗产，按照《继承法》分配，可节省遗产税。

保险的保密特性是指存在多个受益人情况下，可设置受益人彼此不知各方的受益额度。这样，保险公司在让受益人接受保险理赔的时候，只会通知受益人及监护人。

保险工具也具有一些缺点：仅限于资金管理，不适用于股权、物业等非资金类财产。所以当主要财富是非现金类时，只能作为传承的辅助工具。保险主要是风险控制工具，而非资产管理工具，只能交由保险公司投资，所以收益比较低。

（三）家族信托

家族信托是一种可以将家族财富的所有权、经营权和收益权进行分离的法律架构，可以满足家族财富在传承中更加灵活、更加人性化的需求，确保传承的稳定性。

经营权和收益权进行分离也使得没有能力或者没有意愿的子女，作为家族信托的受益人，无需直接参与家族企业的直接经营，但可以享受到创造的价值。家族企业的职业经理人或家族财富的管理人拥有家族企业和财富的经营权，依托其专业能力，努力实现企业的发展，帮助财富的保值增值。

在传承人的安排上，家族信托具有的灵活性体现在可以按照委托人的意愿灵活设置不同类型的受益人，包括子女、孙子女甚至是尚未出生的后代，也可以依照委托人的意愿预先安排这些受益人的资产分配顺序，甚至可以为未来可能存在的纠纷预留一个沟通解决的机制。这些灵活的安排可以有效缓解家族成员之间因财富管理观念、财富分配标准冲突造成的矛盾，避免内耗风险，减少家族内部纠纷的可能性，保证财富传承的有效进行。

家族信托中的受托人和信托财产具有独立性，可以避免家族在财富传承中碰到各种潜在风险。家族成员不再是信托财产的所有者，但可以享有财富的所有权，以名义所有者的身份保护家族财富的安全。信托财产不会被家族成员的债务连带，不会因家族成员的婚变而分割，不会因家族成员的意外身故而流失，不会因家族成员的挥霍而消耗，不会因家族成员的争产而损失。

最后，家族信托可以使得继承人规避复杂冗长的遗嘱认证程序，尽快继承到应得的资产。

（四）保险金信托

保险工具虽然也可以做到一定程度的定制分配方案，但最大的缺陷是分配的机制很难做到家族信托那样灵活、高度定制。比如在保险理赔以后，无法避免后代挥霍保险金赔偿金。同时，家族信托工具难以在国内广泛使用的制约是门槛较高。通过保险的杠杆效应使得保额达到信托要求，一定程度上降低了家族信托的门槛。所以，通过保险和信托工具的结合——保险金信托，我们可以既保持保险的杠杆特征，又能实现定制的分配方案。

所谓保险金信托，简单说就是以保险金理赔作为信托财产成立的家族信托。当被保险人身故发生理赔或满期保险金给付时，保险公司将保险金交付预先约定的受托人（即信托机构），由受托人依信托合同的约定管理、运用，并按信托合同约定方式，将信托财产分配给受益人，并于信托终止或到期时，交付剩余资产给信托受益人。

一般的操作方式是，客户既是家族信托的设立人，又是保单的投保人。客户以投保人的身份将信托受托人指定为保险金受益人，即通过这种方式将保险金置入信托，此后保险金的运用、管理和分配将完全按照信托协议操作。另外，还有一种方式是先将现金置入信托，再由受托人为受益人购买保险，这种方式在国内并不常见。

保险金信托的作用在于，一旦发生保险赔付，保险金并非直接赔付到后人手中而是进到家族信托里，家族信托的财产通过受托人的管理保值增值，并且按照信托协议中设定好的条件，逐步分配给家族的下一代。这样保险金信托可以有非常灵活的条款设计，可以用来支持受益人的生活和教育，约束他们挥霍，帮助他们创业，甚至为他们提供养老的年金。

保险金信托同样继承了保险工具的缺点，传承的财富主要是现金类资产，不适用于股权、物业等非现金类资产。

（五）几种工具的比较

在这几种工具当中，如果要做一个比较的话，相对而言，保险工具在高净值人群中的使用更为广泛。家族信托在满足家族复杂、个性化的需求方面具有不可比拟的优势。但实践中，家族信托的使用并不普遍，原因如下。

（1）相对于保险工具的构造十分简略明了，信托比较复杂，普通人通常很难搞懂，经过多年的教育宣传，目前应该比刚推出时候要好很多了。

（2）家族信托有一个起步门槛，成本相对较高，对于很多没有迫切需求，或者觉得自己需处理的问题较为简单的家族而言，这个成本所带来的收益并不明显。

当然，也可能存在一个家族的认知问题：因为对于自己要解决的问题不能被充分理解，所以也无法体会到家族信托工具的重要性。市场仍需要更多的客户教育。对于家族内部关系、财产类型相对复杂，资产规模也较大的家族而言，家族信托具有保险工具不可比拟的优势。

在上海高金和工行的中国企业家财富健康的调研中，我们调研了家族客户对于常见的传承工具包括家族信托、保险金信托、保险、公证遗嘱、赠予等的认识和使用，以及他们使用这些工具的主要目的。

图5-9和图5-10展示了已经进行了相应财富传承安排的家族受访者使用最多和了解最多的工具。结果显示，受访者对于工具的了解呈现出多元、充分的特点。这说明市场长期对于传承工具的教育宣传已经取得一定的成果，受访者已经具有一定的心理和知识准备，市场到了一个很好的转化临界时间点。

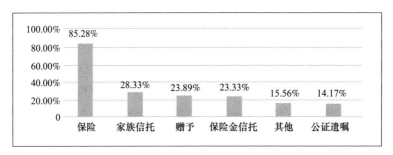

图 5-9　已经使用的传承工具

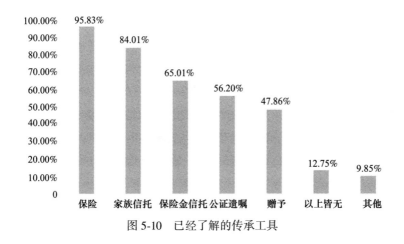

图 5-10　已经了解的传承工具

已经有安排传承的受访者大多在使用保险、家族信托和赠予。保险的使用比例高达 85% 以上，家族信托仅 28% 左右。在传承工具中，保险具有简单易操作、成本低的优点，也具有无法满足复杂需求和灵活性上的缺陷。可以推断，这部分受访者的传承需求并没有得到完全满足。

而在未进行传承的受访者中，大部分的受访者都已经在广泛关注传承工具的选择。这部分受访者对于传承工具的了解更加全面和理性。保险作为基础仍居于最多的位置，而了解家族信托的受访者

也高达 84%，保险金信托为 65%，公证遗嘱为 56%。这一方面显示
了传承需求的旺盛，另一方面显示了市场对于常用的传承工具的教
育和客户对于这些工具的认知已经逐渐成熟。

　　在了解受访者对传承工具的选择之后，调研继续深入到受访者
家族使用或了解这些传承工具的主要目的上。隔离风险、资产保值
增值和资产灵活分配是本次调研中受访者考虑传承工具的三个主要
目的（见图 5-11）。

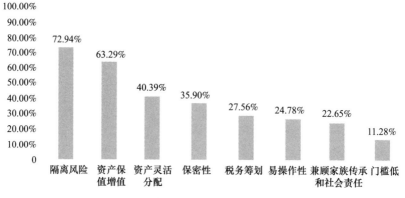

图 5-11　使用或了解传承工具的目的

　　通过调研，我们发现中国的家族具有部分共性，首先是对家族
信托的构建和运用了解不多。其次是家族较小，企业结构比较简
单，财富保全、管理与传承的矛盾诉求不突出、不丰富。最后是具
有明确的风险隔离诉求。这三个特点表明，中国的家族现阶段仍较
为注重传承工具的短期目的。

　　各种传承工具都具有其独特的优势和缺点，我们应该将其作为
整个传承方案中的工具之一，围绕家族传承的目的而使用，而不是
为了使用某一个工具而去使用。

第五节 家族文化资本的传承

家族文化或者说家族精神的传承对于一个家族的长期延续非常重要。因为文化资本是家族、家族成员、家族企业的有力纽带。通过探索共同的历史，培养和教育家族成员理解家族精神和价值观，使得他们勇于承担家族的责任，帮助家族实现长期可持续的发展。

一、中国企业家的精神传承观

家族成员始终如一的价值认同、世代传承的家族精神是家族中很重要的文化资本。布朗和洛特里在《家族财富可持续发展的工具箱》一书中提到："精神遗产既具有长期性，又受到时间影响。一项家族业务发展成一个家族企业后，整个家族认识到家族的遗产不同于家族的资产，并且认同一个愿景和一套价值观。然后每一代人都承担着这项重要责任——创建自己的愿景和价值观，发展家族传统，重塑其未来。"

精神传承的重要性在很多调研报告中可以充分体现。民生银行和胡润百富的一份中国超高净值人群调研报告中，对平均资产规模5亿元以上超高净值人群提问到家族传承的关注点时，回应集中在"价值观的传承"，比例占到48%；其次是"企业经营理念的传承"，比例占到24%；"财富传承"和"社会关系的传承"各占14%和11%。

同期的招商银行和贝恩公司的中国私人财富报告对可投资资产规模1000万元以上的人群提问："最值得传承的内容是什么？"居于首位的是"精神传承"的回答，比例占到65%，"物质传承"位居其二，比例占到58%。由此可见，在中国家族的传承中，财富传承并不一定是最重要的首选。只有价值观和企业经营理念得到传承，财富才能得以顺利传承。

　　中国家族如何看待自己家族内部的价值观情况？在上海高金和工商银行的家族财富健康调研中，我们也关注中国家族的成员价值观问题。受中国传统文化的熏陶，"家和万事兴"的理念为广大家族所接受和关注。在价值观问题上，大部分家族受访者都显得较为乐观，比较同意和完全同意自己家族成员拥有共同价值观的占比达到2/3（见图5-12）。而且有约61%的受访者认为当家族需要时，成员可以为家族利益放弃个人利益（见图5-13）。共同意愿是家族共同价值观的一个重要体现，拥有共同价值观并且愿意为家族利益做出一定的牺牲，就有了家族保持团结和向心力的基础。

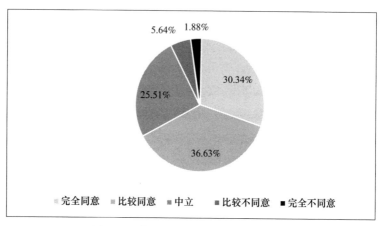

图 5-12　家族成员有共同价值观的分布

二、家族精神的提炼和传承载体

（一）家族精神的提炼

　　家族价值观或者家族精神的提炼是一个复杂且有技术含量的过程，也应该成为家族财富管理服务的一部分，由外部的家族财富管

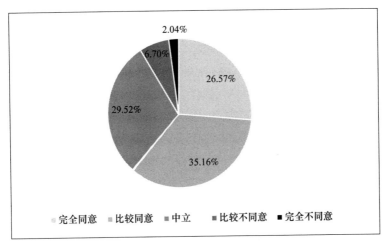

图 5-13　成员可以为家族利益放弃个人利益的分布

理机构或内部的家族办公室提供协助完成。家族价值观的提炼可以在家族长辈的推进下，遵循一定的程序，依照一定的方法，通过家族成员的通力合作来完成。

　　每位家族成员思考自己认为最重要的价值观有哪些、为什么，个人的价值观提炼需要结合自己人生的不同阶段、不同事件，回顾对自己产生影响的各种经历、地点和人物。然后，思考从这些经历或回忆中吸取到的最大教训或经验，说明它至今对自己仍然很重要的原因。

　　这个过程如果得到专业机构开发的价值观评估服务的帮助会事半功倍。服务流程包括对每位家族成员进行单独辅导和价值观交流，然后召开家族会议，按照顾问专门研发的科学流程阐述，并形成该家族的共有价值观。比如，国外有家族办公室机构采用一些系统性的方法帮助家族成员提炼自己的价值观。顾问使用一副扑克牌，每张牌印有不同的价值观。他帮助家族成员将个人的经历与故事联系到各种价值观，分析某些价值观对自己很重要的原因。通过开放式对话，家族几代人参与这个过程，一起讨论各自所代表的想法和希冀，如果某些观点出现交集，就会被归入对家族至关重要的共同价值观之中。

通过参与提炼家族精神的过程，我们能深入了解一个人的性格及其人生经历。通过这个过程，家族成员可以搜集到在其人生中有重要意义的故事，也可以了解到家族其他成员的故事和经历。更重要的是，它还能帮助家族成员认识到他们之间的某些差异是源于各自价值观造成的对事物的不同选择次序，而不是由普遍认为的恶意行为所导致。

（二）家族精神的传承载体

既然家族精神作为无形资产看不见摸不着，它如何能代代相传呢？最好的传承方式是家族长辈在日常中的言传身教。同时，家族长辈也可以通过平时的一些生活细节帮助年轻的下一代了解到自己希望传承的理念和价值观。比如，一些家族要求年轻一代采访年长一辈，以此作为一项下一代教育活动，这些非正式的讨论有时会被录制和记录下来；也有一些家族要求年轻一代在家族某次度假或会议上汇报自己从长辈的经历、价值观和感想中所收获的东西。这些细节都是可以让下一代了解家族文化、培养精神传承的方式。

家族也可以将精神和价值观凝练之后，通过一些能承受时间洗磨的有形载体进行传承。除此之外，家族传记、家族成员的照片、各种经验教训和励志语录的书籍、家族纪录片都可以作为传承载体使用。比如，某家族长辈习惯记录各种经验教训和励志语录形成小册子，在纪念和庆祝的重大日子汇总出品，作为纪念品送给家族成员和朋友，以便他们能了解自己在过去几十年里亲身见证或经历的事情。通过这些纪念册，他的女儿和其他后代能够了解到这位长辈在几十年间的生活、学习和工作经历，以及当中所隐含的一些人生哲学和对事物的判断标准。

有些家族采用一些简单明了的方式记录家族价值观，并以此进行传承。罗斯柴尔德家族使用了族徽的方式，上面有五支箭，象征着一支支箭很容易折断，但五支箭捆一起就很难折断了。目的是让子孙后代记住家族的祖训，即："团结、正直、勤奋。"这代表了支撑家族经历战乱、经济萧条、企业经营失败这么长时间的避免分裂的精神。当家族成员以成为家族的一员而自豪，认可其共享的价值观，世代传承也就不是问题了。

很多时候，人们不能记得在 100 年前最富有的那群人当时拥有了多少财富，但仍然记得这些人留下的标志性慈善项目。当今中国最好的医院之一——北京协和医院，是由美国洛克菲勒基金会捐赠建立的。经历了近百年的风雨，大家仍然记得洛克菲勒家族留下的一份宝贵的财富传承。相比有形的家族财富，慈善项目承载的精神财富更容易得到长久的流传。

第六节　家族社会资本的传承

如何定义家族的社会资本？这些资本为什么重要？家族的社会资本如何形成？具有什么特征？这些资本能否代际传承？

社会资本是基于网络、结构、关系所形成的一种资源的集合，这些资源可以给家族带来好处，帮助家族达到某些设定的目标。家族的社会资本往往分内部和外部的社会资本。前者一般指的是家族固有的社会特征和标签融入社会、被社会认可，甚至引领社会的能力，通常体现在家族引领社会向善的行为。后者可以简单被认为是家族成员个体或家族整体形成的社会网络和关系。

一、社会资本的外部性

企业家拥有的体现在政治关系和社会网络中的社会资本一直是

公众关心的问题。虽然外部的社会资本很难像其他类型的家族资本一样可以被世代传承，社会关系和人脉仍然被中国的超高净值人群视为重要的传承内容。2015 年民生银行和胡润百富发布的报告中提及，关于家族传承中面临的首要问题，27% 的受访者把"家族企业的平稳过渡"排在首位，也有 7% 的受访者将"人脉关系"列为首要传承问题。在家族传承最关注的热点中，"价值观的传承"排第一，认可比例达 48%；"社会关系的传承"排在第三，有 11%。招商银行—贝恩公司的《2015 年中国私人财富报告》中问到高净值人士最重视的家族财富类型，有 34% 提到了"社会资源"。

虽然很多企业家希望将社会关系进行传承，这些资本能否像其他类型的家族资本一样在家族内部实现顺利传承？研究发现，其实很难。

家族的社会资本具有价值的专用性和时效性的特点。家族个体成员需要对于其社会关系网络进行投资，这些社会资本也在很大程度上依附于成员本人。即使它在家族网络内表现出一定的公共资产属性，但它不是公共产权，它不可能被其他家族成员共同掌握。持有某一社会资本的成员如果离开特定群体环境或者其位置的更替都可能会使这些社会资本遗失或贬值。

一项学术研究⊖以发生了代际传承的中国上市家族企业为样本发现：82% 的家族企业创始人具有政治联系，接班二代企业家拥有政治关系背景的比例只占 18%，远远低于一代企业家的比例。创始人都具有很高的政治荣誉和影响力，二代继承人的政治荣誉普遍低于第一代创始人。

这一结果也可以从一定程度上说明，政治资源在我国家族企业传承效果不是很理想。研究同时发现，拥有政治联系的创始人离

⊖　辛金国，吴雪婷．家族企业政治联系与传承绩效实证研究——基于社会情感财富理论的分析［J］．浙江社会科学，2016（10）：72-80+156-157．

任，以及两代企业家政治联系的差异，都是引起家族企业领导权交接后企业绩效下降的原因。这个政治联系的隔代断层可以帮助我们理解，为什么中国的家族企业在发生传承之际，企业绩效普遍出现下降的趋势。

另外一份研究发现，社会资本对于家族企业的代际继承也反过来产生一定的影响。继承者的社会资本对继承人的继承承诺起着正向作用，也就是说：继承人的社会资本越丰富，继承人的接班倾向的可信度就越高。但在位者的社会资本对继承人的继承承诺有负面影响，在位者的社会资本越多，继承人的继承意愿就越低。在位者的社会资本对继承人的社会资本有正面影响。可能是在互动的过程中，在位者的部分社会关系可以传递给继承人。

二、社会资本的内部性

社会资本的内部性一般指的是融入社会、被社会认可，甚至引领社会的能力，特别是家族引领社会向善的行为。

本部分内容关于家族社会资本内部性传承的讨论，主要聚焦在家族如何有效地将慈善行为与其他类型家族资本的管理良好地结合起来。一个家族可能由于实施慈善计划而比其他家族更加独特，比如获得社会的认可、影响力和某种社会地位的标签（如慈善家的称号）。在中国，很多企业家通过捐赠获得社会影响力，也收获政治影响力和政治联系，也就是家族社会资本的外部性。

具体来说，家族的慈善规划也可以和家族的人力资本管理结合起来。成功传承的家族往往使用慈善活动作为培养下一代接班人的工具。对欧美家族来说，慈善是家族传承计划的一部分，慈善不仅可以教会下一代如何用钱，如何去做一个好人，同时也让他们学会尊重家族的传统、文化以及其他家族成员和周围的人。同时，通过家族慈善基金会作为培养年轻下一代的平台，学会如何与人沟通、如何进行团队合作、如何解决矛盾、如何共同做出决定，这些技能对家庭生活和企业经营来说都至关重要。

使用慈善作为一种家族成员共同分享的价值观，会有助于培育家族的文化资本。因为慈善的影响力是远超越捐赠者生命周期的遗产，家族可以借助慈善计划将其核心价值观传承给下一代；做慈善的过程能帮助家族成员培养正确的价值观；通过慈善把家族成员紧密地联系在一起。

2011年瑞银集团和欧洲工商管理学院合作发布的一个调研报告中，访谈了亚洲四个国家做慈善的200多个家族，其中有一个问题："是什么样的推动力让你们家族决定做家族慈善，想要回馈社会，想要帮助有需要的人？"有一半以上家族的回答是：希望通过家族慈善建立一个长远的家族传承。这个传承不只是在财富上面的传承，也是一个家族价值观的传承。因为慈善是家族成员共同分享的价值观，这有助于家族解决代际矛盾、权力斗争等家族冲突问题。

慈善行为还可以帮助家族提升管理企业资本和金融资本的效率。中国企业家更加倾向于以企业作为其慈善行为的主体，主要是做企业品牌宣传，突出企业的社会责任和领导力。从商业角度来说，慈善活动也给企业带来实际的好处，比如企业在境外扩张时，若想在短时间内复制本土的成功、获得欧美市场的认可较为困难，但通过慈善可以迅速让其商誉增值。

另外，家族还可以利用政府鼓励慈善的税收优惠政策降低企业经营成本。从税务规划的角度，慈善赠予能获得税收优惠，也有助于节约金融资本中投资收益带来成本。这些都是实打实的收益，从而提升企业家的慈善捐赠效果。

中国企业家整体具备承担社会责任的意愿和能力，具有巨大的慈善潜力。在2022年瑞银集团、上海高金金融研究院和财策智库发布的"中国单一家族办公室调研"中，94%的受访者认可，承担社会责任、回馈社会的愿望是家族从事慈善行为的主要原因。"穷则独善其身，达则兼济天下"，中国企业家具有朴素的回馈社会愿望，在建立现代和完善的社会责任承担体系之前，大多已经以回馈乡邻故土、修桥铺路、资助教育、救济自然灾害等方式参与到了社会慈善事业当中。

在履行社会责任方面，教育是最受关注的慈善和公益领域，95%的家族办公室重视教育领域的社会责任参与；其次是扶贫领域，占比为63%；最后是医疗领域，占比为37%。

第六章
家族财富管理的核心价值之 "机构"

第一节　机构视角下的家族财富管理服务

一、家族财富管理服务对象

　　我们要想了解家族财富管理服务的范围，首先需要明确家族财富管理服务的对象。一般而言，财富管理市场上的机构（如银行或第三方机构）为了更有效地管理客户，都会将其客户按照一定标准进行分类。

　　机构会将客户根据其特征进行分类，假定同类型客户具有类似的需求。当机构为某一群体客户设计某一类型的服务，个体客户会认为这种服务是为他/她量身定制的。这样的结果是，机构将服务的成本控制在一定的范围内，为客户提供个性化的服务。客户的分类越细，机构的成本就越高，但客户群获得的服务越具个性化（起码对于这个群体而言），客户体验也就越好。

　　财富管理机构对客户分类和细分管理最常用的一个标准是，客户在机构的资金体量。这样的逻辑很简单，客户资金体量越大，为机构创造的价值也就越大（虽然这并不一定是完全对应的关系）。

比如，在某银行购买了 1000 万元金融产品的客户，其为银行创造的效益理所当然大于购买了 100 万元金融产品的客户，1000 万元体量的客户也理所当然获得更多的服务，因为机构从成本—收益角度考虑后，也愿意为这个 1000 万元体量的客户的服务承担更高的成本。当然，从需求方的角度考虑，1000 万元体量的客户的需求也会比 100 万元体量的客户的需求更为复杂。

财富管理机构（如银行）会根据客户的资金体量将客户分为大众银行客户、贵宾银行客户、私人银行客户。这个分类是一个大致的框架，不同的银行基于客户资产规模会有更加细致的分类方法，形成逐级递增的服务层级（见图 6-1）。

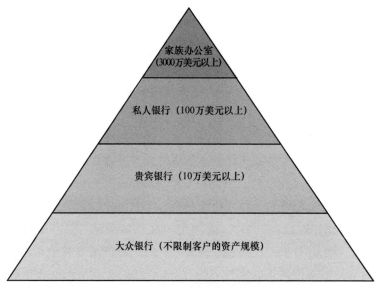

图 6-1　财富管理机构的客户分类

因为境外对于私人银行客户的定位标准是 100 万美元，所以中国对应的一个普遍使用标准是 600 万元人民币。家族财富管理往往是比私人银行客户资金体量更大的一个群体，但不同机构采用的标准非常不一样。金融机构为资金体量特别大的客户提供家族财富管理（或家族办公室）服务，境外的标准一般在 3000 万至 4000 万美元的体量。

如果是设立一个个人专属的财富管理平台呢？一个家族需要拥有一定体量的资产，才值得建立单一家族办公室。不同模式的家族办公室，对于资金体量的要求也不尽相同。我们稍后对于这部分内容会提供更多的讨论。

二、家族财富管理服务理念

这部分内容介绍的是家族财富管理行业的基础服务理念。就对象的需求和所需要服务的内容而言，这个行业与一般大众的财富管理具有非常大的区别，所以就机构提供服务的模式上，两者差异也非常大。

假设我们把对某一类型的服务需求想象为购买一件衬衣的需求。大众财富管理的模式就像是到一个百货公司，根据个人需求挑选尺码和颜色合适的衬衣。这种服务模式我们称之为"服务交付"，也就是百货公司将厂家生产出来的标准化产品提供给客户。服务的流程是"生产—销售"。

而家族财富管理的模式应该是到一个私人定制的工作室，让裁缝根据我们的身高、尺寸以及颜色偏好，量身定制一件专属的衬衣。这样的好处在于，这是最适合自己的、最满足自身个人偏好的衬衣。这种服务模式我们称之为"服务定制"。相应的服务流程是"咨询—生产"。由此可见，两种模式的服务理念区别是非常大的。

所以，为家族客户提供服务的机构，应该遵循的核心服务理念是为客户提供量身定制的"解决方案"，而不是简单推销大量无关的金融或非金融产品。以下通过一张财富聚合程度以及对应聚合水平下服务的图[⊖]，简单介绍金融机构在家族财富管理中为其客户创造的价值（见图6-2）。

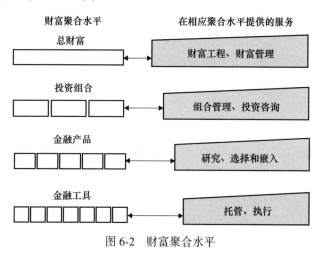

图6-2 财富聚合水平

　　一个家族客户的有形财富可以分解为相互无关的各类型的"金融工具"，这是财富聚合最底层的组成部分。金融工具包括现金、股票、债券或期权期货，或者买卖某种类型资产的合约权利等单一资产。相对应机构能提供的服务是这些金融工具的托管和交易。在金融工具这样低的聚合水平，给定一只股票、债券或基金，它的价值不会因为谁持有而不同，也不会因为通过哪一个机构持有或交易而不一样。所以机构在这个层次提供的服务为客户创造的价值是最低的。

　　不同的金融工具可以被组合成为金融产品。比如一个结构化产品、一个FOF基金产品等。当不同的金融工具被组合成为金融产品进行销售，相对应的机构服务范围包括研究、选择并嵌入了针对具

⊖ Schilling, Ulrich. 2007. Employing Multi Agent Systems in the Performance Process of Private Banking Services, Difo-Druck GmbH, Bamberg.

体产品的结构化解决方案。这时候，金融产品需要考虑到客户的大体需求，并嵌入了一定的客户专属性。

通过不同金融产品和金融工具的配置，我们可以将其组合成一个投资组合。这个投资组合可以完全根据客户的风险、收益特征进行构建。这个过程不仅要对具体客户的风险—收益特征进行咨询，还要通过专业的组合管理能力来为客户创造价值。投资组合相对于下一层级的金融产品需要考虑更多的客户专属性，进行更多的服务定制。

通常情况下，一个超高净值客户很少将其所有财富委托给某一家银行或单一的客户经理。一个客户同时在几个机构拥有几个不同的投资组合，由不同的投资经理进行管理。但当客户对投资经理的委托权限超出单一的金融投资组合，比如不同监管区域内的不同类型资产时，或者是超过金融资产的管理的情况下，我们可能需要讨论对"总财富"管理的层级。

到了最顶端，总财富关注的不仅是家族的金融资产组合，还要关注其他资产的管理，如不动产；同时关注家族资产负债表的另一端——负债（如抵押贷款）；甚至关注其他类型的无形财富，如家族的人力资本、社会资本和精神资本等。对应的产品和服务的核心是完全的客户专属性。财富工程和财富管理的技巧是，在较高的聚合水平下，几乎有无限种组合可以向客户提供相应的产品和服务，客户可在这个基础上选择最适合的产品和服务。

如果我们光看机构提供的服务，根据财富聚合水平从低到高，从最不具个性化的产品和服务向最具个性化的产品和服务发展，从最不具备客户专属性的一直演变到与客户最直接相关的类型。很明显，提供的服务聚合水平越高，能为客户创造的价值就越大。

以这种方式描述财富管理服务的目的在于展现家族财富管理的核心理念：要为客户提供一种客户专属的整体解决方案，而不仅仅是提供一系列不相干的产品和服务安排。机构不应该站在最底层的碎片式产品视角,而应该站在一个客户整体财富视角,自上而下地考虑客户的定制化、个性化的方案。对家族而言,只有从整体"聚合"层面考虑,自己的真实需求才能更加明确,并据此寻求更为个性化的产品和服务,以形成对于家族总财富定制化的解决方案。

在家族财富管理机构的运营当中,这种思维方式也是一个绑定客户的过程:尽量从客户的全貌着手,为客户提供专属服务,客户对于机构的黏性就越强。为此,我们可以尽量将不具备客户专属性的服务外包出去,而保留更具备客户专属性的服务。这些服务将能够为客户和机构创造最大的价值。

三、财富管理模式在家族客户群体的延伸

大家普遍认为家族办公室模式是在大众/高净值人群的财富管理基础上的一个延伸。比如传统的财富管理机构会在服务大众/高净值人群财富管理需求的基础上,延伸出来一个部门服务原有客户群体中特别高净值的这部分人群,所以称之为家族办公室模式。因此,从时间顺序上,国内的多数家族办公室(特别是我们后面将讨论到的联合家族办公室)是出现在大众的财富管理机构之后的。

大家可能对财富管理的运作模式有一定的了解,也会对家族办公室如何在原本"亲民"的财富管理商业模式的基础上发展起来感兴趣。无论是家族办公室,还是为家族客户提供专享的家族财富管理业务的金融机构,我们明白其商业模式,也就明白它们存在的合理性和必然性。追本溯源,传统财富管理机构的商业模式可以简单列举,如图6-3所示。

市场的资金需求方以项目为基础,委托资产管理端生产理财产品,然后理财产品通过财富管理端渠道销售到资金的提供方,即具有财富管理需求的高净值人士(为获取资产增值而甘愿延期消费的

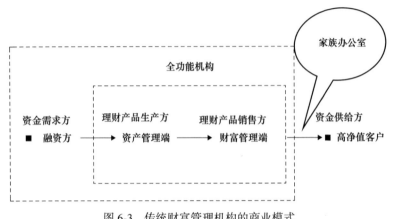

图 6-3　传统财富管理机构的商业模式

人群）。

　　一个机构可能是只有产品生产能力，但没有直销渠道的信托公司，需要委托销售业务给具有客户资源的平台（如三方财富管理公司）进行销售，也可能是既有项目开发和产品设计能力，又有产品直接销售渠道的信托公司。所以在中国的财富管理市场，行业内各个领域的机构都在根据自身的业务局限进行补充，即缺客户和资金的补充财富管理模块，缺项目和产品的补充资产管理模块，形成资产管理端、财富管理端的"反向迁徙"现象。

　　由客户的忠诚度支撑的一个机构的资金筹措能力是在整个生态链条当中最具竞争力、最具议价权的。其中的逻辑是，客户需求多样化，使得任何一个理财产品供应端不仅不可能提供市场所需的全部产品，甚至亦难满足个体客户的全部配置需求。这样，客户资源将越来越集中于财富管理人，而不受产品供应端控制；客户将实质性掌控于财富管理机构，而不再属于任何产品或资产供应端。

　　这种情况在越高净值的客户群体中体现得越为明显。道理很简单，这些群体的需求随着资产体量的增加变得更为复杂，这些复杂性往往靠一个产品销售团队无法解决，需要一个财富管理团队与客户反复深入交流、沟通，最后形成可执行的方案。所以家族财富管理的本质，是通过培养客户忠诚度，最终能为相对固定的客户提供财富管理和资产配置建议。

但是如果让任何一个机构来管理别人的数亿元资产，这里就会有各种动机促使机构想为自己尽量多赚一点，这是商业的本性。为了获取更高的利润，机构有强烈动机往自己的上下游扩张，试图赚产业链的每一分钱。比如一个三方财富管理机构起源于为资产管理端代销产品，形成自己固定的客户群体。基于客户的忠诚度，它很容易跨过资产管理端直接触及资金需求端。

这样，三方财富管理机构就有强烈动机成立自己的资产管理部门，主动出击去寻找项目源，生产产品后销售给自己的客户。甚至这个流程可以形成一个闭环——项目源来自部分有资金需求的客户，内部生产后在客户群体内部消化，把整个链条的利润悉数收入囊中。

如图6-3所示，在一个闭环的生态圈，很难想象这个财富管理平台会站在客户这一边，并坚守客户立场的原则。平台也很难去根据客户的"风险—收益"偏好、为客户量身定制一套专属的个性的需求方案。这种情况在目前市场上激进激励机制的催化下或者在职业考量等代理问题的影响下出现两极分化。

比如，财富管理机构的客户经理会向客户推销与客户无关的、客户并不需要的产品和服务，因为这些服务可以为其带来更多的利润提成；财富管理机构中的投资配置管理人不会选择在大众视野之外的那些精准、灵活的基金，反而会买所有人都买的大型、笨重、业绩趋向均值的基金。这是一种正常的市场行为：管理人职业生涯的安全选择。

那么，对于这群被排除在闭环之外的"弱势"客户群体而言，如何能够保证自己的利益不受伤害？答案很简单，既然我们不在圈子里，为什么不能自己创造一个圈子？一个自己能够控制、专属的圈子。这可能是资产体量足够大的家族客户考虑设立自己专属的投资管理平台的动因之一。

除了获得维持家族财富隐私的手段，对于大笔财富所产生的复杂需求之外，无法容忍财富管理机构的代理问题，争取获得对自己财富的绝对控制权，甚至是在匹配资金需求和供给端时使自己的利益最大化，都是家族成立专属的投资管理平台的动机。

四、家族财富管理模式的演化

一个人数众多、财富分散的家族在做财富管理的时候面临一个两难的选择：是集中成员的财富在一个共同拥有的平台进行管理？还是分散到每个人手上，自己管理？且不说单个成员是否拥有管理财富的能力，财富过度分散会使得财富管理的效率被大大削弱。特别是在家族作为一个整体拥有的财富规模足够大，家族成员对于家族具有一定认同感的阶段，将成员财富集中管理看起来是个更好的选择。

如果采取集中管理的模式，家族又将面临一个两难的选择：是家族自己管理？还是委托给第三方机构进行管理？我们在之前的内容中讨论过，家族每个成员都存在利益的异质性，加上人性的不确定，自己管理财富的方案很容易面临成员利益不一致的问题，导致对整体财富的损耗。

消除成员利益不一致影响的常见策略是，将家族成员与家族财富进行分离，不仅是理念上，同时也是在财富管理架构上执行。但这种做法也有代价，家族不仅需要承担中介机构管理家族财富的直接成本，还可能面临潜在委托人的代理问题（委托人的利益和家族的利益并不一致）。

在实践中，家族通常采用四种财富管理的模式：尚未协调的家族、内置型家族办公室、单一家族办公室、家族信托/家族基金会⊖。这些模式将家族与财富进行不同程度的分离，借此消除家族利益分歧带来的消极影响。但分离的程度越高，代理的成本就越大。模式的选择取决于家族对于利益分歧和代理问题所带来成本的比较衡量。

（一）尚未协调的家族

对于尚未协调的家族，财富管理的控制权掌握在家族的长辈手中，家族和资产没有分离，不同家族成员之间的利益没有被很好地协调。这种财富管理模式在第一代和第二代中较为普遍，所以在中国的企业家群体中最为普遍。

这种模式下，家族财富控制在家族创始企业家手上。因为家族关系和资产复杂度不高，此时也不需要协调不同家族股东的利益。但根据法律，每个家族股东都将可以合法地获取部分家族资产。

如果缺乏提前妥善地协调不同家族成员的诉求的机制，将很容易滋生家族冲突。家族成员的利益各异，接近财富的程度不同，获得财富的机会也不同，这使得他们有动机抢在其他成员之前侵占资源。比如，较轻微的表现形式是争先挥霍、浪费家族资产，更严重的表现形式是公开内讧、恶性争夺家产。

尚未协调的家族模式是一种脆弱的财富管理模式。短期来说，其脆弱性可能因为某些强势家族成员的存在、企业经营状况良好等而暂时得到缓解。这时候家族成员有动机维持现状，个人利益服从家族利益。但从长远来说，一旦这些约束消失（如随着家族强势人物的去世，企业业绩出现下滑），这种没有协调成员利益的模式可能最终导致家族成员利益分化，个别家族成员有动机争夺家产，家

⊖　Zellweger T, Kammerlander N. Family, wealth, and governance：An agency account [J]. Entrepreneurship Theory and Practice, 2015, 39（6）：1281-1303.

族财富可能会被分割，家族也逐渐走向衰落。

（二）内置型家族办公室

在内置型家族办公室中，家族在家族企业中内设一个部门管理家族财富。这部分家族事务的管理权可能会委托给一位非家族成员，其往往是企业里备受信任的人，如财务总监、负责投资的副总裁。

除了完成企业的运营工作外，内置型家族办公室还负责管理家族的流动性资产和不动产，也负责家族成员的记账和税务申报等事宜。可以看到，在这种模式中，家族与资产产生了分离，但分离程度仍然是较低的。

这种管理模式最大的吸引力是：家族企业中有值得信赖的管理者的话，在最低成本下可以应对家族财富的管理，这是一个很划算的模式。但这种模式的形成是一个企业发展的长期演化过程，一个既可以信赖又有能力的管理者在某种程度上"可遇不可求"。

很多时候，值得信赖的管理者会缺乏财富管理中需要的资产管理的能力和经验。另外，这个角色的存在也可能会产生一些代理成本。因为内置型家族办公室的管理者同时服务家族和企业，两者之间有时候存在利益冲突。比如，家族要求企业资助成员的高风险的私人投资项目；企业需要额外的资本金，而家族要求增加分红。考虑到家族的影响力，管理者很难反对家族的诉求，但会影响到企业的利益。此外，家族办公室管理者同时向企业总裁和家族股东双线汇报。除非两者角色出现重合，否则这种复杂层级结构可能会造成混乱。

（三）单一家族办公室

企业家可以将家族财富集中起来，交给其专属的家族办公室管理。后面我们会提到，家族办公室分为单一家族办公室和联合家族办公室两种类型。服务自己家族的家族办公室被称为单一家族办公室，反之被称为联合家族办公室。

单一家族办公室是一个衔接家族成员利益和家族资产之间的中介组织。相对于联合家族办公室，它的好处主要是隐私保护、独立性（独立于第三方机构）、专属性（随叫随到服务）、控制力等。因为是专属的平台，单一家族办公室的服务内容取决于家族财富的规模和复杂性，以及家族的需求。

家族办公室还有一项核心功能：家族办公室能够成为家族团结的凝聚力量。对于一个多代传承、成员规模庞大的家族来说，成立单一家族办公室集中家族财富，除了提升管理效率之外，还可以避免时间对家族凝聚力的侵蚀，防止家族的代际疏离带来的内部离心力。

当然，这些优势也不是没有成本的，这个成本主要体现在设立和运营单一家族办公室的直接成本。尽管单一家族办公室的规模往往较小，但因为规模效应的缘故，考虑到相关人力成本、办公成本和 IT 基础设施等方面的投入，它和大型资产管理机构相比，成本/管理规模的比例还是挺高的。因此，在境外只有管理的资产规模达到数亿美元后，设立单一家族办公室的模式才合算。类似的限制条件在境内的行业同样存在。尽管如此，家族办公室的形式、结构多样，并不完全取决于管理的资产规模。

（四）家族信托/家族基金会

家族信托/家族基金会是将控制权委托给第三方，将资产和成员进行完全隔离的管理模式。在普通法国家，表现形式为家族信托；在大陆法国家，类似信托关系的法律安排是家族基金会。两者共同之处是委托人将财富转让给受托人（信托或基金会），受托人承诺依照受益人的利益管理财富。委托人、受益人放弃了信托财产的所有权，对受托人的监督能力受限。

很多时候，家族信托是家族长辈为下一代设立的。这样做的原因是限制下一代的家族成员直接接触到财富，因为长辈担心下一代会摧毁财富（如下一代家族成员之间的冲突对家族财富不利），或者反过来，财富摧毁下一代（如过度的财富使得下一代产生冲突，或者下一代不思进取，养成挥霍习惯）。所以，信托可以在某一个时间点将现状固化下来，如定格当时家族长辈已经取得的成就，满足其基业长青的愿景。

家族信托/家族基金会模式的问题在于管理成本高，受托人和受益人之间形成代理问题。在这个架构下，受托人按照审慎义务管理信托财产，受托人为了规避责任，不愿意承担风险，是否会偏离财富增值的目标值得商榷。另外，受托人行使信托权力，但受益人承担全部风险。更严重的是，如果受托人违背忠诚义务，而外部缺乏足够监督和压力的时候，就会形成严重的代理问题。

分析的结论终究要回答一个根本的问题：哪种模式更好？这个问题的正确答案恐怕很难给出。还是老套的回答，没有最好的，只有最适合的。具体的模式选择归根结底还是要结合家族的实际情况。

所以，我们首先要对几种模式的利弊进行一个权衡。家族在选择时候应该考虑家族成员利益协调和成本之间的平衡。家族成员的利益分歧会影响家族财富的保全，导致财富被损耗，这种情况在尚未协调的家族和内置型家族办公室模式会发生。但如果将资产和成员进行分离，也会产生额外的成本，不仅有直接成本，还有代理成本。

如果家族希望财富能够顺利地世代相传、基业长青，那尚未协调的家族这种模式就会有问题，因为无法协调家族成员的利益一致，巨额资产对于不断增多的成员的诱惑，会是家族面临的重大挑战。单一家族办公室和家族信托/家族基金会模式虽然可以保护财富免受家族利益分歧的影响，但较高的管理成本也可能在长期消耗财富。当然，额外的举措可以缓解这些弊端。比如，在第一种模式中通过家族治理降低家族成员冲突的可能性，增加家族的凝聚力。在后面两种模式中通过制度安排等方式，激励受托人的利益与家族保持一致，以降低成本。

实践中，很多家族会考虑一种循序渐进的路径：从尚未协调的家族模式先转向内置型家族办公室模式，再转向单一家族办公室模式，最后才考虑家族信托/家族基金会模式。这样的路径也符合一个家族自然发展阶段的进程。

第二节　家族办公室概念

一、家族办公室的演变

历史上，关于最早一批家族办公室的确切起源没有完整记录。家族办公室最早可能追溯到古罗马时期的"大管家"制度与我国春秋战国时期的"家宰"（富人权贵家中的管家）制度。而"信托"这种方式第一次出现在十字军东征期间（公元1100年），贵族带兵打仗前将财富委托其他贵族帮助打理。现代的家族办公室在19世纪中期逐步发展起来。给美国带来了长期的繁荣，期间创造了巨大的财富，而大部分都是家族企业创业成功的直接成果。在美国，家族企业的规模占到了国内生产总值（GDP）的64%左右。家族办公室帮助因工业革命致富的企业家们管理他们的财富，实现其财富的保值、增值以及传承。

现代家族办公室在西方的发展历程可以简单分三个阶段。第一阶段，富裕的家族在家族企业内部设立财务或投资部，或者隶属于这家企业，但在外部运作的私人机构，为这个家族提供服务。这种模式的典型代表是美国石油大王洛克菲勒的家族办公室，以及卡内基钢铁的合伙人之一菲普斯家族创立的贝西默信托公司。这些最早服务自己家族的家族办公室，逐渐发展成为今天的联合家族办公室。

第二个阶段，信托公司和经纪人（类似于我国的信托公司和券商）参与到这个行业中。在早期，信托公司一直是以信托和投资作为主要业务，经纪人提供交易的撮合和建议。它们开始涉足家族办公室行业，参与推广家族办公室这种商业模式。

第三个阶段，金融机构通过其家族办公室部门为富裕客户提供超出产品之外的其他服务。然后专业人士从投资银行、信托公司等金融机构脱离出来，成立自己的联合家族办公室。

从家族办公室发展的历史上来看，欧洲和北美有很大差异。欧洲家族办公室服务已经发生几代传承的家族，承传家族事业、资产以及核心价值。这类家族办公室的治理体系更为精密，家族的连续性、凝聚力都是这种家族办公室业务的重要特征。美国富豪家族时间更短，注重的仍然是财富增值。所以家族办公室的宗旨在于为家族所有者提供统筹合理、管理规范、标准一致的投资流程。与美国类似，中国很多家族财富仍然掌握在第一代财富创造者手中，关注财富增值，传承压力小，对于家族事务（如家族治理）兴趣不大。能实现财富保值和增值的投资型家族办公室在未来一段时间将会是中国企业家家族的选择。

中国家族办公室行业伴随着社会财富在过去的十多年迅速积累而成长起来，具有以下几个方面的特征。中国超高净值人士的财富规模越来越大，对于管理这些庞大规模的财富的机构提出的要求也越来越高。在出售家族企业、资产证券化、IPO或其他重大财富转移事件驱动的流动性下，部分企业家成立专属的私人投资平台，搭建投资架构和专业团队。

国内涌现出很多的采用"家族办公室"名称的机构，目的是为高端家族客户提供财产保护、财富管理、传承规划等系统解决方案。这些机构和国外成熟家族办公室不一样的是，家族办公室往往起源于某一家族的个体需求，从需求演变到机构的设立。

　　而多数的中国家族办公室的设立滞后于客户需求，所以大多采用的是联合家族办公室的经营模式。特征上近似于私人银行或财富管理公司的升级版：要么是由前私人银行从业人员创办，采用私人银行模式运营；要么是一个财富管理机构为原有客户群体的细分管理设立的部门。

　　无论是无家族办公室名分但行使着家族办公室功能的私人投资平台模式，还是有家族办公室名义但未行使家族办公室实际功能的模式，家族办公室这种"舶来"财富管理模式对于国内市场的需求方和服务方来说都是一个全新的概念。即使我们能够对国外家族办公室的操作有一个了解，但很少有实践经验证明这些模式能够应用到中国来。如果不行，什么样的操作模式更适合中国的企业家家族？虽然没有人质疑这个行业的灿烂前景，但行业中的所有人都仍然处于一个学习和实践中国式家族办公室理念和应用的过程中。

二、家族办公室的角色

（一）家族办公室在家族内部的角色

　　在讨论家族办公室的模式和为客户提供服务的范围之前，我们有必要看看家族办公室对于家族而言所扮演的角色。柯比·罗思普洛克博士在她的《家族办公室完全手册》中提供了一张关于家族办公室角色的有趣漫画⊖。在漫画中，每一顶帽子都代表了家族办公室在家族中所扮演的角色（见图 6-4）。

　　如果我们定义家族办公室的功能仅仅就是资产管理策略的制定

⊖　罗思普洛克. 家族办公室完全手册：超高净值家族及其顾问必备指南 [M]. 吴飞，傅真卿，译. 北京：线装书局，2017.

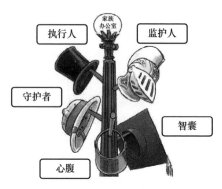

图 6-4　家族办公室在家族中扮演的角色

和执行，一顶"执行人"的帽子非常适合它。但这个角色是否一般机构也可以担任？家族办公室有什么独到之处吗？很显然，这是不全面的。除了资产管理策略和交易决策上的执行层面，家族办公室也是财富规划、财产规划、商业规划和/或税务相关决策的执行者，同时也是这些决策合规性的"监护人"，监督和遵守行业规定，并对关键文件进行归档整理和保管。

对应家族财富管理的首要"保护"目标，家族办公室最重要的角色是保护它所服务的家族。毫无疑问，正如我们之前的讨论，家族存在很多脆弱之处。当潜在风险来临时，家族办公室将能发挥"守护者"与防卫者的作用，将危及家族利益的风险降至最低。比如，家族办公室通过为家族做好遗产规划，帮助财富在两代人之间顺利传承。

在家族传承、人力资本培养与家族企业的咨询等很多方面，家族办公室能够扮演家族和家族成员的参谋以及值得信赖的密友这两种角色，帮助处理这方面的问题。家族办公室作为"心腹"和"智囊"，为下一代家族成员提供个人的生活支持、教育规划和创业培训，为家族企业的战略发展出谋划策，为家族慈善事业提供咨询和运营，等等。

（二）家族办公室在行业生态的角色

家族办公室提供综合的财富管理解决方案，它在整个行业生态的角色呢？柯比·罗思普洛克博士将家族比喻成一支足球队，家族办公室的角色相当于球队（家族）的"教练"和"中场组织者"，其首要任务是为一个富豪家族整合、协调、组织、规划财富管理事务，并以财富为中心，凝聚家族成员，为成员在多个领域发展提供长期规划。同时，家族办公室也能与球队的其他专业球员——律师、会计、税务顾问、家族商业顾问等合作，制订持续保护和监督财富的战术策略，帮助家族各代达到财富保值、增值的目标——"进球并取得最终的胜利"。

理查德·威尔逊在其《家族办公室》一书中使用家族办公室的"小宇宙"描绘了家族办公室和市场上服务提供商的关系⊖（见图 6-5）。

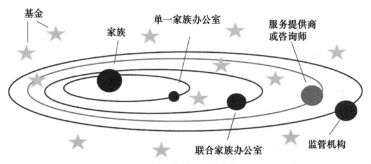

图 6-5　家族办公室和市场上服务提供商的关系

这张图描绘了服务提供商与家族的需求和目标之间的匹配程

⊖　威尔逊. 家族办公室：如何打理超高净值人群资产［M］. 吴飞，王勇，傅真卿，李强，译. 北京：人民邮电出版社，2019.

度。第一个环代表只关注一个家族的需求的单一家族办公室。第二个环代表几乎完全与家族匹配的联合家族办公室。与此同时，它们还需要让几个甚至几百个家族满意，所以联合家族办公室不一定会100%匹配某一个客户的目标。第三个和第四个环代表的是服务供应商和监管机构。服务供应商包括各种类型的咨询师、人力资源公司、传统的财富管理公司，以及会计师或律师等。

在家族办公室宇宙里遍布的星星表示数以万计的基金经理和金融产品，寻求家族办公室的资本投入。很明显，服务提供商越靠近家族的位置，其与家族的亲密度就越高，其服务与客户的需求和目标之间的匹配程度也就越高。这也就说明了家族办公室的行业业态建立在机构和客户之间的充分信任的基础上。

三、家族办公室的类型

（一）按照服务对象分类

每个家族办公室都独具一格，行业格言："如果你见过一个家族办公室，你只见到过一个家族办公室。"但如果我们能参考几个普遍的通用模式或框架，在构建新的家族办公室或改进现有的家族办公室时或许有所帮助。

家族办公室按照**服务对象**可以分为两种基本类型：单一家族办公室（Single Family Office，简称 SFO）和联合家族办公室（Multi-Family Office，简称 MFO）。

单一家族办公室只为单个家族管理财务及生活方面的事务。一般情况下，设立单一家族办公室的家族可投资资产应该在 1 亿美元以上。美国家族财富联盟调研了 34 个单一家族办公室，它们的资产规模低至 4200 万美元、高至 15 亿美元以上，管理资产的中值为 2.75 亿美元，平均值为 5.16 亿美元。在瑞银集团、上海高金金融研究院和财策智库发布的"中国的单一家族办公室的调研"中，最常见的资产管理规模为 10 亿至 20 亿元（36%），其次是 20 亿至 50 亿元（21%）和 50 亿元以上（18%）。有 85% 的受访家族办公室管理规模超过 5 亿元。

资产规模只是从成本结构上的考虑，但将控制权、隐私性和定制化的优势考虑进去，单一家族办公室具备明显的优势，因为它能够完全匹配家族的价值观、信念、目标与商业实践。然而，因为薪酬结构和职业发展的原因，吸引和留住关键员工是单一家族办公室的挑战之一。

联合家族办公室的结构是对目前普遍存在的财富管理模式的延伸，是指服务于多个家族客户的家族办公室。它至少服务两个家族，至多可达 500 多个家族。大部分联合家族办公室要求加入其平台的家族至少拥有 2000 万至 3000 万美元的可投资资产。美国家族办公室交流平台（Family Office Exchange）的一份调查表明，平均每个联合家族办公室服务的客户数量为 83 家，客户可投资资产中值为 2000 万美元，净值中值为 5000 万美元。

相对于单一家族办公室，联合家族办公室一般提供多种专业技术方面的服务，其专业技能更强，多项服务的费用更低。另外一项优势在于，它能够通过基础结构的规模效应、商业流程标准化，以精简机构，提高效率。联合家族办公室的顾问同时服务于多个家族，由于类似情形的重复率较高，顾问可以在不同工作经历中积累丰富的经验，可以制定相应的战略，帮助各个家族处理不同的复杂事务。

但是，联合家族办公室的明显缺点在于，其过于重视利润和财富增值。如果说单一家族办公室是一个成本中心，那么联合家族办公室就是一个利润中心。客户在联合家族办公室不会享受到像单一家族办公室那样的控制权和"随叫随到"的个性化服务。

表 6-1 对单一家族办公室和联合家族办公室模式的优势、劣

势、机会与威胁进行了（SWOT）分析[⊖]。虽然两者有所不同，我们也能发现联合家族办公室模式当中含有诸多与单一家族办公室相同的优势。

表 6-1　单一家族办公室和联合家族办公室模式的 SWOT 分析

类型	优势	劣势	机会	威胁
单一家族办公室	控制权 量身定制服务 隐私权和保密性 匹配度和整合度 不存在竞争 家族优先	人才吸引力 成本控制 产品/服务多样性 家族连续性的维系 战略规划的紧迫感	开放式框架 共同投资 一流服务 协商 分担/精简成本 同行交流	管理范围 成本控制 薪酬挑战 世代相传 接班人规划 家族的认同
联合家族办公室	规模 综合型服务 精简、高效 资源的广度 顶级人才与留用 集中化数据管理	客户/顾问数量占比（+/-） 服务规范化 产品/服务的获取 团体思维方式 定制式与个性化	服务更多，成本更低 学习曲线 一站式平台 分担特殊服务的成本 投资经理、产品和研究资源 思想领导力和创新能力	贪大求快 客户密切关系 过度承诺 人才留用与人员流动率 所有权和领导力匹配度 企业文化

（二）按服务功能分类

单一家族办公室按照其主要的**服务功能**分为以下五种类型[⊜]。

（1）多代集中型。这种类型的家族办公室出现在规模不断扩

⊖　罗思普洛克．家族办公室完全手册：超高净值家族及其顾问必备指南［M］．吴飞，傅真卿，译．北京：线装书局，2017.
⊜　罗思普洛克．家族办公室完全手册：超高净值家族及其顾问必备指南［M］．吴飞，傅真卿，译．北京：线装书局，2017.

大、结构复杂，具有代表着家族不同支系成员结构的大家族。家族办公室运营的挑战来自家族成员的服务需求差异化很大，以及过于庞大的后勤管理职能。多代集中型家族办公室多出现在欧洲家族。这些家族的企业、资产以及核心价值已经发生几代传承。家族办公室在财富转移和规划、家族成员教育、家族治理体系等方面的优势更明显。家族的连续性、凝聚力都是这种家族办公室的重要关注点。

（2）投资型。家族办公室代表一个家族集中管理和执行该家族的投资事务。这类家族办公室通常投资公开证券和私募股权市场，但投资标的多种多样，包括传统的证券和债券、私募股权、直接股权投资、另类资产投资、房地产等。投资型家族办公室可能聘请在直接投资或者管理和运营私人或机构的投资组合方面拥有丰富经验的资深投资人士，也可能以委托不同基金管理人的形式运营。

投资型家族办公室在北美更为普遍，这跟美国富人偏好投资创富以及北美特别是美国有全球最完善的金融市场是密不可分的。这种类型的家族办公室在中国也得到超高净值人士的偏好。类似于美国，中国的第一、第二代富人仍然以投资创富作为财富管理的主要目标。

（3）行政与合规型。家族办公室强调对家族资产与财富规划需求的监管及记录。这类家族办公室是每位家族成员关键文档和信息的大管家，负责保管他们的资产信息以及法务、税务、会计文档。

行政与合规型家族办公室的投资业务一般会被外包出去，不属于办公室的工作重心。制作和提交合并、税务、投资及业绩报告则是行政与合规型家族办公室的核心职能。此外，这类家族办公室还提供账单支付、生活方式管理、缴税、财产规划、文档管理等业务服务。它还可能提供物业管理、旅行服务、收藏品管理、馈赠协调、账单支付、家庭职员聘用以及私人飞机购买等多种礼宾服务和贵宾待遇。

（4）家族企业为中心型。这种类型的家族办公室，也可以被称为内置型家族办公室。家族办公室最初是设在家族企业内部的。随着家族企业的发展和额外流动性的增加，家族企业所有者面临是否要将财富管理与企业管理进行分离的选择。

家族办公室的中心任务是应对财富转移和税务问题，为家族企业提供业务多元化，管理企业所有者的财富管理需求。以家族企业为中心的家族办公室可在所有权控制战略、股权回购、购销协议、债务与债权的管理、流动性创造等方面提供战略支持和指导；还能为家族企业重组或者企业的部分或全部出售提供咨询，甚至成为其战略顾问；并且为其客户提供财务规划、现金流以及资本充足率分析，重点关注客户持有资产在法律结构、权益、税收规划方面的问题。

将家族办公室的功能置于家族企业内部带来的统一管理的便捷其实很容易被理解。首先，在家族企业很容易找到服务期限长、值得信赖、富有责任感、忠于企业的员工。其次，家族企业的业务结构和现金流与每位家族成员的财产规划结构相互匹配，家族企业的会计和财务总监对这种关系有深刻的理解。最后，家族企业会保存有关档案和法律文书，因此家族的私密信息可以随时获取。

（5）遗赠与慈善型。这种类型的家族办公室的工作重点在于为家族财富的继承人和受益人做好服务，以达成财富顺利过渡的目标。这类家族办公室主要关注慈善、遗产、财务以及家族教育和治理规划。它负责管理家族基金会或家族慈善基金/信托等重要资产。有关慈善赠予的监督、管理和咨询是这类家族办公室的核心职能。家族成员的教育和融入、领导力拓展也属于其重要职能之一。投资管理一般不属于这类家族办公室的主要职能，所以通常会外包给其他供应商。

四、家族办公室的运营模式

家族办公室按照**运营模式**分为三类：外包模式、全能型专家模式和机构服务模式[⊖]。

（一）外包模式

外包模式是指一位专业人员负责整个家族办公室，并将80%~90%的增值服务外包出去。这位专业人员或许有能力协助管理一个投资组合、选择基金经理或者调查投资决策的税收结果，但其主要职责是担任外部服务供应商的管理者。如果家族的财富规模不足以建立自己功能齐全的单一家族办公室（基于成本/规模比的考虑），但同时希望通过单一平台保证个人隐私和控制权的话，外包模式是一个不错的选择。很多时候，这种模式会演变为下文所述的全能型专家模式。

外包模式常见于小型家族办公室，因此家族办公室行业的数据难以统计它的规模。这种模式一般需要一到两位全职人员，通常由家族成员担任全部或其中一位全职人员。

（二）全能型专家模式

不同于外包模式，全能型专家模式的大部分解决方案和增值服务都是由其内部专业人员完成和管理的。这些专业人员之所以被称为"全能型专家"，是因为他们不仅在广泛的行业领域都具有丰富的经验应对"何时招聘特定的人才，或外包一项决策或职能"等决策，还在于他们能驾驭自己熟悉的几个核心领域，并能够针对这些领域的咨询提供有价值的意见。在这个模式下，全能型专家管理整个家族办公室，同时聘用其他经验较少（五年到七年的经验）的专业人员或者几位外部专家提供整套解决方案。

独立聘用一位全能型专家的成本高昂，这常常是单一家族办公室转型为联合家族办公室的理由之一。但这仍然是迄今为止最常用的运营模式。据估计，70%的单一家族办公室和联合家族办公室都

⊖　威尔逊. 家族办公室：如何打理超高净值人群资产［M］. 吴飞，王勇，傅真卿，李强，译. 北京：人民邮电出版社，2019.

采用了这种模式。

（三）机构服务模式

机构服务模式适用于大型家族，通常为家族成员数量众多、家族资产规模庞大的家族。因为家族代际需求差异大，资产类型复杂繁多，按照这种模式，家族办公室不仅有一位全能型专家，还有4~7位在全球税务、信托和隔代财富传承、人寿保险、投资组合管理、风险管理、现金管理等领域具有15~20年或者更长时间从业经验的专家。

一般家族无法承受寻找和聘用这些人才所需的费用，管理资产规模较大（如30亿美元以上）的家族办公室能够支付这笔费用。据预计，只有1%~2%的单一家族办公室真正使用这种运营模式，主要是受限于聘用这些专业人士的费用成本。这种模式主要是在大型的联合家族办公室中采用。

总体来说，在这三种模式中，外包和机构服务模式相对小众，全能型专家模式相对普遍应用。

五、家族办公室的服务范围

家族办公室的服务范围和普通的财富管理机构有所区别，家族办公室关注的是客户全方位的资产负债表，而普通财富管理机构仅关注资产项。另外，家族办公室关注很多家族的非财务的需求。超高净值人士的财富管理需求很广泛，不局限于财务问题，还有很多软性问题，比如家族和睦、传承、治理、教育、慈善、礼仪、管家服务等。

美国家族办公室交流平台（Family Office Exchange），总结了功能齐全、一体化的家族办公室通常提供的六大类基本服务：战略财富管理、投资规划、税务与财务规划、家族传承与领导、慈善赠予、信托与遗产服务（见图6-6）。

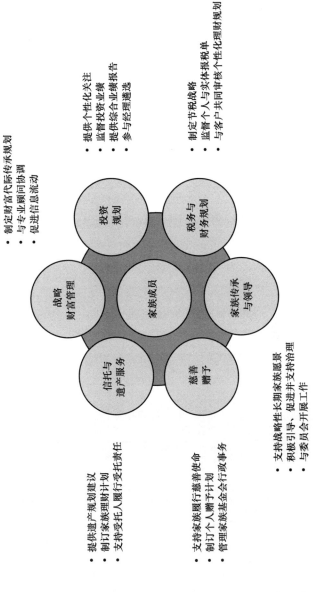

- 确定财务资源和目标
- 制定财富代际传承规划
- 与专业顾问协调
- 促进信息流动

- 提供个性化关注
- 监督投资综合业绩
- 提供综合业绩报告
- 参与经理遴选

- 制定节税战略
- 监督个人与实体报税单
- 与客户共同审核个性化理财规划

- 提供遗产规划建议
- 制订家族理财计划
- 支持受托人履行受托责任

- 支持家族履行慈善使命
- 制订个人赠予计划
- 管理家族基金会行政事务

- 支持战略性长期家族愿景
- 积极引导、促进并支持治理
- 与委员会开展工作

投资
规划

税务与
财务规划

战略
财富管理

家族成员

家族传承
与领导

信托与
遗产服务

慈善
赠予

图 6-6 家族办公室服务概况

在这些大类服务中，广泛定制服务菜单是可能的。一些家族办公室根据其资产规模和情况的复杂性为客户提供不同的服务。随着客户资产的增长，机构可以选择扩大服务范围，为具有更复杂组合的客户提供更广泛的服务。这个策略有助于家族办公室控制每个服务级别的费用和利润率。

以下为《家族办公室：如何打理超高净值人群资产》一书列举的服务范围和具体内容（见表6-2）。这些服务也是我在与家族办公室合作及咨询过程中经历的最为常见的家族办公室服务。

表6-2　家族办公室的服务范围和具体内容

服务范围	具体内容
投资组合管理和投资项目	核心服务，一般包括基金经理的遴选、客户投资计划和政策的实施以及投资风险和现金需求的管理
税收咨询	提升多种资产、全球化资产涉及的纳税义务，税收效率
报告 & 文档管理	包括财务文书（合规文件、投资文档或保险材料等）的规划
慈善活动管理	创建基金会、帮助维护或运营基金会，或者为实施有效的慈善捐赠计划提供咨询和支持
代际传承财富管理	信托和管理财产传承方面的支持
合规和监管支持	确保超富人士的投资、资产管理和商业活动持续符合相关的管辖法律
风险管理和保险	在投资管理领域以外招聘风险管理专家和保险专家
生活管理和预算	生活管理和预算服务，帮助简化生活，确保每月的预算符合他们的长期财富保值目标
车/船队管理和共享增值服务	房地产、豪车、私人飞机、游艇等资产的管理
培训 & 教育	为家族成员提供财富管理和财务知识方面的教育

由此可见，除了财富管理服务，许多家族办公室提供的服务还包括生活管理。这些服务可能在单一家族办公室更加常见，但在联合家族办公室并不一定。很多联合家族办公室提供的增值服务往往

是为家族办公室增加一项竞争优势，所以这些服务都非常便宜，有的甚至是免费。有些家族确实也会将这些增值服务，如高尔夫或私人俱乐部会员、度假设施、豪华汽车或游艇的使用等，列入他们加入联合家族办公室，或者选择其中某家家族办公室的理由。

当然，有一些家族办公室通过增值服务吸引客户、提升竞争力，也有其他家族办公室专注于本行，不愿意偏离原有的核心竞争力。但是，从服务的角度看，无论是投资管理还是纯粹的增值服务，又或者是两者的结合，家族办公室长期成功的关键还是在于能否在本行做到极致，而不是尝试提供只给客户带来一次性好处的服务。

家族办公室的服务在不同的国家或地区有所不同。比如，中国和北美的家族客户更多寻求的是投资管理类型的服务，特别是对于另类投资的偏好。而欧洲家族客户对生活规划、风险管理、遗产规划以及慈善赠予等非投资服务的需求更多。

家族办公室的服务差异还取决于家族所处的财富阶段，也就是财富掌握在第一代创造者，还是在第二代、第三代财富继承者手中。通常，一个人与财富创造（而非财富继承）的关系越紧密，他/她对财富增值（而非财富保障）的偏好就越强。换句话说，通过财富创造积累财富的一代企业家所制定的投资决策一般比继承财富的下一代的投资决策要更为激进。因为随着家族的演化，到了第三代、第四代财富继承者，大多数家族成员都会成为平庸的财富创造者，同时他们意识到如果自己亏了，这些财富就永远没有了。因此，为这些家族提供财富保全的服务更具吸引力。此外，家族办公室提供的旨在培育人力资产、发挥家族代际创业精神的服务，也会吸引期望保持财富创造能力的家族。

六、史东黑格·弗莱明：国外单一家族办公室是怎么做的

在讨论家族办公室这种模式在中国的应用和拓展性前，我们通

过一个国外的案例，来了解以下问题：在什么样的场景下和什么样的考虑前提下，促使一个家族决心设立单一家族办公室？什么样的结果能证明当时的决策是正确的？单一家族办公室模式是否具有拓展性？是否可以演变为一种商业模式？

这个案例介绍的是欧洲最大的家族办公室——史东黑格·弗莱明家族办公室。2019 年笔者带领上海交通大学上海高级金融学院家族财富首席投资官课程的同学参访了这家知名的家族办公室，并与家族办公室的负责人之一、弗莱明家族的成员马修·弗莱明做了很深入的交流，其中一个很重要的讨论话题就是弗莱明家族办公室的起源。

这个家族办公室（其实应该说弗莱明家族）可以追溯到 1873 年第一代创立者罗伯特·弗莱明，一位 14 岁的苏格兰少年，他从学徒开始做起，不停奔波于英国到北美的商船上，开创了以进出口贸易为主业的家族企业，为家族日后的巨大财富奠定了基础。随后的家族业务发展成为以商业银行与投资公司为主的商业帝国。

（一）如何处理家族企业出售后突然出现的流动性

在 2000 年，马修的父辈主导的家族决定在历史估值高点出售了他们经营了 100 多年的家族企业。企业资产出售后，如何处理突然出现的流动性往往是一个家族非常关键的决策。"流动性事件"会给家族带来现金，但通常也是灾难的开始。因为关于现金如何分配或管理，必然会在家族成员中引发一些争端。如果在一个大的家庭，现金被分配给家庭成员，家人通常很快会把钱花光。不久之后，我们就会看到这些钱出现在前妻、投资掮客、理财经理、律师和其他人的口袋中。

与我同行的一位同学分享了她们家的企业在出售了一半股份后突然产生的流动性给家族带来的困惑。几个兄弟姐妹有炒股票的、自己创业的，无不要求父亲将钱分掉，但她父亲最后坚持主见，没有将资金分散分配，而是重新投入到实业。该同学感慨道，因为经历了后来的股票市场动荡、其他热门创业项目的起伏,她才更加理解父亲的决策——将钱集中起来管理,投资到熟悉的实业项目——的正确性,如果不是这样,财富很可能就会分散,然后败光了

(二)如何应对转型后商业模式和文化的挑战

当时的弗莱明家族面临一个重大决策问题。现金分到每个人手上固然更有满足感,以及即时消费的灵活性,但"分而散,合而强"的道理每个家族成员都清楚。然而,要整合本属于每个人的这些资金进行共同管理,将会面临众多的挑战。

(1)要对如此多的资金进行系统性的管理,必须要有一个平台,一个家族专属的平台,不可能采用将资金分散到不同的银行、资产管理公司的方式。

(2)从传统的企业管理(虽然也是金融业)转型到做投资,家族无论是技能要求和文化都面临巨大的变化。比如,家族目标从以前的创造财富,转向现在的保全资产;管理方式从原来的集中转向多元化;文化从冒险、快节奏转为风险规避、谨慎。当然,两个行业所需要的技能也都不一样。

(三)如何在一个整体框架下考虑家族成员的众多目标,平衡各个支系的利益

家族发展到第六、第七代人,有上百号的家族成员,存在不同的支系。马修给我们展示弗莱明家族的族谱,从100多年前的罗伯特·弗莱明开始开枝散叶,形成一棵茂盛的大树。家族成员众多,如何平衡各个支系、各个成员不同的利益?最简单的道理,不可能所有人都能参与投资管理,但应该如何选择家族代表?没有参与管理的成员又如何保障他们的利益不被主导管理的别的支系成员侵害?所以要用一个系统性的方法去解决家族关心的众多问题,平衡不同成员的需求,必须通过一个有形的平台加以无形的治理机制来实现。

治理很重要,即"人的关系"和"权益的关系"的处理,家

族内部管理制度的设计、执行、监督，需要家族办公室去执行。马修在 20 多岁参军、曾任军官，30 多岁成为国家板球队队长，40 多岁成为子孙后代的决策者。他说生活经历告诉他，当其他人的生命、荣誉都在自己手上时，没有什么比责任、治理更加重要了。

（四）如何应对不可预料的家族危机

弗莱明家族成员也意识到治理体系管理的不只是成功（已经积累的财富），更多的是危机。马修提到，在两次世界大战中，家族都有重要的男性成员参加了战争，最后阵亡，那时靠的是家族团结一致，女性长辈带领大家走出危机。

对于一个多代传承、成员规模庞大的家族来说，成立单一家族办公室集中家族财富除了提升管理效率之外，还可以避免时间对家族凝聚力的侵蚀，防止家族的代际疏离带来的内部离心力。毕竟，随着时间的流逝，家族的演化到表亲共治甚至更后面的阶段，大家族的认同感必然下降，家族成员的关注更多是在家族财富（如家族企业）而不是在家族本身。企业被出售后，如果没有一样大家共同拥有并为之奋斗的事业，家族缺乏凝聚力，当危机发生的时候，就很难聚集起来，团结一致应对危机。

（五）如何帮助家族成员实现各自的人生意义

最后一点是，作为一个很大的家族群体，弗莱明家族中不可能每个人都参与家族的财富管理，也不是每个人都有意愿和能力去参与。应该有一个整合的体系能够分担管理财富的烦琐，使得这些（大部分）家族成员既能享受到先辈创造的财富的收益，又可以按照自己的意愿、理想去实现各自的人生意义。

弗莱明家族人才辈出，几代人中医生、教授、作家层出不穷。最著名的一位成员要属马修的叔叔，"007 系列"小说的作者——伊恩·弗莱明，他通过对詹姆斯·邦德这个传奇特工的塑造，使其成为家喻户晓的人物。伊恩·弗莱明的成功，也使得家族由此发展起了另外一块家族事业版图——詹姆斯·邦德文化媒体公司。所以，家族办公室也可以作为人力资本培养的平台。

总结一下，弗莱明家族的家族办公室成立的动因一方面是出售家族企业后产生的巨大资金流动性，这一大笔资金需要一个家族专属的机构进行投资管理，使得其保值、增值。另外，家族内部的需求复杂、多样，需要一个系统化的方法处理家族内部"人的关系"和"权益的关系"。家和万事兴，家族要平衡各方的利益，保证整体凝聚力的同时充分发挥个人能动性，也需要一个透明的治理体系。家族办公室作为一个保持在家族控制下，可以承载投资管理和家族治理的平台，同时还可以凝聚家族的力量应对危机、发挥家族人力资本的优势延续家族基业。

于是，弗莱明家族于2000年成立了弗莱明家族合伙企业（Fleming Family &Partners，即弗莱明家族办公室）。2002年首次向非家族客户开放，为其他家族提供服务。2015年弗莱明家族合伙企业和史东黑格（Stonehage）投资公司合并，一跃成为欧洲最大的联合家族办公室。弗莱明家族起步于商业企业，成立自己的单一家族办公室，最后将家族办公室服务作为家族的主业，成功地转型成为超高净值客户服务的联合家族办公室。

目前，史东黑格·弗莱明家族办公室共设有11个办公室，雇员超过560名，也是欧洲、中东和非洲最大的多家族办公室，为250个家族超过500亿英镑的资产提供投资和配置建议。其业务范围全方位覆盖家族治理与传承、企业管理咨询、财富管理、投资管理、保险规划、房地产投资管理、法律与税收筹划、艺术品投资管理、慈善与影响力投资等范畴。

（六）家族办公室的投资管理

弗莱明家族对于财富管理的理念是："最重要的是管理成员与财富之间的关系"。投资决策是家族财富的一套完整、代际间的投资方案。正如其瑞士办公室负责人所说："我们担心的不是资产，我们是在管理整个家族。"家族办公室的投资理念是"保持富有"（stay rich）而非"变富"（get rich），"我们的投资策略是保护客户已有的资产，而不是帮助他们实现增值"。他们觉得客户已经富有，需要的是全球购买力的保护，而不是强调创造财富。其中一个方式就是通过多元化稀释家族原来的主营业务的过高比例。

在具体方式上，其投资服务采用全权委托和咨询委托两种模式。事实上，咨询委托的管理规模更大。对于委托的资产，家族办公室充分利用全市场最优化资源，80%的投资管理功能被外包，与最强的外部团队合作，一个典型的客户投资组合会有10~15个管理人，类似我们在非经营性资产管理部分所讨论到的MOM模式。家族办公室对自己的定位是家族客户资产的守门人，守护客户资产的安全，通过与客户保持密切的联系，一旦出现状况，以最快速度提供解决方案。

（七）家族办公室的服务体系

马修总结了家族财富的四个支柱：金融资本、人力资本、社会资本和文化资本。家族办公室执行家族财富管理的功能就是要为这四类资本的管理提供执行方案。史东黑格·弗莱明家族办公室的主要服务体系包括：财富保护、资产管理、家族治理和传承三大模块。其实对应了家族财富管理三大目标：保全、管理和传承。

第三节　中国本土单一家族办公室的实践

一、单一家族办公室的本土化

（一）单一家族办公室的适用监管逻辑

单一家族办公室一般起源于个体家族的需求，是"需求引导机构的设立"。单一家族办公室采用极其封闭的架构模式，只为单一家族或为数不多的家族服务，不接受外部的资金。

基于这样的逻辑，单一家族办公室在境外的准入监管较为宽松。中国香港证券及期货事务监察委员会认为，单一家族办公室"并非为第三方提供资产管理服务"，因此"以内部单位形式营运家族办公室，以便管理信托资产，则该家族办公室将无需申领牌照"。新加坡金融管理局也将家族办公室定义为："一个为单一家族管理资产而同时由其家族成员完全持有或控制的单位"，无意要求其持有牌照。

在美国，2010 年通过的《多德·弗兰克法案》对符合其严格界定的单一家族办公室给予监管豁免。虽然仍须遵循美国证券交易委员会的信息披露规则，但信息公布和投资者保护上的监管远比对冲基金宽松。受此影响，一系列大型对冲基金，包括索罗斯等华尔街老牌投资人管理的对冲基金，已经转化成为管理规模达几十亿美元的家族办公室。

由于家族办公室在中国属于新生事物，行业整体上还处于快速成长的早期发展阶段，其监管实践仍为空白领域。根据境外监管机构对单一家族办公室的态度，宽松监管的依据主要是单一家族办公室管理的是自己的资金，并没有从外部投资者中募集资金，所以不应该与其他向公众募资（公募或私募）的投资机构一视同仁。单一家族办公室在中国也是豁免于监管的。

（二）单一家族办公室的吸引力

设立单一家族办公室有什么特别的吸引力？单一家族办公室可以使家族和家族资产出现一定程度的分离，这样可以协调家族利益分歧，保护财富免受利益冲突的影响。对中国的企业家来说，可能更重要的考量是隐私、控制权和个性化的需求。

图 6-7 说明了单一家族办公室平台的合理性。

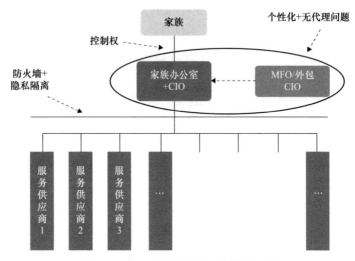

图 6-7　单一家族办公室平台的合理性

（1）通过单一家族办公室平台，可以形成家族和各种各样服务供应商之间的沟通渠道。通常来说，家族需要从法律、税务、投资等各个专业领域中找到相应的顾问，通过法律筹划、税务筹划、财富管理与生活定制各种路径来满足自己的需求。考虑到复杂的人员和业务构成，家族寻找合适的专业顾问以及后期相互了解的过程需要花费极大的时间成本和人力成本。

而家族办公室的存在则给了家族一个新的选择。家族办公室是为家族的多样化需求提供整体解决方案的机构，它以跨专业的专家团队协作配合的方式为家族提供高度定制化的服务，使得家族只需要与家族办公室单点接触，就可以使多种需求得到满足。

这样的好处有两点：首先，单点接触的方式帮助家族极大地节省了寻找各领域专业人士的时间成本和人力成本，使得家族可以从一些烦琐的、自己不熟悉的事务中脱离出来，将精力集中到更有价值的事情上去。其次，因为家族只和家族办公室单点接触，这样家族和外部服务供应商之间形成一个隔离，特别是隐私和潜在商业风险的隔离。

（2）因为单一家族办公室是家族直接控制的专属平台，保证了家族的绝对控制权，规避信任问题和潜在的代理风险。与私人银行、律师事务所、联合家族办公室等需要面对众多家族群的服务商不同，单一家族办公室只针对特定的家族提供服务，也只向家族收费，因此两者的利益是高度一致的。即便家族没有直接控制和管理单一家族办公室，也很难想象只服务一个家族的职业经理人会为了一些短期利益而做出有损与家族长期合作关系的事情。

（3）单一家族办公室可以根据家族的需求量身定制解决方案，保证方案的独特性和适配性。如果内部缺乏某一类型专业技能，专属平台可以通过聘请专业人士或寻求外部顾问的方式解决。家族可以在专属平台中将家族的财务、税务和治理信息整合起来，避免委托到不同机构出现的信息零散和片面化等问题，以提供针对整个家族的全方位集中化的管理。因为只有一个客户，毫无疑问客户享受的肯定是最专属、最个性、最全方位"随叫随到"的服务。

二、本土单一家族办公室介绍

（一）中国单一家族办公室的特征

2022 年，笔者代表上海高金金融研究院联合瑞银集团和财策智库发布了一份中国单一家族办公室的调研报告。本次调研结合了定量分析和深度访谈的方式。在定量分析部分，我们邀请了 60 个分布于全国各地的单一家族办公室或服务非常少量家族的私人联合家族办公室参与了在线问卷填写。

基于本次调研的单一家族办公室主题，我们选用了单一家族办公室问卷 40 份，服务家族少于 5 个的私人联合家族办公室问卷 5 份。我们希望通过这 45 个家族办公室的样本，为大家描绘中国单一家族办公室在运营、管理、投资和服务模式上的一些现实状况。

本次调研的受访对象在地理位置上分布广泛——45 个家族办公室分布于 20 个地区，但地区的集中度也非常明显。家族企业较为集中的地区是浙江（25%）、上海（20%）和北京（14%）；同样，家族办公室也集中于上海（39%）、浙江（17%）和北京（17%），主要是经济发达地区（见图 6-8）。

家族办公室的分布不仅与家族财富的分布相关，同时与全国地区性金融资源分布相关。相对于家族企业，家族办公室的选址通常具有一定的灵活性，因此家族办公室会更倾向于选择金融资源、人力资源和专业外包资源集中的地区作为总部。有家族办公室负责人表示，由于家族办公室主要承担投资功能，出于获取项目资源和其他金融资源便利性的考量，最终采用常驻上海、每个月回到家族所在地进行沟通的方式来运营家族办公室。这个观点也体现了单一家族办公室要兼顾与家族沟通和资源配置的双重任务。

根据调研，超过半数受访家族办公室已经运营 5 年以上（52%），近半数的受访家族办公室设立在 5 年以内，其中不乏成立 1 年以内的家族办公室（9%）。5 年内新增家族办公室的数量占比近半，显示出中国家族办公室需求旺盛，相关服务市场具有巨大的发展潜力。受访家族中（见图 6-9），家族总资产规模在 100 亿元以上的占比为 40.48%；家族总资产为 50 亿至 100 亿元的占比为 11.90%；家族总资产为 20 亿至 50 亿元的占比为 19.05%；家族总资产为 10 亿至 20 亿元的占比为 19.05%；其余家族总资产在 10 亿元以下，占比不足 10%。在我们的样本中，90.48% 的受访家族资产规模超过 10 亿元。而为这些家族提供投资服务的家族办公室，最常见的资产管理规模为 10 亿至 20 亿元（36.37%），其次是 20 亿至 50 亿元（21.21%）和 50 亿元以上（18.18%）。84.85% 的受访家族办公室管理资金规模超过 5 亿元。

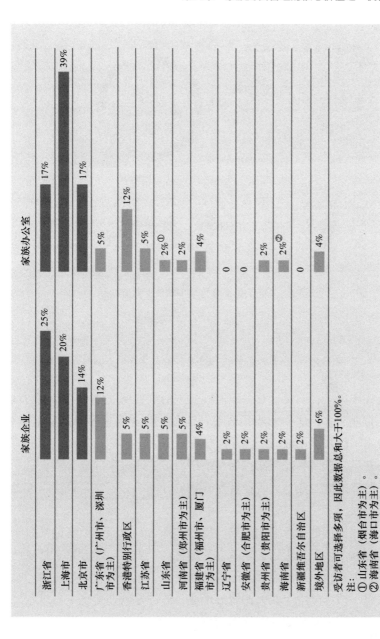

图 6-8　家族企业和家族办公室的地区分布

注：
① 山东省（烟台市为主）。
② 海南省（海口市为主）。

受访者可选择多项，因此数据总和大于100%。

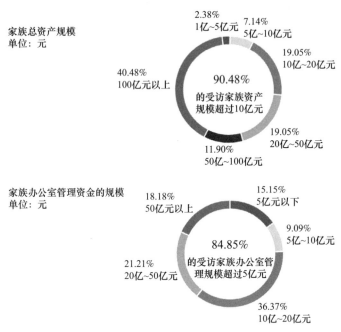

图 6-9　家族总资产规模和家族办公室管理资金的规模

　　在中国，目前设立单一家族办公室的家族所处的行业以制造和地产行业居多，这些家族是改革开放和地产业高速发展的受益者，符合中国经济发展的实际情况。以传统制造业和地产业创富的家族，在产业升级和经济结构转型的压力下，通过家族办公室投资平台，服务家族主业，为企业转型寻找更好的机会，这是设立家族办公室的目的之一。

　　一些以房地产起家的家族，更多选择通过家族办公室的平台来实现家族的转型。受访的家族办公室负责人表示，部分富有远见的家族领导人预见了地产行业的周期性变化，较早且有序退出地产行业或仅保留部分地产相关的服务产业，通过家族办公室平台进行股权投资来重新规划家族财富的构成。

　　而另一些产业相对多元的家族，为了更好地发展家族企业，也通过家族办公室平台来发现产业链中的投资机会，与家族企业形成协同作用。

　　（二）中国单一家族办公室的定位

　　中国的超高净值家族基于什么原因设立单一家族办公室？单一家族办公室的模式相对于其他财富管理模式有哪些特别的优势？

　　（1）受传统文化影响，很多中国企业家秉承"财不外露"的思想，采用完全隐蔽的私人平台来管理财富是合理的选择。从"设立家族办公室的三大好处"这个问题中可以看到，家族办公室对于"提升各项服务私密性"的优势获得了43%受访家族的认可（见图6-10）。

　　（2）家族办公室平台的一体化综合服务的能力是和家族面临多类型资本管理的挑战相匹配的。家族不仅要管理其企业资本、金融资产，同时也要考虑家族内部的人力资本、文化资本和社会资本的管理。正如本次调研中排在最前面的两个设立家族办公室的原因所示：有52%的受访家族认为家族办公室平台有助于"整合各种资源，获得一体化的综合服务"；也有52%的受访家族认为家族办公室平台可以"为下一代的发展和传承做准备"，为家族的人力资本发展（即家族的长期延续）提供支持。

　　即便是聚焦在投资功能的使用，从投资有效性角度来理解，拥有家族专属投资平台的优势体现在以下两点。

　　（1）资产分散于多家金融机构，可能会导致各家机构只能接触到其中一个投资侧面，缺乏对其整体投资组合的理解。之所以看似分散的投资组合并没有达到分散投资的效果，是因为各家金融机构的投资组合可能并无本质区别，但增加了家族识别其资产配置的难度。另外，整合资产后的规模效应使得家族获得更加丰富的投资机会，以及更强的投资谈判议价权。

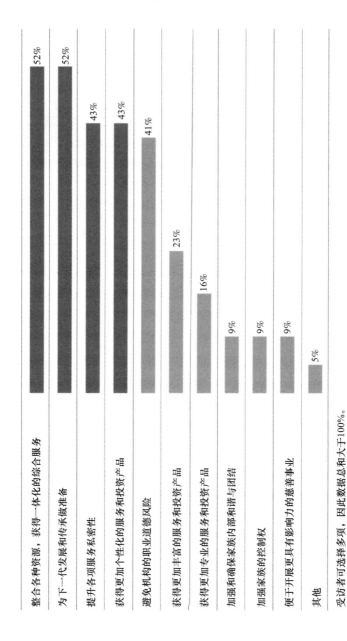

图 6-10 单一家族办公室的模式相对于其他财富管理模式的优势

受访者可选择多项，因此数据总和大于100%。

（2）通过专属的平台打造一个灵活度高、量身定制的投资组合，更加有利于确保投资目的与家族的价值观、信念保持一致，投资和家族其他资本的发展发挥出协同作用。从关注和获得个性化产品、服务的角度看，有43%的受访者认可此项家族办公室的优势。最后，有41%的受访家族提到委托机构理财的道德风险是设立家族办公室的其中一个原因。专属的平台可以在加强家族的控制权的同时，抑制职业经理人的卖方思维，避免其与家族的利益发生冲突。

三、单一家族办公室的设立和运营

从某种程度上看，要建立和管理一个独立的家族办公室，其业务步骤其实与创建和管理其他任何一门生意非常相似。在寻求规划专属的家族办公室之前，家族应该考虑准备一个初步的商业计划。这个商业计划书应该是在与律师、会计师和咨询师讨论后，并在家族内部充分商量之后制订。以下列举一些重要问题，并结合中国单一家族办公室的调研结果进行讨论。

（一）家族办公室的目标和职责

家族办公室的目标和职责是什么？使用这个平台来做什么？如果有多重目标，目标的排序如何？比如，投资管理可能是理想中家族办公室的主要功能，那管理财富使得其增值就是首要目标；其次，管理和处理家族的事务、遗产规划和子女后代的培养等非财务性事务也可以是目标的一部分，但排序靠后。商业计划书要同时包括预计达到这些目标的时间计划。

在对中国单一家族办公室的调研中，我们发现目前阶段金融投资平台是最主要的定位。84%的受访家族办公室具有金融投资功能，受访家族绝大多数是实业起家，在通过实业创富之后，家族财富逐渐与企业相分离（见图6-11）。无论是从寻求收益还是平衡风险的角度，多元化的金融配置都是家族财富管理的重要方向。因此

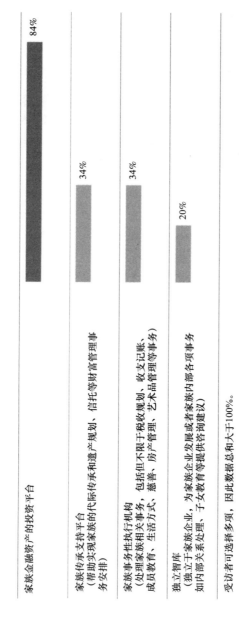

图 6-11　家族办公室的主要定位

受访者可选择多项，因此数据总和大于100%。

- 家族金融资产的投资平台　84%
- 家族传承支持平台（帮助实现家族的代际传承和遗产规划、信托等财富管理事务安排）　34%
- 家族事务性执行机构（处理家族相关事务，包括但不限于税收规划、收支记账、成员教育、生活方式、慈善、房产管理、艺术品管理等事务）　34%
- 独立智库（独立于家族企业，为家族企业发展或者家族内部各项事务如内部关系处理、子女教育等提供咨询建议）　20%

设立家族金融资产投资平台的需求客观存在，家族办公室因为其独立性、私密性、灵活性的特点而受到青睐。

传承支持也是家族办公室的重要职责之一（34%），这与44%的家族办公室仍为一代掌门人负责相匹配。

同时，不同家族对于家族办公室的定位不尽相同，体现了家族办公室根据家族的需求量身定制的优势。比如，在我们的访谈中发现，某单一家族办公室投资负责人分享了他们家族办公室的定位："我们家族办公室的定位就是做产业投资，和其他纯粹为了财务投资的家族办公室有一些不同。我们投资的原则是，如果与我们的主业没有直接联动，一般不会选择投资。首选的联动是并购，其次如果是非控股或者非并购的投资，我们主要会看中它的网络或者未来与主业的合作机会。对于我们投资团队，除了投资以外的考核、更多的是如何协助主业。比如我们做一个项目，也有 BD 的同事做业务分析，通过投资找到合作伙伴来帮助主业发展。"

（二）家族办公室的结构与所有权

家族办公室的结构与所有权怎么设计？采用什么法律架构？比如是有限责任公司还是合伙企业，谁（或什么实体）将拥有和控制它？它是归属家族企业的一部分或成为独立于家族企业之外的机构？很多时候，法律架构可以很灵活，但控制权会掌握在家族的创始人或创始人委派的家族成员代表手中。

在我们的中国单一家族办公室的调研中发现（见图6-12），家族办公室的主要负责人大多是家族一代掌门人（44%），未经历传承的比例较高。同时也有28%的负责人为家族二代接班人，26%的负责人为职业经理人，以及2%的负责人为其他家族成员。

一代和二代家族成员在家族办公室中扮演主要的控制角色，担任首席执行官（CEO）或者首席投资官（CIO）的角色。通常一代掌门人担任 CEO 掌控全局的居多，二代接班人在家族办公室中的

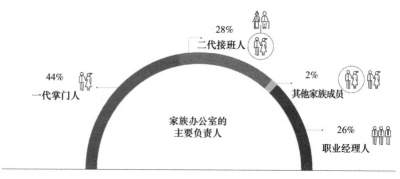

图 6-12　家族办公室主要负责人

角色相对多元。许多二代接班人接受过良好的商业教育和系统的金融训练，拥有境外学习以及大机构工作经历，回到家族办公室后担任投资相关的职责更多。

一代和二代家族成员的强参与度，一方面说明家族对家族办公室的重视，另一方面也说明了家族办公室在中国处于相对初期的阶段，与境外家族办公室相比也显得更"年轻"。境外家族办公室在延续数代后趋于"成熟"，职业经理人的参与程度会更加深入，且家族对家族办公室的掌控和放权会趋于平衡。

（三）家族办公室的内部设置和运作机制

家族办公室的内部设置和运作机制如何？重要的决策如何达成？

无论家族办公室选择哪一种类型的投资模式，其核心还是围绕家族财富目标而设计其执行流程的。决策和风险控制代表着对家族财富的处分与保护，必然是家族办公室在投资层面最重要的权力。

投资决策流程是一个家族办公室机构化最重要的特征。在受访的样本中，有83%的家族办公室设有投资委员会，负责做出投资决策。2/3（67%）的家族办公室表示有严格的投资决策流程和风险管理流程。在访谈中我们发现，参与家族办公室的一代家族成员往往具有最终的决策权，家族和非家族的投资负责人往往很轻易地接受这样的安排。

一位二代女性投资负责人在访谈中提到："我们建立了和外部投资机构一样的投委会，人员构成和市场上的投资机构类似。不同之处是我的父亲拥有最后的一票否决权。而我基于兴趣会全程参与项目的投资，可能出于对我的信任，他很少行使否决的权力，实质上我们还是由家族成员、行业负责人、相关专业人员来集体决策。"

有趣的是，家族办公室在决策机制设计中也有不少的创新。不止一位非家族成员的CIO表示，虽然最终的投资决策权掌握在家族创始人手中，但家族办公室为CIO同样设计了与一代家族成员同等的否决权，即一旦在投资决策中出现分歧，无论CIO还是创始人均可以行使一票否决的权力。这样的机制设计主要是为了在一代家族成员因为受到外界影响，向家族办公室推荐不符合条件的项目时，CIO能起到制衡作用。

决策流程代表的家族办公室的机构化程度，是行业内衡量一个家族办公室是否成熟的标准。在一个家族办公室的初级阶段，所有决策都掌握在家族家长/创始人的手中；到了中间阶段，职业经理人开始介入管理，从而减轻第一代的决策压力，减少代际之间的矛盾以及吸引外部专业人士参与；高级阶段有点类似有限合伙制，专业投资人负责日常的投资决策，家族提供战略和监督指导，这体现的是家族控制和治理结构维度的机构化。

在我们的家族办公室样本中（见图6-13），29%的家族办公室具备相对成熟阶段的家族办公室组织架构。在类似于有限合伙制的架构下，专业投资者负责日常的投资决策，家族提供战略和监督指导；不同资产、地理区域、主动/被动策略等配置，采用系统性的风险管理系统。49%的家族办公室具有相对成熟的特点：职业经理人参与共同决策；组合开始配置相关性低的资产，主要通过多元化控制风险；有简单的投资决策和风险管理流程。其余23%的家族办公室仍然在管理模式上处于初级阶段，所有决策都掌握在家族核心成员的手中，组合集中在家族熟悉的行业和投资产品，没有投资决策和风险管理流程。

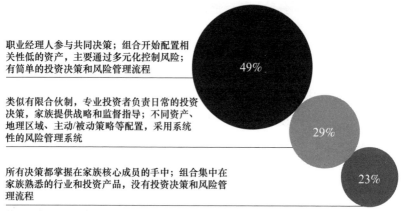

职业经理人参与共同决策；组合开始配置相关性低的资产，主要通过多元化控制风险；有简单的投资决策和风险管理流程

类似有限合伙制，专业投资者负责日常的投资决策，家族提供战略和监督指导；不同资产、地理区域、主动/被动策略等配置，采用系统性的风险管理系统

所有决策都掌握在家族核心成员的手中；组合集中在家族熟悉的行业和投资产品，没有投资决策和风险管理流程

数据统计结果经四舍五入，因此总和大于100%。

图 6-13   家族办公室风险管理模式

以三个成熟阶段的判断标准而言，中国家族仅有不足三成的家族办公室决策流程相对成熟，大部分家族办公室在机构化流程中仍处于初级和中间阶段，仍有许多待规范和提升的空间。

家族办公室的"客户的规模"也会影响到其内部设置和运作机制。比如两个家族办公室，第一个服务的都是第一代，而第二个的客户来自第一、第二和第三代，则第二个家族办公室被认为具有更大规模的客户，因为它具有更大的代际差异。为少数客户服务的家族办公室往往成为管理家族成员全部资产的关键决策者，采用更精简的决策，家族成员更多地参与决策。为更多客户服务的家族办公室，由于具有更大的代际差异，需要的服务种类更多，业务更复杂，往往在内部消化服务的同时，也需要外部服务提供者的支持。

以家族而言，近半数家族在代际构成上仍处于十分"年轻"的阶段（见图6-14）。代际构成包括一代和二代的家族占比47%，三代同堂的家族占比37%。91%的家族处于三代以内，与境外经历过多代传承的家族相比明显更为"年轻"。

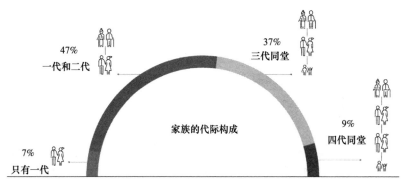

图6-14　家族的代际构成

受访家族呈现出代际较短的特征，这和中国历史状况、改革开放时间相吻合。从家族人力规模角度看，中国家族也呈现出人员数量有限的现状（见图6-15）。最常见的家族成员人数为5～10人

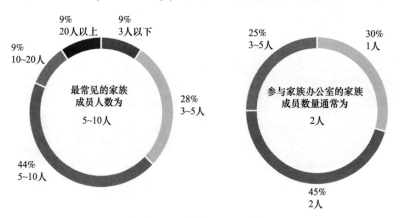

图6-15　家族成员的规模

（44%），其次为 3～5 人（28%）。参与家族办公室的家族成员数量通常为 2 人（45%）或仅 1 人（30%），其余家族办公室中家族成员数量为 3～5 人（25%）。

（四）家族办公室的人力资源配置模式

一个家族办公室成功与否，人才的配置和管理至关重要。明确需要什么人才和技能来达成家族办公室的目标和职责很有必要。家族办公室应该准备一份包含职责范围、职能和相关任务概述的文件，厘清各个职位的权限。这样既能澄清岗位职责、帮助制定绩效目标，又有助于后续的员工教育、培训或技能训练。

一个典型的单一家族办公室需要配置多少人？各个团队的人员配置比例如何？如图 6-16 所示，我们发现调研样本家族办公室配置的全职员工人数为 2～48 人不等，平均为 11 人，其中投研团队是人力资源占比最高的职能部门，占到总员工的 36%。平均而言，其他职能部门如管理层的员工占比为 22%，运营团队的员工占比为 21%，风控团队的员工占比为 14%，市场/销售团队的员工占比为 7%。

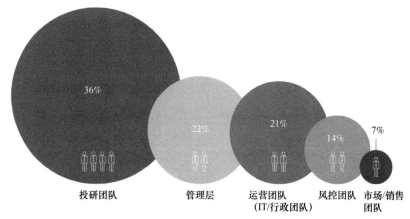

图 6-16　家族办公室员工规模

　　这样的人员数量和功能配置比例与中国本土联合家族办公室的配置（在稍后内容中将会讨论到）形成鲜明对比。一个典型的联合家族办公室的员工配置是 28 人。按功能划分的人员配置比例中，市场/销售团队的员工占比应居首位。两种类型的家族办公室相比较，也彰显了中国单一家族办公室以投研团队为主导的人力资源配置模式是与家族利益（收益）至上的理念相一致的。

　　在我们的调研中，几乎所有的家族办公室都有其服务的家族的成员参与运营管理。家族成员在家族办公室供职的人数最普遍为 1~2 位，其中 45% 的家族办公室拥有 2 位家族成员的参与，30% 的家族办公室拥有 1 位家族成员员工；拥有 3~5 位家族成员员工的家族办公室的占比为 25%。我们看到一代家族成员通常担任最后决策把关的角色，而二代在家族办公室中担任的角色更加多元化，整体来说更加偏向于金融投资的部分，有的甚至会全程参与项目的具体投资与执行。

　　2021 年瑞银集团全球家族办公室报告显示，在员工构成方面，财富总值高于 10 亿美元（约合 65 亿元人民币）的家族拥有较多员工，平均人数为 18 名；低于 10 亿美元的家族则平均有 7 名员工。另外，投资专业人士约占家族办公室员工数目的一半（46%），这也能反映出家族办公室的投资管理核心功能。家族成员只占 15%，其余 39% 为非投资专业人士，通常包括营运、法律和会计。

　　什么样的人才最容易获得家族办公室的青睐呢？如图 6-17 所示，中国单一家族办公室最受欢迎的前三类人才为资产管理背景（74%），法律、会计、税务专业背景（53%）和境内外家族办公室从业背景（37%）。在联合家族办公室的调研中还发现，占比最高的联合家族办公室高管来源是私人银行背景，其次为资产管理和法律背景。

　　其实，在实践中最理想的家族办公室人才可能具备投资、税

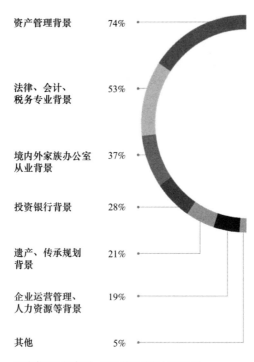

资产管理背景   74%

法律、会计、   53%
税务专业背景

境内外家族办公室   37%
从业背景

投资银行背景   28%

遗产、传承规划   21%
背景

企业运营管理、   19%
人力资源等背景

其他   5%

受访者可选择多项，因此数据总和大于100%。

图 6-17   家族办公室最欢迎的人才类型和背景

务、法律、遗产规划、财务规划、会计或财富传承规划等某一领域，或几个领域技能娴熟、经验丰富的专长，既能和八十多岁的老人家相谈甚欢，又能和四五十岁的中年人侃侃而谈，还能和十几岁或二十几岁的年轻人打成一片。业界为这样的一个角色创造了一个名字，叫"专家型通才"。

这样的"通才"一般要协调外部以及内部所有的供应商和顾问。他（她）除了在财富管理的一个或多个领域具备丰富经验，还需要视野开阔、高瞻远瞩，随时掌握该家族在理财需求方面的全部动态。这类人才能够成功处理应急问题，快速调动资源，并做出合理部署。当然，"专家型通才"也应该知道自己的技能和专长存在局限，也要了解如何在需要时咨询哪些专家来强化自身的技能组合。

这种人才在市场上很难找。家族办公室的专业人员没有正式的"培训基地"，而且因为不同家族办公室的需求差异巨大，所以这类人才的寻觅极具挑战性。在对国内单一家族办公室负责人的访谈中，我们发现58%的受访家族办公室认同关键人才的短缺是目前面临的运营挑战之一。从人才的寻觅而言，目前家族办公室非家族成员的人才大多是偶然获得的，而不是来自稳定的市场供应。一方面，行业相对小众，专业的人才供应市场没有建立，没有成熟的猎聘机制。另一方面，作为家族办公室的控制人，企业家也没有专业至上的观念，通过外部渠道进入的职业经理人往往难以在短期获得足够的信任。在非家族成员的受访者中，大多与家族创始人在其他领域已经建立了信任与联系，才逐渐受邀进入家族办公室任职。

举两个例子，在一家单一家族办公室中，家族将所有投资事务委托其CIO（也是合伙人）进行管理。这种信任的基础来自双方共同认可的投资理念和对宏观形势的判断，以及投资主管认为的"气味相投"。另外一个家族办公室高管谈到他在面试过程中，雇主和他妻子没有提到任何与管理员工有关的能力、技能和经验的问题，他们的讨论集中在应聘人的个性、兴趣、爱好、业余时间等个性化"气味相投"的事情上。所以适当的"文化契合度"通常是家族办公室高管获得信任的关键。

当然，专业人才也意味着很贵。美国私人投资者协会在2011年的"家族办公室薪酬调查"报告中指出，接近一半（48%）的CEO进入家族办公室之前，在相关领域拥有15年以上的从业经验。

大多数聘请内部 CIO 的家族办公室建立的投资平台已超过 10 亿美元的资产规模。这类资深人士的底薪一般最低为 50 万美元，有时能够轻易达到数百万美元。如果一个家族的投资规模为 10 亿美元或以上，这个成本相对于一位投资界精英所产生的价值而言实在是微乎其微。而且，这类人才的薪酬必须且只能由家族支付，这样才能避免出现利益冲突。

在访谈中，我们发现激励政策对家族办公室的人力结构、稳定性有较大影响。其中，家族办公室投资负责人通常对标一线资产管理人的薪酬结构和激励机制（以后端投资业绩分成为主），而部分以服务家族主要产业为主的家族投资平台则通过稳定和有吸引力的固定薪酬策略来吸引人才。

关于具体的薪酬和激励的结构，本次调研结果显示，七成以上家族办公室的 CEO、CIO、投资负责人会按百分比进行业绩分成，而行政管理负责人按百分比进行分红的占比较少，仅占 8% 左右。受访的家族办公室最常见的 CEO 年薪区间是 200 万元（约合 31 万美元）以内，占比超过半数；其次为 450 万至 500 万元（约合 69 万至 77 万美元），占比为 18%。CIO 年薪区间最常见的是 200 万元（约合 31 万美元）以内，占比为 61%；其次是 200 万至 250 万元（约合 31 万至 38 万美元），占比为 12%。行政管理负责人年薪区间最常见的是 200 万元（约合 31 万美元）以内，占比为 91%。

对于较高的薪酬，某位二代家族办公室负责人在访谈中如此评价："我们的薪酬水平和结构都堪比大投资机构……投资人才的成本投入是很高的，但是因为他们的专业能力能为家族办公室赚到更多的钱，所以这是很划算的投入。"

这些阅历丰富的家族办公室高管可能放弃了大型金融机构的更高额奖金比例、津贴或薪酬，选择服务超高净值家族。他们的工作既享有机会，又面临挑战，这绝对不是一项平淡无奇的工作。私人

投资者协会的报告同时发现，家族办公室 CEO 职位的人员流动率
相对较低，58% 的家族办公室 CEO 的任职期限超过了 10 年。

所以，家族办公室的高管人员一旦找到与自己契合的富豪家族
后，就能在家族办公室里工作得很久。这种忠诚度对富豪家族而言
是一种优势，因为家族能够和高管建立紧密的合作关系。但这也许
也是一种劣势，因为高管人员在职业生涯中服务过的家族办公室可
能较少，缺少变动机会意味着行业的知识面相对较窄。

（五）家族办公室的运营成本

家族办公室的运营成本是多少？

我们通常用运营成本与资产规模的比值来衡量家族办公室的成
本状况。单一家族办公室只为单个家族管理财务及生活方面的事
务，一般情况下，境外设立单一家族办公室的家族可投资资产应该
在 1 亿美元以上。

2022 年瑞银集团全球家族办公室的报告中指出，样本家族办公
室的平均管理资产规模为 12 亿美元（约合 78 亿元）。2022 年家
族办公室的平均营运成本占管理资产的 42.2 个基点，但这要视资
产规模而定。在资产规模 1 亿至 2.5 亿美元（约合 6.5 亿至 16.2
亿元）的家族办公室中，该成本占 58.6 个基点。然而，当资产增
至 2.51 亿至 10 亿美元（约合 16.3 亿至 65 亿元）时，成本会降至
42.5 个基点。此外，管理资产为 10.1 亿美元（约合 65.1 亿元）
或以上的大型家族办公室，其平均成本会将降至 31.7 个基点。

中国家族办公室仍处于初始阶段和投入期，以功能配置为主，
对于成本的考虑并不完善。在我们研究的受访家族办公室中，近四
成（39%）并未考虑和统计过运营成本。在已经统计运营成本的家
族办公室中，39% 的家族办公室运营成本低于管理资金规模的 100
个基点，22% 的家族办公室运营成本为管理资金规模的 100～300 个
基点（见图 6-18）。

图 6-18　家族办公室运营成本占管理资金规模的比例

将运营成本进一步按照岗位类别分解，中国单一家族办公室的成本构成以员工成本为主，员工成本平均占比为 57%，管理成本平均占比为 32%，中后台运营成本平均占比为 11%。这也彰显了家族办公室人力资本密集的商业模式。

按照功能类别分解，投资类功能在中国单一家族办公室的成本构成中占比较非投资类功能高（见图 6-19）：投资类功能成本平均占比为 73%，而非投资类功能成本平均占比为 27%。相较于全球其他地区的同行，中国单一家族办公室对投资功能投入的成本更高。

（六）家族与家族办公室之间的沟通

如何管理家族与家族办公室之间的沟通？家族希望定期从家族办公室那里得到什么信息？信息获取的频率如何？报告以什么形式呈现？无论是单一家族办公室还是联合家族办公室，通过报告的形式与家族客户保持畅通的沟通是家族办公室治理表现的标准之一。

在单一家族办公室的调研中，我们发现除了参与管理，家族对家族办公室治理的另一种方式是定期回顾和评估家族办公室的工作进展（见图 6-20）。家族办公室和家族成员会面并通报投资情况的频率，最常见的是每月（42%），其次是每季度（25%）和每周（22%），其余 11% 的家族办公室通报频率在每半年或以上。

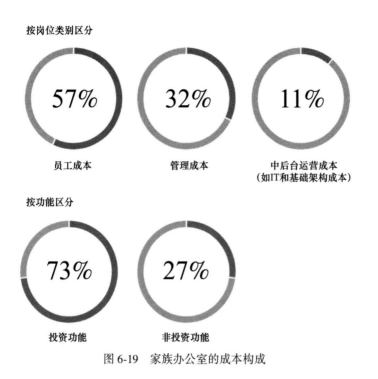

图 6-19　家族办公室的成本构成

图 6-20　通报投资情况的频率

　　根据沃顿商学院对境外单一家族办公室的调研（见图 6-21），在美洲的家族办公室较为常见的频率是每季度汇报（41%）。而在欧洲，较高比例的家族办公室采用每月的频率向其客户汇报（39%）。

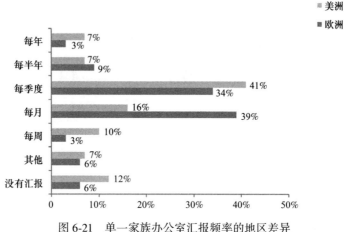

图 6-21　单一家族办公室汇报频率的地区差异

（七）家族办公室的投资功能

本次受访的家族办公室中，近八成（79%）提供投资管理相关服务，与之前境外关于家族办公室的调研结果类似：家族办公室通常被家族视为一个私人投资平台。

本次调研中，受访家族办公室最常用的投资策略为平衡策略（46%），其次是偏成长策略（26%）和积极成长策略（17%），选择保守型策略的家族办公室占比最低（11%）。

中国单一家族办公室的投资策略相对境外同行较为积极，偏成长和积极成长策略占比达到43%。这种现象的存在可能得益于中国市场近20年较多的投资机会，比如城市建设、新能源、科技制造、医疗等行业都带来了众多收益可观的投资机会。家族办公室所服务家族的代际构成也会影响其投资策略。当被问及投资方面的目标时，第一代较其他家族成员显得更为积极。本次调研数据显示，目前高达44%的家族办公室服务于家族第一代创富者，因此投资方面可能呈现出更加积极的偏好。

　　在我们的访谈中，某位家族成员关于家族办公室的投资风格偏好回应道："和基金管理人投资会有一些不同，他们募集一只基金可能投很多项目。相对而言，我们有自己的偏好。因此我们不喜欢在大基金中去担任 LP，而是对一些专项基金感兴趣。甚至我们有时候和基金的合作是在很看好某一个项目的时候，通过跟投的方式做家族直接投资。目前对我们来说，赚钱还是最重要的，我们目前还是比较喜欢高成长的股权投资。"

　　个性化和灵活性正是家族办公室作为私人投资平台的重要优势，因此在投资模式上，家族办公室具有多样化的选择余地。在本次调研中，我们将投资模式分为三种常见的方式（见图 6-22）：一是相对外包的模式，即研究功能外包给独立的投资顾问，获取资产配置、投资经理选择等建议，家族办公室自主决策；二是母基金模式，即家族办公室主要把握资产配置的方向和风控，资金配置给多个基金产品或管理人；三是投资公司的模式，即家族办公室是一个功能齐全、一体化的投资平台，具有内嵌的投研、不同资产类别的投资团队以及风控团队。

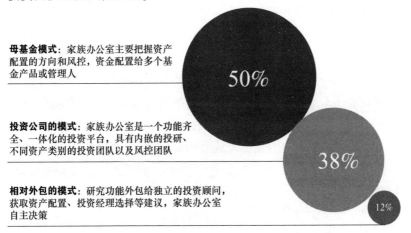

母基金模式：家族办公室主要把握资产配置的方向和风控，资金配置给多个基金产品或管理人

50%

投资公司的模式：家族办公室是一个功能齐全、一体化的投资平台，具有内嵌的投研、不同资产类别的投资团队以及风控团队

38%

相对外包的模式：研究功能外包给独立的投资顾问，获取资产配置、投资经理选择等建议，家族办公室自主决策

12%

图 6-22　家族办公室的投资模式

有 50% 的家族办公室选择把握资产配置的方向和风控，而将资金配置给多个基金产品或管理人，类似于母基金的模式。在访谈中，有家族办公室负责人坦言，这种模式有助于他们兼顾收益和成本。内部投资团队通常会把握配置的方向，如股权偏好的细分领域，从中去寻找该领域最好的基金管理人，然后成为其 LP。

有 38% 的家族办公室的投资模式被设计为功能齐全、一体化的投资公司的模式。这些模式具有内嵌的投研、不同资产类别的投资团队以及风控团队。至于选择这种模式的原因，如部分家族办公室负责人所言："如果投资是家族未来安身立命之本，那投资的能力就必须长在家族成员身上。作为家族成员会站在家族利益的角度来投资，立场是与家族利益一致的，所以不倾向外包。"

其余 12% 的家族办公室则倾向于将研究功能外包给独立的投资顾问，获取资产配置、投资经理选择等建议，然后由家族办公室自主决策。投资模式和人力配置、成本、风险控制程度等因素相互影响，存在一定的平衡。

投资模式的选择，取决于家族在投资理念、管理资金的规模、人才储备、成本费用等方面的考量。虽然目前半数家族办公室更青睐母基金的模式，但在管理资产规模超过 50 亿元的家族办公室中，大多数的家族办公室（67%）选择自行成立功能齐全、一体化的投资平台，具有完善的投研、不同类别的投资团队及风控团队。这种模式对于成本的要求更高，需要较大的管理资产规模与之相匹配。

（八）家族办公室与外部服务提供商

家族在设立自己专属的家族办公室时应尽可能创建一份家族服务提供商的列表。家族办公室的服务涉及众多的外部服务提供商，如律师、会计师、税务师、投资顾问、家族成员的安保和医疗等其他顾问。如果家族办公室仅以投资管理作为主要业务，也可以准备一份合作的外部投资机构的名单，包括这些供应商的优缺点、可替代性（各项服务涉及的首选和备选的供应商都应出现在列表之中）。

境外家族办公室行业有一句格言："永远不要期望自己一个人能办好所有事情。"这句格言反映出行业经历的一个日益盛行的趋势：越来越多的家族办公室将一些非核心功能外包出去，或者采购其他细分服务领域供应商的产品，而不是在家族办公室内部配置这些功能。在我们的调研中，中国的单一家族办公室也并不介意外包部分功能，但意愿取决于功能的类型。

家族办公室最希望获得的外包服务和外部支持，是法律、税务咨询服务（63%），然后是家族传承、治理咨询（44%），中后台IT技术（35%）和投资管理（33%）。法律和税务服务由于专业度要求，以及使用频次和成本的平衡的原因，许多单一家族办公室选择专业服务外包的模式。

2022年瑞银集团全球家族办公室报告显示，境外家族办公室最倾向由内部员工负责的职责是战略资产配置（83%），其次是风险管理（78%）以及财务会计和报告（70%）。同时，与本次调研结果一致，大部分境外家族办公室选择把税务规划（64%）和法律服务（63%）的任务外包。

最后，对于大部分的单一家族办公室来说，衡量家族办公室绩效和设定成功的标准是一件非常具有挑战性的任务。设立一个家族办公室的成本相对容易估算，但收益很难衡量，特别是一个以成本中心方式运营的单一家族办公室。对以投资为主要功能的家族办公室，一个通用的方法是计算成本支出占家族办公室管理资产规模的比例，并与市场上的投资机构进行比较。如果以非投资功能为主，也可以将各岗位的成本支出与外包这些功能产生的成本进行比较。

四、单一家族办公室案例

这部分内容将通过一个案例为大家展现中国本土单一家族办公

室的实践经验，案例中的家族办公室也是调研报告中的样本之一。

（一）家族背景

这个单一家族办公室没有亮眼的招牌，也没有给自己加入"家族办公室"这样的称号。它是一家资产管理公司，淹没在上海众多的私募基金公司中。它背后的家族发迹于重工业型的企业，核心资产已经在境外上市。

家族是上市公司的实际控制人，在企业上市后开始套现股份，通过上市公司收购家族自己投资的项目套现等方式，有了现金流动性，刺激了家族设立一个投资平台管理这些现金。

家族企业已经完成了一代向二代的传承。目前家族企业的掌控人是二代的长子。从需求上看，两代人有很大差异。父辈退居二线之后，重心在家庭生活，关心家族和谐、枝叶繁茂。二代关心财富的管理，通过各种投资渠道实现财富的保值、增值。家族的境外资产主要配置在房产和土地上，以及有大量现金存在银行，而境内资产希望通过金融市场的投资来获取更高的收益。

（二）家族办公室的设立

二代兄弟们都有自己独立的财富、独立的管理想法，虽然有时候会合作进行投资，但之间没有明确的共同投资主体。家族成员普遍都有专属的投资平台协助管理各自的财富。家族的长子，也是家族企业的实控人设立了一家私人投资公司作为自己资金的投资平台，也就是案例中的家族办公室。长子是家族办公室的单一设立者和出资人，管理的资金规模10多亿元。家族办公室只是长子的资本市场投资平台。除此之外，家族还有一个企业投资平台和一个贸易平台。这些平台主要利用家族资金进行投资，而与家族办公室无关。

长子对于家族办公室投资的主要诉求为：安全性是首选，希望通过安全的方式来保证一定的收益水平。他关注政局变化、宏观环境、投资多元化和尽可能淡化政商关系，希望规范投资而不是像企业一样需要通过各种关系获得财富。

像其他很多家族成员亲自参与股票市场的操作，家族长子也有部分资金在股市操作，他个人的操作也时常从家族办公室处获取建议。

（三）家族办公室的服务

其家族办公室的投资平台负责人（CIO），是中国期货市场最早的"黄马甲"，具有丰富的投资经验和深厚的关系网络。CIO作为投资平台的合伙人加入，自己有部分资金也投入到平台一起管理，并根据一定比例获得后端分成。家族没有参与家族办公室的投资理念形成，以CIO自己的理念为主。家族对CIO的决策也没有过多约束（没有由家族成员参与或主导的正式投资决策委员会），所以CIO作为专业人士可以根据自己对市场的判断和个人关系决定投资。比如，CIO认为目前的股市已经处于相对较低的位置，可以进入，所以将大部分的资产配置在股票中；债券投资主要是作为现金管理工具。家族办公室对家族的报告并不频繁，通常只有一个年度的报告。

家族办公室的投资方向包括二级市场、债券、企业股权直接投资等追求稳定性、透明性、流动性的资产，因此具备这些条件的二级市场资产标的是主要投资方向。家族办公室同时投资了部分初创企业的股权项目。在风险投资（VC）方面没有专门团队，主要依赖CIO个人在国内和美国硅谷的创投资源，跟投一些项目。基于看好数字货币项目的底层算法技术，家族办公室甚至投资了一些数字货币的创业公司。家族办公室总体的年化收益率目标为15%。

家族办公室并没有参与除投资以外的家族事务的管理。如果某些事项涉及投资之外的家族事务，基本是以长子和CIO的私人关系方式处理。比如，长子的儿子从境外留学回来后到家族办公室实习，委托 CIO 帮助培养。家族办公室曾考虑过涉足家族企业的事务，如一些并购项目。但因为这些项目涉及家族整体利益，由一代亲自主持；而且项目的利益相关者众多，每个人都有利益诉求，有资源推荐；最后考虑之后认为，目前的投资平台并没有完全做好准备，要想成为真正意义上的服务多样化的家族办公室，还有很多路要走。涉及隐私、安全、信任等因素，中国企业家不会愿意将所有鸡蛋放到一个篮子里，把所有的事情都交由一个家族办公室主导。

（四）如何建立家族和 CIO 之间的关系

很显然，一个投资型家族办公室能否高效运行，取决于家族和 CIO 之间能否建立良好的信任关系。家族长子和 CIO 在家族办公室设立之前并没有很长的关系，也没有从一开始就计划设立家族办公室。两者建立信任关系是家族办公室成功最关键的一步，往往这个步骤所花的时间很长。CIO 通过朋友关系结识家族长子，最开始分享对宏观经济走势的一些判断，以及他对投资自上而下的理念。后来证实了 CIO 的看法是正确的。家族长子非常注重通过对于宏观经济的看法判断未来的投资机会，所以两人很快取得理念上的共识。

CIO 取得超高净值家族客户的信任后，不需要过多谈具体投资操作细节，因为他们一般不关心某一产品的具体收益；应该更多地讨论趋势性的机会，大类资产配置的方向；当然结合大部分家族的需求，安全性更是重点，但不是具体一只股票、一个项目在金融意义上的安全性，而是项目在大环境下的安全性。

CIO 和家族长子第一次面谈后，双方的合作基本上就定下来了，但资金的规模经历了一段时间才逐渐扩大。这也体现了家族对于偏离其擅长的实业领域之外的金融投资往往采用相对谨慎、循序渐进的方式参与，很难要求其一次性将大部分资产投入其中。

（五）案例复盘

这是一家典型的本土投资型家族办公室，虽然它仍然存在这样那样的瑕疵，但家族已经从实业转向金融投资，从自己操盘转向委托专业人士的模式迈出了一大步。从这个案例中，我们可以了解到几点可借鉴的经验。

（1）无论采用什么样的平台和模式，家族对于投资必须先有统一的理念和目的。就像经营企业一样，理念和目的是维持企业在预设的轨道上稳定发展的必要条件。投资理念是指导投资决策过程的各种价值观、原则、信念，使得投资不会偏离预设的方向。

（2）统一的理念可以确保资产管理专业人士与家族成员共同分享一致的价值观。在这个案例中，家族成员与 CIO 关于投资理念的一致是建立双方信任的基础。

（3）统一的理念可以帮助避免专业人士的流动给家族带来财富管理的间断和错位。简单说，专业人士流动性高，不至于换了一个基金经理，所有投资理念都要换。这样，专业人士的投资策略是在家族的理念和原则下制定和实施的，而不是家族被专业人士自己的理念牵着鼻子走。每个家族都不希望家族办公室要么挣到自己不想要的钱，要么挣不到自己想要的钱。

投资目的是指家族为其投资设定的功能性目标。既包括为后代增加资产、可持续发展和回馈社会等宏观的目标，又包括如在特定期间内获得特定的投资回报的具体目标。在这个案例中，家族办公室首先预设了投资收益目标，即年化收益率为 15%。

其次，尽量使家族办公室的投资功能专业化。专业化体现在家族财富和家族企业相互独立。在这个案例中，家族办公室与背后的家族企业是两个彼此独立的法人实体，除了企业实控人本人之外几乎没有任何交集。

（1）在资金来源层面，家族办公室管理的资产充分和家族企业隔离，避免风险的传导。家族办公室只是帮助大股东把个人资产配置于家族企业主营的行业之外，实现分散投资。

（2）在人员构成层面，家族办公室里的合伙人是金融领域的资深专业人士，没有一位从情感上更加值得信赖的家族成员或家族企业的高管。

这样的配置实现了家族财富管理和企业管理的分离。

CIO 在这个家族办公室中扮演至关重要的角色。沃顿商学院的研究项目对全球范围 100 多个单一家族办公室的调研显示（见图 6-23），其样本中聘用的 CIO 有 23% 来自资产管理行业、14% 来自投

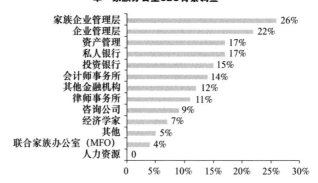

资料来源：沃顿商学院单一家族办公室研究项目数据（2007 年）。

图 6-23　单一家族办公室 CIO 和 CEO 背景调查

资银行、14%来自私人银行。其他职业背景包括其他金融机构、企业管理层、会计师事务所、经济学家和咨询公司等。这个岗位的背景和家族办公室 CEO 的背景有很大的差异。

可以说，CEO 岗位的人选更加注重信任，而 CIO 岗位更注重专业。当然，CIO 的功能也可以通过外包形式实现。比如，一些资产管理能力强、人才储备雄厚的金融机构或联合家族办公室可以提供外包式 CIO 服务。这可能也将成为中国资本市场未来发展的趋势之一。

第四节　中国本土联合家族办公室的实践

2017 年，笔者和惠裕家族智库联合发布了一份中国本土联合家族办公室的竞争力报告。该报告作为最早中国家族办公室的研究之一，虽然距离如今时间有点远了，但详细记录了家族办公室作为一个新鲜事物在中国发展的情况，特别是一些运营中的细节信息对于今天的行业实践仍然有借鉴作用。

一、本土联合家族办公室介绍

（一）联合家族办公室的监管

单一家族办公室因为不向公众募资基本无须进行准入监管，而境外对于联合家族办公室的主流监管态度是，并没有专门采取针对性的准入监管政策，而是将其视为在既有监管框架之下的某一类金融机构，进行常规监管。

中国香港证券及期货事务监察委员会明确指出："香港并无专为家族办公室而设的发牌制度。"而联合家族办公室"其资产管理活动与持牌资产管理公司的活动大致相若"，因此直接适用资产管理公司的准入规则。新加坡金融管理局在金融机构准入设定中，将联合家族办公室归类为基金管理公司，并进一步细分三类准入门槛。

类似地，美国证券与交易委员会认为，一个家族办公室如果向公众或者金融消费者/投资公司提供资产管理服务和投资咨询服务，属于联合家族办公室，不能豁免于《多德—弗兰克法案》。也就是说，联合家族办公室应作为资产管理或投资咨询机构接受监管。

当前，我国境内对于联合家族办公室设立也没有特别的监管，不存在特殊的准入牌照要求，既可以作为金融机构、律所、家族企业的内置部门存在，又可以通过注册有限责任公司等形式单独设立。涉及特定的资产管理类业务的话，通常根据业务活动进行分类，分别纳入现有的证券业、基金业、信托业、保险业等行业的监管框架。比如，涉及私募证券投资、私募股权投资业务需到基金业协会备案，并独立在两个不同主体运作。咨询类的经营范围一般无须取得特殊执照；除非事务咨询服务涉及法律、税务等专业领域时，由对应的部门进行监管。

（二）联合家族办公室的类型

近几年来，国内的私人银行、信托公司、券商、私募、保险公司或第三方理财平台等，都在尝试着以"家族办公室"的模式拓展其在财富管理市场的份额，分享家族财富管理的蛋糕。但这些机构设立的家族办公室离综合型家族业务的主导者尚有一定距离，更多扮演的是一个功能型家族办公室的角色。比如，私人银行的家族办公室扮演的是平台、中介角色，是服务提供商；信托公司设立的家族办公室强调家族信托在遗赠和传承上的功能；券商和私募等资产管理机构的优势在于其强大的投资功能，突出其投资型家族办公室的服务。

根据我们的调研，国内本土联合家族办公室大体可以分为以下三类。

（1）传统财富管理或资产管理机构如商业银行、信托公司、证券公司、期货公司等下属的家族办公室部门。

（2）由企业家或三方财富管理机构设立的独立家族办公室。

（3）由律师、会计师、经济学家等专业人士设立的独立家族办公室。

我们可以把第一类型理解为传统机构下属家族办公室，第二、三类型为独立第三方的家族办公室。在调研样本中，第一类型占比为54%，第二、三类型占比为46%。

在我们的样本中，信托系的家族办公室的比例最高，占到了39%。商业银行原本就有针对高净值客户的私人银行部门，发展更高端的家族办公室有天然的优势和基因，也是行业主力军之一，在我们的样本中占比为25%。同样的比例来自具有律师背景的家族办公室。

其大部分高端客户已经在其他法律相关事务处理上和律师维持了长久的关系，建立了充分信任，由此切入家族财富管理中的财富传承、财富保障甚至财富保值增值等其他业务也就水到渠成。同时，家族办公室这种全新的财富管理模式，也吸引了很多已经完成或正进行实业资本积累转型到金融资本的实业背景出身的企业家，这个背景的比例在我们的样本中占21%。图6-24为本土联合家族办公室的创始人/股东背景。

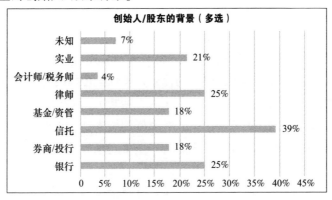

图6-24　创始人/股东背景分类

（三）家族办公室的定位和优势

对于一个新兴的模式，恐怕大家最关心的一个问题就是：家族办公室模式和传统的财富管理模式有什么区别？这要从家族办公室的定位和经营理念开始理解。我们从访谈中了解到，本土家族办公室对"家族办公室"的理念、其经营的定位和核心竞争力的理解具有以下几方面的共性。

（1）大多数的家族办公室认为自己机构设立的宗旨是更好地满足高端客户的个性化、定制式需求，为客户提供比传统财富管理机构（部门）更精准、更专业、更私密的服务。

（2）家族办公室应该尽量减少卖方市场（产品销售）的角色，以服务为导向，站在客户的一方，为客户提供独立的财富管理建议。

（3）家族办公室应该从客户的需求出发，尽量提供综合性、一体化的解决方案。这些家族办公室的定位和服务理念和国际同行业所奉行的理念是一致的。

这些定位说明本土的家族办公室在设立时采用的基础理念并没有偏离行业的原则，至少清楚认识到服务的基础和发展的方向。

这些定位也使得家族办公室模式和传统财富管理模式的比较中，具有一些独特性。从市场的需求端来看，家族办公室的兴起也有其必然性。随着财富的不断增长，家族的需求早已不再局限于资产管理领域，而是体现在财富的保全、管理与传承的各个阶段。

与财富增长同步的是家族企业的不断壮大，以及越来越多的家族成员参与到家族事务中来，此时家族创始人就会逐渐意识到一套高效的决策机制的重要性，于是就产生了对家族治理和家族企业治理的需求。

另外，巨额的财富同样也意味着高昂的税负，通过合理的股权结构和投资结构的安排，可以有效降低家族的实际税负，这时就有了税务筹划的需求。

在子女已经成年、创始人准备退出企业管理一线的时候，是出售企业变现还是安排后代接班，这又涉及了传承规划的问题。从家族的角度不断挖掘，这个需求清单还可以继续延伸下去。这些多样的服务在传统的财富管理机构平台上很难得到满足，使得家族办公室模式和其他传统的财富管理模式区分开来。

那么，客户是否理解家族办公室的经营理念，以至于在选择服务机构的决策中把这些因素考虑进去呢？以下为我们的调研中，客户为什么会选择家族办公室这种全新模式的原因。

超高净值人群的需求复杂度远远高于一般高净值人群，使得他们有很强的动力来选择更加专业的机构来服务。如图 6-25 所示，选择家族办公室这一全新模式是因为他们相信私人定制式的，多样化、更专业的服务更能够匹配他们日益增长的需求复杂度。有 57%的受访者认为，需求的复杂度增加是选择家族办公室服务的主要原因，有 50%的受访者选择更专业的服务，以及有 39%选择多元化服务为主要原因。

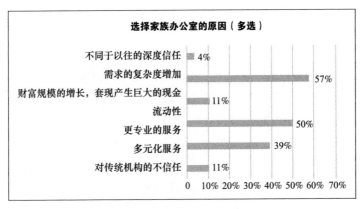

图 6-25　选择家族办公室的原因

很显然，这个行业是应家族客户的需求而生。客户从传统机构转向选择家族办公室，同时也就意味着，客户不断变化、日趋复杂的需求在传统机构中并没有得到很好的满足。因为传统机构受到很多体制的限制，目标往往是追求标准化、规模化，提供大而全的服务，没有意愿也没有能力做到个性化、定制式。家族办公室模式的引进，改变了整个财富管理市场的竞争业态，也会促进传统机构改善服务模式，提升服务质量。

二、本土联合家族办公室的运营

（一）家族办公室的业务模式

调研中的本土联合家族办公室对于自己业务模式的定位大多强调依托机构长期形成的独特背景优势。比如，律师背景的机构强调其在"财富保障和传承"业务方面的优势，信托背景的机构突出的是其"传承+资管"的能力，投资公司背景的机构优势在于"资产配置"，因此强调其投资方式如"基金中的基金"（FOF）等服务，具备境外资源的机构强调"全球配置"、"离岸信托"和"离岸架构"服务。

律师或会计等专业背景的机构希望突出其非投资类服务，三方财富机构背景出身的强调投资产品类服务，回到"最具竞争力的前三位产品/服务"这一问题上，前者更多在"财产保障"和"风险管理"层面，后者主要在"投资产品和模式"上。总而言之，"八仙过海，各显神通"。

同时，各个机构都试图立足自身优势，努力发展其业务短板。比如，部分律师背景的家族办公室希望在今后的发展中弥补其在投资板块的服务短板。已经具备强大资产管理能力的机构，下一步应该着力配置相应的服务团队，以提升财富管理能力。而服务能力突出的机构则恰恰相反，它们需要想办法弥补自己在资产管理方面的缺失。

（二）家族办公室的服务配置

国内的单一家族办公室主要为投资型，搭配一些简单的事务性管理功能。这个特点与国内家族的财富增值需求和相对简单的家庭关系相符。

我们按照国际惯例将家族办公室提供的功能性服务分为三大类："财富管理"、"家族治理"和"行政管家"服务。这三大类的服务再分为数量不等的细分小类服务。我们希望了解这些功能（服务）在受调研的家族办公室中的配置情况如何。以下列举一些在服务配置方面家族办公室与一般机构不一样的特征。

1. 财富管理功能的配置

图 6-26 显示的是"财富管理"大类功能的配置情况。对于大部分的机构而言，配置最多的是"代际传承财富管理"和"税务统筹"，配置了这些功能的机构比例高达 93%；其次是"风险管理和保险"及"投资管理"，配置比例分别为 90% 和 83%。"投资管理"功能并不是本土联合家族办公室中配置最多的功能，可能源自三个原因。

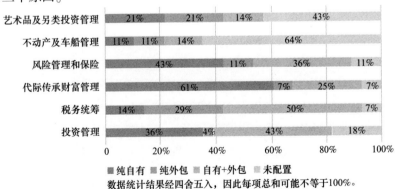

数据统计结果经四舍五入，因此每项总和可能不等于100%。

图 6-26　"财富管理"大类功能的配置

（1）调研样本中占据主导地位的是具有信托和律师背景的机构，"代际传承财富管理"和"风险管理和保险"往往是这些机构的强项功能。

（2）家族办公室的客户可以通过市场上其他渠道满足其与投资相关的需求，家族办公室作为一种新兴的财富管理模式，并不一定具备这方面的特殊优势，也不需要在这方面体现其特殊强项。

（3）超高净值人士具有与一般高净值人士非常不一样的需求，这样的功能配置也体现了本土家族办公室从满足客户需求出发的考虑。

2. 家族治理和行政管家功能的配置

图 6-27 呈现的是机构在"家族治理"方面的功能配置情况。虽然相比"财富管理"功能，"家族治理"功能的配置率还较低，但越来越多的家族办公室开始提供家族内部和企业的治理服务。这也体现了超高净值家族从单一投资需求向综合需求的意识转变，已经导致本土家族办公室服务多元化的增加。这些多元化的功能也是家族办公室模式与其他财富管理模式进行区分的重要特征。家族治理中的"合规和监管支持"是最重要的功能，79%的家族办公室提供此类功能。

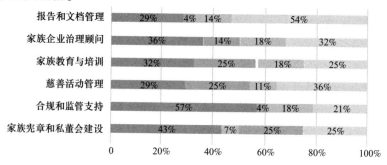

数据统计结果经四舍五入，因此每项总和可能不等于100%。

图 6-27　"家族治理"方面功能的配置

如果"财富管理"和"家族治理"功能体现的是家族"创富"、"守富"和传富"的核心价值的话,"行政管家"功能体现的则是"享富"的核心价值。这个功能对于仍处于一代财富创造人主导的大多数家族客户来说,不是首要的考虑。

通过图 6-28 我们可以看到,除了"留学与移民规划"和"日常法律顾问"这些较为"刚性"的需求的配置率较高之外,其他行政管家功能有着相对低的配置比例。其中与国外很不一样的地方是,"家庭收支管理"是国外家族办公室功能中非常重要的一项,其重要性等同于企业的记账和会计并表体系,而在国内的家族办公室只有 29% 的配置率(11% 的机构内置)。29% 的"生活管家服务"的低配置率(4% 的机构内置)也体现国内超高净值家族对于财富的价值观不同于国外的超高净值家族。前者更多的是注重于维护和增长财富,而后者在经历数代的财富传承之后,更多考虑的是有效地享受和传承财富。

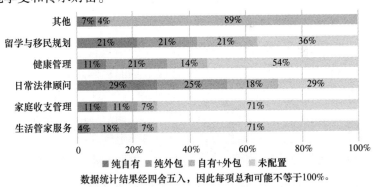

数据统计结果经四舍五入,因此每项总和可能不等于100%。

图 6-28　"行政管家"功能的配置

值得一提的是,已经有家族办公室在"其他"选项中配置了"精神传承"的功能,这也反映了市场对于这方面功能需求的提升。这个趋势与越来越多的高净值人士开始注重精神上传承的现象是一致的。

3. 功能的自有和外包

从以上的三张图中可以看到，很多家族办公室不介意选择"外包"或"自有+外包"的方式提供一些非核心的功能。"自有"配置比例较高的功能包括"代际传承财富管理""风险管理和保险""投资管理""合规和监管支持""家族宪章和私董会建设"等。很大比例的家族办公室选择"自有+外包"的方式提供一些非核心的功能。"外包"的比例在某些像"税务统筹"、"家族教育与培训"、"慈善活动管理"以及"日常法律顾问"的专业化程度较高的功能上分别达到29%、25%、25%和25%。

现实中，单一机构很难将全部功能的专业技能都齐聚在门下。即使可以做到，这样的设置也会导致聘用相关人才的成本高昂和业务聚焦的分散，从而影响到其服务的质量。因此，机构在采用合作方式中提供一些非核心功能，反而是一种更优的方案。这也是国际家族办公室行业日益盛行的趋势。

4. 各功能对家族办公室收益的贡献

在家族办公室配置的功能中，哪些功能给机构带来更多的收益呢？在我们的调研中发现，"投资管理"功能仍然是家族办公室获取收益的最主要来源，占到一个机构总收入的31%（见图6-29）。这个比例远远超过其他财富管理功能对收入的贡献。"财富管理"服务主要通过投资产品销售和资产管理费产生收入。

这个现象背后的原因可能有两个：一方面，本土家族办公室行业正处于一个转型的时期，机构为了生存必须多多少少依赖传统产品导向的业务收益模式。另一方面，市场的环境也不允许机构全面向国际业务模式转变。这或许与国人的付费习惯有关，超高净值客户还不一定习惯为所接受的功能付费。从感情上来说，他们更愿意支付交易产生的佣金，或将投资产生的收益与机构进行分成。

同理，"家族治理"和"行政管家"的服务主要属于咨询型服

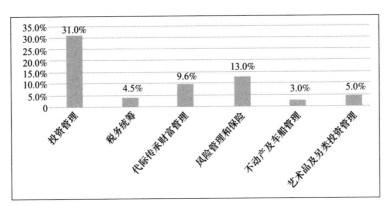

图 6-29　"财富管理"功能产生的收益占总收益的比例

务，这些服务并不适合大笔收费，所以给家族办公室带来的收益普遍偏少。"家族治理"功能产生的收益占比均少于 5%（见图 6-30）。

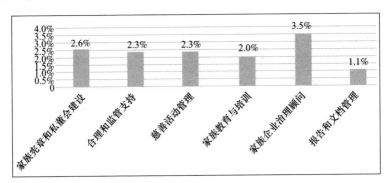

图 6-30　"家族治理"功能产生的收益占总收益的比例

但在"行政管家"功能中，法律顾问相关的功能由于其专业性和稀缺性，往往能带来不错的收益（见图 6-31）。同时，8.3% 的收益来自"其他"业务，这也说明，对于一个机构来说，个性化和特质性的功能往往使得自己和其他机构区分开来，并由此比同质化的功能带来更高的收益。

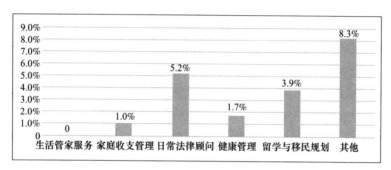

图 6-31　行政管家功能产生的收益占总收益的比例

（三）家族办公室的人员配置

1. 家族办公室员工人数

本土联合家族办公室也呈现规模不等的现象，少则 3 人多达280 人。根据样本统计的中位数来计算，一个典型的家族办公室具有一个 28 人的工作团队（见图 6-32），其中有 3 名管理层、6 名投研人员、8 名市场/销售人员、3 名风控人员、4 名运营人员以及 4 名其他人员。市场/销售团队的人数位居所有功能之首，反映了这个行业所面临的困境：一方面强调服务的隐私性；另一方面因为市

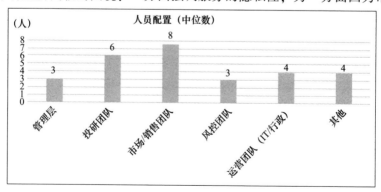

图 6-32　典型家族办公室的人员配置

场的认识和接受度的不足，必须进行推广和客户教育，所以需要维持一个较大规模的市场/销售团队去获取客户，这在增加管理费用的同时，也会影响到给客户服务的质量。

2. 家族办公室负责人、投资负责人的背景

本土家族办公室高管的一个较为典型的配置是"私人银行家+律师+资产管理师"（见图 6-33）。这三类背景的高管在本土家族办公室高管中的比例分别为 61%、57% 和 50%。这一现象充分体现这个行业提供的服务的多样性和专业性，配置"私人银行家+律师+资产管理师"背景的高管可以最大限度地照顾到客户的几大块重点需求。

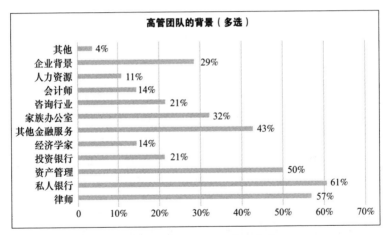

图 6-33　家族办公室高管的背景

如图 6-34 所示，投资负责人多为资产管理背景出身的专业人士。本土家族办公室的投资功能负责人的背景，与欧美国家家族办公室的配置几乎是一致的。

3. 各大类功能的员工配置占总团队的比例

在家族办公室各大类功能中人员的分配问题上，"财富管理"

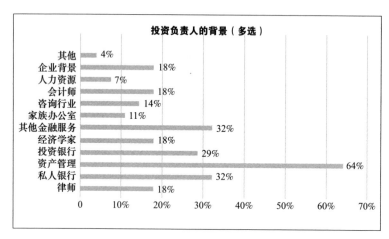

图 6-34　投资负责人的背景

功能相对于其他两大类功能显然有更多的员工配置。根据各大类功能的细分岗位的比较显示，"财富管理"功能中"投资管理"岗位占比最高，体现了投资领域专业人士在一个家族办公室"财富管理"中的重要性；其次为"风险管理和保险"岗位。

"家族治理"功能中，各类岗位的配置相对均衡，但"家族企业治理顾问"岗位显得尤为重要。稍后我们将提到，在这些家族办公室服务的客户中，有76%的客户至今仍然运营着家族企业，服务企业家的个人和家族财富的同时，服务他们拥有的企业应该也是这些家族办公室的目的。这也和国外主流同行以家族和家族企业作为服务对象的理念相吻合。

在"行政管家"大类功能配置上，"日常法律顾问"和"留学与移民规划"是人员比例最高的细分岗位。

4. 对员工的培养

我们在访谈中了解到，大多数家族办公室流露出对行业相关人才缺失的无奈。本土家族办公室对于两个方面的人才有迫切需求。

（1）有经验的，特别是高端且具有跨境经验的人才。

（2）具有多元化背景的综合型人才。市场上并不缺乏具有财务、投资或法律等单一背景的专业人才，但缺乏具备跨专业、综合背景的复合型人才。

人才引进虽然能部分缓解人才缺乏的困境，但对于一个行业来说，要实现良性可持续的发展，人才的培养必须提上日程。大部分的家族办公室都强调了内部和外部相结合的人才培训计划。

在内部培训方面，受访机构主要强调在业务实践中学习，将实际项目和案例进行有效的结合。有部分机构强调"师徒模式"的培训方式，其重点也是在强调实践中学习的重要性。也有部分机构认为，服务超高净值客户的个性化需求非常复杂，所需要具备的知识面、能力范围非常广，对于服务人员知识面的全方位培养显得非常重要。需要培养的知识面包括市场信息、历史、经济、科技、心理学等。相关技能可以通过角色扮演、实案的沙盘演练等方式进行培养。

大部分机构同时强调通过外部与专业机构合作的方式培训其员工，包括各种形式的培训交流、学界业界的讲座等。但概括而言，调研中的机构普遍认为，内部培训要比外部培训更重要。这体现了在行业中并没有形成相对标准化的业务模式、工作流程和职业技能标准，很多家族办公室采用非常个性化、专属的方式开展业务。以师带徒的方式，一方面能将从工作中摸索、总结出来的经验传承下去；另一方面也能通过在实践中学习的方法让新手迅速上手，尽快投入工作中。

当然，不同背景的机构也呈现出不同的人才培训需求。具有某一专业优势的家族办公室，如资产管理师和律师，更强调内部培训的必要性。而从财富管理功能着手的家族办公室，如三方理财机构背景的家族办公室，更多强调"内部+外部"的培训模式，同时希望为员工提供国际从业资格的培训。

（四）家族办公室的成本结构

家族办公室作为人力资本密集型行业，从事智力驱动型的业务，人员成本占所有成本的最大比重纯属意料之中。在我们的调研样本中，家族办公室的成本中近一半（49%）来自员工成本（见图6-35）。从家族办公室的分类来看，独立家族办公室和机构附属的家族办公室具有非常不一样的成本结构。前者相对后者具有更高的员工成本（54%：38%），更少的管理成本（23%：39%），而基础设施成本基本相等（22%：23%）。

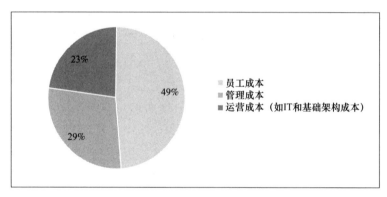

图 6-35　家族办公室的成本结构（按类别分）

这个成本结构差异体现了两种不同的组织架构模式：独立与非独立的家族办公室。独立的家族办公室团队较灵活，组织架构较为扁平，因此管理成本更低，主要支出为员工成本，因为机构主要的收益源自员工服务客户产生的收入。如何降低管理成本，使得资源更多配置到直接产生效益的岗位，可能也是机构附属型家族办公室应该思考的问题。

如果按照功能进行分类，我们发现大部分家族办公室的成本由投资类功能进行分摊，这个比例占到64%，而剩余的36%成本归属于非投资类的功能（见图 6-36）。这也和大部分的收益源自投资类功能的结果是一致的。

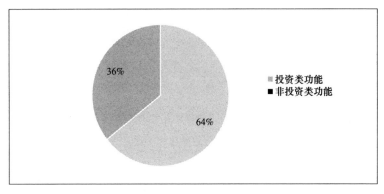

图 6-36　家族办公室的成本结构（按功能分）

家族办公室各项功能的成本分摊结构和人员配置结构大致相同。比如，在所有功能中占用运营成本最多的是"投资管理"功能，以 15% 的人员配置对应 18% 的成本比例。

相对而言，"行政管家"功能的人员配置比例比成本占比要高。这些现象也体现出两种功能不同的价值创造。在目前的模式下，投资功能在机构中的位置更为重要，更直接为客户创造价值，同时聘请这些服务人员的成本也要更高。反过来，行政事务管理对于从业人员的要求相对较低，所以占用的单位成本也会更低。

（五）家族办公室的客户获取

在我们 2017 年的调研样本中，本土联合家族办公室所服务的客户的平均年龄为 51 岁，64% 的客户为男性，当中 76% 的客户仍然在运营着家族企业。家族客户以三代人的代际结构为主，但主要客户仍是一代。客户的平均可投资资产规模分布最多的是 1000 万至 5000 万元（见图 6-37）。

有 86% 的联合家族办公室对其客户设置了准入门槛。最低可投

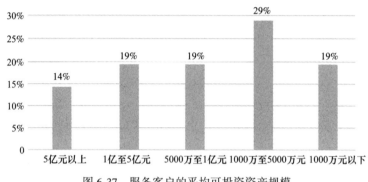

图6-37　服务客户的平均可投资资产规模

资资产规模从 1000 万至 5 亿元不等，其中 39% 对资产规模的最低要求设为 1000 万至 5000 万元。客户的平均资产规模的分布与最低规模门槛的分布类似，21% 的家族办公室反馈其服务的客户的平均规模在 1000 万至 5000 万元。

在我们家族办公室样本中，最普遍的准入资产门槛和平均资产规模相对于国内竞争力较强的私人银行来说并不算太高，相比国外的联合家族办公室 2000 万美元的最低门槛显得有点低。

主要的原因在于，本土家族办公室行业正处于初始发展阶段，客户获取仍然存在很大障碍，很多机构为了生存，并不愿意设定过高的准入门槛，有部分（14% 的比例）甚至没有设置任何门槛要求。这种情况估计随着行业的良性发展会逐步有所改变。

作为一种全新的财富管理模式，家族办公室在市场中仍然存在认识和接受度不足的情况，我们也有必要进行推广和客户教育。在我们的访谈当中，大部分的本土家族办公室并没有安排刻意的市场推广计划，主要通过满意客户的口碑推介，以及合作伙伴的推荐。当然，这种情况也取决于家族办公室的不同类型。

一般而言，具有某一专业功能优势的机构，因为拥有一批在其他领域服务维系下来的稳定的客户，要做的事情只是将服务范围延伸到家族财富管理领域。典型例子是具有律师背景的家族办公室，这些机构不太强调市场推广，因为它们拥有一批由于法律服务积累下来、长期稳定的客户，并能通过口口相传获取新的客户。而具备资产管理功能的传统金融机构，如信托和券商，它们下属的家族办公室也强调口碑的作用和合作伙伴的推荐。

但是，从财富管理功能着手的机构，如三方理财机构或企业家背景的家族，因为客户基础较为薄弱，所以希望采用一些营销方式扩大市场影响力来吸引新的客户，外部渠道传播、新媒体传播或数据库营销是这些机构提及的可采用的新型市场推广手段。

三、客户如何选择合适的家族办公室

对于大多数企业家而言，成立一个单一家族办公室并不是一个符合现实的选择。这不仅需要聘任合适的、熟悉金融平台运营的人才，同时要产生足够的收益去弥补家族办公室运营产生的高昂成本。对于这些企业家来说，选择一家好的联合家族办公室并成为其客户可能是一个更好的选项。

即便是联合家族办公室行业也没有"放之四海而皆准"的模式，因此很难进行比较。大多数家族办公室提供定制、个性化以及无法比较的服务，这是由行业的特质和客户的需求决定的。一些家族办公室擅长投资管理、资产配置业务，另一些擅长风险管理、家族信托和遗产规划。甚至在投资管理领域，一些家族办公室擅长二级市场投资，而另一些有深厚的一级市场投资资源。

这些情况意味着客户在选择家族办公室时，最关键的考虑因素往往是自己的需求痛点。正因为家族办公室之间并不存在可比性，一个家族在选择家族办公室的时候，首先需要考虑希望通过加入（聘请）一家家族办公室来达到什么样的目的。比如，一个结构较

为简单、没有迫切传承需求，以保持家族财富持续增长为目标的家族，会放更多权重在家族办公室的投资功能上，可能会选择具有较强资产管理能力的家族办公室。

相反，代际结构复杂，目标是多代传承、基业长青的家族可能会选择擅长家族治理的家族办公室。同理，有慈善规划需求的家族寻求能提供慈善规划的家族办公室的帮助。如果一个家族希望能有机构提供行政和生活方式管理，整合会计和税务报告，简化生活，擅长行政管家的家族办公室可能是最好的选择。

除了从需求角度了解不同家族办公室的商业模式和服务类型之外，人的因素（信任的因素）也非常重要。考虑到与家族办公室的合作将会是一个很长的过程，客户往往会很关心对方是否是一个可靠、值得信赖的合作伙伴。双方要想一起走过漫长的岁月，对家族办公室负责人的信任和对其品格的认可就显得至关重要。

大部分的成功企业家整个职业生涯都在和人打交道，所以这方面的经验非常丰富。其实并不需要太多的数据或图表，只需要和对方面对面，甚至不用谈投资的事，了解清楚是否有信心把巨大财富委托给这个人本身就足够了。也许，快速评估家族办公室负责人的品格的最佳方法是了解他或她对时间期限的看法或人生观。

通常，大多数人都倾向于短期行动、奖励和规划。对短期结果和成本的专注与家族办公室合作关系的本质和预期效益互相冲突，因为家族更在意的是长期的规划。要深入地了解家族办公室的管理者，可能要离开双方的办公室，一起吃个午餐或者晚餐。在工作以外的环境中了解对方的为人也许更加有效。

在具体方法的使用上，建议企业家在决定之前事先了解和调查分析几家不同的家族办公室。虽然很多客户从现有的财富管理模式转向家族办公室模式，但大部分家族并不了解自己的真实需求，也不清楚不同的家族办公室提供哪些不同的服务类型。

　　因为家族办公室市场缺乏透明度，企业家也可以考虑从朋友推荐的家族办公室中开始搜索。然后，获取一些和他们合作过客户的核实和推荐，甚至也可以与那些不再和他们合作的客户谈谈。

　　家族在多个候选机构中进行选择的时候也可以按照下面准备的一份提问清单进行评判。

　　（1）机构声誉。该家族办公室在同业中的声望如何？在家族客户中的口碑如何？都服务过哪些知名的客户？这些信息可以从尽职调查中的同行、家族客户交流等渠道获取，也可以通过直接与其员工聊天进行判断。

　　（2）管理流程。该家族办公室在提供服务的时候是否有清晰明确的管理流程？明确的管理流程可以确保家族办公室的服务的质量和稳定性。这一点可以通过查看办公室保存的有关各项服务的流程记录和总结报告得知，相关资料的样本可以在与对方的前期沟通中向其索要。

　　（3）灵活性。该家族办公室如何回应并不在其清单上的一些客户需求？需要多长的时间增加新的服务？有些什么流程？通过这些问题可以了解家族办公室服务客户个性化需求的能力。

　　（4）服务团队。该家族办公室的高管、员工都拥有什么样的背景？有哪些服务客户的经历？每个服务团队服务多少家族？另外，公司的员工/家族比和员工流失率也是衡量家族办公室管理水平和服务水平的重要指标。

　　（5）信息系统。该家族办公室用什么样的信息系统来保存和处理家族资料？家族在提出查询信息的要求之后，多久才能得到家族办公室的响应？这些问题可以通过现场测试来进行确认。

　　（6）隐私保护。该家族办公室有哪些保护家族隐私的举措？为客户隐私承担哪些责任？这一点对家族来说是至关重要的，有必要在专业律师的帮助下详细检查家族办公室提供的保密条款。

（7）投资理念。该家族办公室的主要投资理念是什么？很多时候，投资理念决定了家族对于投资结果的满意度。更重要的是，家族办公室的投资理念应该和家族的价值观以及整体财富管理的理念相一致。

（8）投资渠道。该家族办公室有哪些投资品种、投资渠道可供选择？提供的投资品种是通过办公室渠道直接投资的，还是要依赖外部渠道进行投资？投资模式主要采用全委托还是半委托，或者是投资顾问服务？

（9）历史业绩。该家族办公室过去 3~5 年的投资表现如何？可以向家族办公室索要以往的投资业绩报告。

选择家族办公室的流程类似于寻找"配偶"的过程，不仅需要理性地分析家族办公室的软硬件实力，以及其和家族目标的契合度；可能更需要"气味相投""相互吸引"。当我们碰到一个值得信赖、可以托付的对象，其实很多硬件的条件也就显得不是那么重要了，毕竟，家族在寻求半辈子以上的合作伙伴。

最后，我们还是要谨记这个行业没有"放之四海而皆准"的模式，也没有最优的模式。每个家族应该根据自身的需求和目标选择最合适、最匹配的家族办公室。

附录:
中国家族部分风险维度和因素

基于美国家族办公室分享平台（FOX）2009 年对家族风险的象限和维度的定义，我们整理出来可能与中国企业家相关的四大风险象限以及相关象限中大小维度的风险因素。希望能为中国家族风险管理的研究和实践提供一定的借鉴。

一、家族企业的所有权和控制权

家族企业容易在产权上界定不清楚，一旦其在利益分配、权利归属的产权上产生矛盾，这种"内讧"将直接成为企业崩溃的导火索，其复杂的关联交易或将直接成为利益输送的桥梁。

（一）家族对企业的控制权

（1）企业股权结构不合理、界定不清楚，存在股权争端的风险。

（2）对企业所有权结构缺乏恰当的法律保护。

（3）由于传承或婚姻关系导致的控制权变更。

（4）企业缺乏适当的股东退出机制。

（二）企业的领导力传承

（1）缺乏适当的继任计划。

（2）家族领导人角色由于意外而突然缺失。

（3）缺乏对领导权感兴趣的年轻一代人。

（4）缺乏系统评估家族成员参与度的机制。

（三）企业的发展动力

（1）家族与管理者之间的不信任。

（2）家族成员（几代人或分支）之间的不信任。

（3）家族治理和企业治理之间问题的重叠。

（4）缺乏对人才和贡献的尊重。

（5）家族成员行为吸引媒体对企业的负面关注。

（四）利益结合

（1）所有者和管理者之间不恰当的界限。

（2）所有者和管理者之间的利益缺乏一致性。

（3）缺乏有效的公司治理。

（4）目前激励机制的失效。

（5）内部决策机制失效。

（五）商业战略

（1）过于激进的商业扩张。

（2）缺乏对核心竞争力的专注。

（3）缺乏能力或者动力更新商业模式。

（4）无法吸引和留住有才能的管理者。

（5）缺乏对宏观经济、市场环境和竞争对手的负面冲击的风险规划。

（六）企业治理

（1）董事会成员不恰当的选择。

（2）缺乏独立股东的声音。

（3）所有者和管理者之间的利益缺乏一致性。

（4）管理层对企业失去影响力。

（5）企业内部失衡的职责管理。

二、家族财富的投资管理

（一）财富管理的战略规划

（1）个人和企业的财务缺乏有效隔离规划。

（2）缺乏明确的投资理念和形成文字的投资政策声明。

（3）对财富管理缺乏保护性法律架构。

（4）缺乏明确的投资分析、流程和决策机制。

（5）投资者教育程度不足。

（二）资产配置

（1）资产配置缺乏多元化（过于集中在单一国家/地区、货币和资产）。

（2）缺乏对流动性需求的规划。

（3）战略性资产配置与家族投资政策声明相违背。

（4）错误使用资产配置历史与前瞻性的假设。

（三）战术执行

（1）战术执行与战略性配置出现严重偏离。

（2）缺乏对投资标的和交易对手适当的尽职调查过程。

（3）缺乏投资绩效评估和报告体系。

（4）缺乏适当的风险评估以及监测和控制的流程。

（5）投资管理团队的不恰当配置。

（6）对投资管理团队的激励的缺失。

（7）过度使用杠杆和对杠杆水平的监控不足。

（8）错误使用衍生产品。

三、资产安全和合规

（一）法律风险

（1）缺乏法律风险的意识。

（2）社会关系导致的刑事牵连。

（3）家族成员个人行为导致的法律风险。

（4）家族企业的商业模式潜在的诉讼风险。

（5）上市公司不正当操作引发监管风险

（二）财务报告/法规遵从

（1）缺乏对家族财务信息的报告和整合系统。

（2）财务数据存储不当导致泄露风险。

（3）法律结构不当所致的税收处罚。

（4）缺乏专业人士应对监管文件/法律合规性。

（三）财富转移保护

（1）缺乏遗产规划、遗产规划不完整或已经过时。

（2）代际财富转移中忽视地域管辖的法律规定。

（四）资产保护

（1）个人财产缺乏监控体系。

（2）对资产受托人进行不恰当的授权。

（3）缺乏房地产统一管理方式。

（4）资产杠杆使用不恰当。

（5）艺术品和收藏品的管理不善。

（6）缺乏保险规划。

（7）资产负债表负债/权益之间出现不平衡。

（五）跨境资产规划

（1）对家族成员的多重身份缺乏规划。

（2）缺乏跨境资产规划和税务筹划。

（3）跨境资金流动中违反外汇管理的合规要求。

四、家族的内部关系和延续性

（一）家族遗产

（1）成员对家族的定义出现分歧。

（2）家族成员缺乏对未来的共同愿景。

（3）家族领导者不能获得一致支持

（4）缺乏对家族未来领导者的培养和训练。

（二）家族持续性

（1）缺乏合适的继任计划。

（2）缺乏对下一代的创业精神的教育和培养。

（3）缺乏家族成员一致的价值观。

（4）家族长辈不愿交出领导权。

（5）缺乏家族内部雇佣政策。

（三）家族治理

（1）家族内部的决定缺乏透明度。

（2）家族成员的个人自由和家族忠诚之间出现失衡。

（3）缺乏清晰的决策流程。

（4）缺乏适当的治理结构。

（5）家族管理机构的权力归属不当。

（6）缺乏公平的家族企业股权退出机制。

（7）缺乏有效处理家族成员关系的机制。

（8）家族和家族企业缺乏对不同人才和贡献的尊重。

（四）家族声誉

（1）对个人隐私事务缺乏敏感性。

（2）对家族的公众形象造成损失或伤害。

（3）高调的媒体曝光。

（4）家族成员缺乏公关培训和不当使用媒体带来的负面影响。

（五）家族关系

（1）家族成员之间缺乏信任。

（2）家族重要角色的专横性格。

（3）家族成员之间缺乏顺畅的沟通。

（4）缺乏对年轻一代人的包容性。

（5）家族成员婚姻关系破裂以及对子女监护权的争斗。

（6）家族成员之间出现人际关系冲突。

（7）由于婚姻关系引入的新成员造成潜在的财产和家庭关系风险。

（8）由于语言或文化背景的差异导致的家族成员间误解。

（9）对某些家族成员、分支或某一代人的排斥。

（六）个人安全与隐私

（1）员工或家族成员违反保密规定。

（2）缺乏危机管理计划。

（3）缺乏个人隐私和安全保护的措施。

（七）个人健康

（1）缺乏家族成员身体健康的预防保健安排。

（2）对家族成员的医疗诊断或治疗不当。

（3）对家族成员的慢性疾病和家族遗传疾病的管理不善。

（4）家族成员的药物/酒精滥用问题。

（5）家族中老年人的照顾问题。